IMAGINATIO VERA

ATALANTA

21

MICHAEL MAIER

LA FUGA DE ATALANTA

INTRODUCCIÓN
JOSCELYN GODWIN

TRADUCCIÓN
MARÍA TABUYO Y AGUSTÍN LÓPEZ

ATALANTA
2007

En cubierta: Superposición de emblemas XXXI y XXXIV.
En contracubierta: Retrato del autor (1617) sobre la portadilla de la edición original.

Dirección y diseño: Jacobo Siruela.

Título original: *Atalanta Fugiens*

Mas Pou. Vilaür 17483. Girona. España
Teléfono: 972 79 58 05 Fax: 972 79 58 34
atalantaweb.com
ISBN: 978-84-935763-0-1
Depósito Legal: B-38371-2007

ÍNDICE

Introducción

9

Bibliografía selecta

60

La fuga de Atalanta

63

Epigrama del autor

67

Prefacio al lector

73

La fuga de Atalanta

77

Emblemas

78

Índice de emblemas

290

Notas

293

Introducción

Joscelyn Godwin

Mucho después de que nosotros seamos ya historia, *Atalanta Fugiens*, libro de emblemas y de música de Michael Maier, seguirá fascinando a las generaciones venideras. Este libro es portador del espíritu de su tiempo: lleva los vahos y los olores del laboratorio del alquimista, los ecos de los coros del Renacimiento, la absorta atención del grabador en su plancha de cobre. Es hermoso y extraño, y tiene que estar lleno de significado, habida cuenta del esfuerzo y el saber que en su elaboración se pusieron. Pero ¿qué significado es ése? La pregunta resultaba ya engorrosa incluso para los contemporáneos de Maier, y cuatrocientos años de «progreso» no han servido para acercarnos a una posible respuesta.

Parte de la fascinación de *Atalanta*, así como su pretensión de ser un libro único, se deriva de su triple naturaleza en tanto que libro ilustrado de emblemas, composición musical y tratado alquímico. Lo más conocido de sus tres componentes son los cincuenta emblemas grabados, muestra de un elevado arte; algunos de ellos han sido reproducidos en repetidas ocasiones. Las cincuenta fugas, en la notación propia del Renacimiento, son menos accesibles, pero desde 1987 (véase «Bibliografía») pueden ser leídas por quienes posean conocimientos musicales y ser escuchadas por cualquiera. Como tratado alquímico, *Atalanta* ha tenido menos fortuna, pues los cincuenta discursos que acompañan y desarrollan los emblemas han sido escasamente leídos, y aún menos comprendidos.

Con la presente edición se hace justicia a los tres componentes, facilitando el acceso a la riqueza visual, musical y filosófica de la obra de Maier. Lo que el lector haga con ello depende de él: pues no hay duda de que ésta es una producción misteriosa, provocadora y enigmática para la vista, el oído y la mente.

Sin embargo, se puede disfrutar y amar una obra aun sin comprenderla en su totalidad. El arte, y esto incluye el arte de la alquimia, no tiene que ser racional para proporcionar satisfacción. Basta con que despierte la capacidad de asombro, la sensación de algo procedente de otro nivel de existencia o de otro orden de ser. Después de todo, eso es lo que la música hace de forma regular. Ciertamente, hay expertos en iconografía, musicología y mitografía que pueden desenmarañar algo del enigma, aunque al hacerlo también puedan enturbiar ese sentimiento de asombro que, con frecuencia, ellos mismos han perdido. Pero más importante que cualquier comentario es el encuentro directo con la obra, y esa experiencia es el principal objetivo de la presente edición. Por esta razón, quisiera recomendar al lector que haya llegado hasta aquí que se detenga, que mire los emblemas, escuche las fugas, lea algo de los comentarios y vuelva luego a este punto, si quiere informarse sobre Maier y su mundo.

La vida de Michael Maier

Gracias a la búsqueda diligente realizada por Karin Figala, Ulrich Neumann y Hereward Tilton por diversas bibliotecas europeas, quien aspire a ser biógrafo de Michael Maier (1569-1622) vive ahora un momento afortunado. Estos investigadores han descubierto numerosos incidentes hasta ahora desconocidos de la vida de Maier, que yo resumo aquí con el debido reconocimiento a su trabajo preliminar.

Entre sus descubrimientos está el testamento personal de Maier en *De Medicina regia et vere heroica* («La medicina regia y verdaderamente heroica»), editado en Praga en 1609 y que ha sobrevivido milagrosamente en una sola copia. La autobiografía contenida en ese manuscrito comienza con la insinuación de un milagro. Tres días antes de su nacimiento en 1569, cuando su madre Anna estaba descansando sobre la hierba durante una estancia en el campo, una paloma bajó volando y se posó en su regazo. Ella trató de retenerla, pero la paloma alzó el vuelo y escapó. Aunque Maier finja «indiferencia» ante este augurio, que tan claramente nos recuerda los cuadros de la Anunciación a la Virgen María, el detalle con que describe el suceso insinúa otra cosa.

La madre de Maier debió de proceder de una familia acomodada, como veremos, pero es muy poco lo que sabemos de ella. Su padre (¿-1582) era un ciudadano eminente de la ciudad báltica de Kiel. Su nombre era Peter Meier (el nombre común alemán puede escribirse de formas muy diferentes), y su profesión era *Goldsticker* o *Perlsticker*: artesano que borda con perlas y con hilo de plata y de oro. Cualquier persona que conozca los retratos de los siglos XVI y XVII sabrá de la importancia de este tipo de bordado como signo de riqueza y estatus social. Los principales clientes de Peter Meier incluían al rey Federico II de Dinamarca y a Heinrich Rantzau, gobernador de Schleswig-Holstein, disputada zona fronteriza entre Alemania y Dinamarca. Éstas eran unas relaciones valiosas que más tarde hicieron posible a Michael Maier solicitar un mecenazgo para su obra, aunque ésta fuera de orden muy diferente.

En conformidad con las creencias religiosas de la zona en que vivían, los Meier eran luteranos. Michael se educó primero en una escuela del distrito, donde estudió música y poesía, así como el habitual programa de gramática latina, lógica y retórica. Profundamente interesado por estos estudios, desde sus primeros años anhelaba una profesión de carácter intelectual, más que la lucrativa pero menos respetada profesión de artesano. Su padre murió cuando él tenía trece años, pero su madre siguió costeando su educación a sus expensas. Durante estos años de formación, Maier se benefició también del patrocinio, aliento y ejemplo de Heinrich Rantzau, que además de ser un gobernador ejemplar era hombre instruido y entusiasta de todo lo relacionado con Egipto. Las pirámides y obeliscos que levantó en sus propiedades pudieron haber dado a Michael un primer atisbo del misterio de Egipto que le acompañó durante toda su vida.

De 1587 a 1591, Maier estuvo matriculado en la Universidad de Rostock. Durante estos años, encontró tiempo y recursos para hacer dos viajes a Padua (1589 y 1591) en compañía de un pariente de su madre. Por razones que desconocemos, dejó la universidad báltica sin completar la licenciatura. En 1592 se matriculó en la Universidad de Fráncfort del Oder, y rápidamente consiguió un título (doctor en Filosofía) con una tesis médica sobre los cuatro temperamentos. En su autobiografía Maier dice que «entró entonces en la corte real», refiriéndose a la corte del rey Christian IV de Dinamarca, aunque no pudo ser en calidad oficial, pues pasó los tres años siguientes como aprendiz de un médico real, Matthias Canarius. Fue entonces cuando empezó con la experimentación química, intentando, entre otras cosas, la fijación del mercurio con «humo de plomo». Los riesgos de este trabajo con substancias químicas tóxicas no eran todavía plenamente valorados, pero los biógrafos de Maier han conjeturado que ésa fue la causa de su mala salud permanente y de su muerte temprana.

En la primavera de 1595, Maier dejó Holstein y viajó al nordeste, a través de lo que ahora son las repúblicas bálticas de Lituania, Letonia y Estonia, hasta la fortaleza rusa de Ivangorod, en el golfo de Finlandia. La razón de su viaje parece haber sido la búsqueda de «simples», remedios esenciales elaborados con elementos vegetales y animales. Luego regresó a Lübeck y volvió al sur. En otoño, tras cruzar el mosaico de principados de Alemania y atravesar los Alpes, ya había llegado a Padua, sede de la Facultad de Medicina más prestigiosa de Europa.

Maier consiguió un título de la universidad del norte de Italia: el de Poeta Laureado. Este título es actualmente un honor nacional que se concede en una sola ocasión, pero en aquella época los laureles podían ser otorgados por cualquier logro poético. Más tarde descubriremos que el propio Maier fue autorizado a concederlos. Pero la carrera académica que comenzó bajo tan felices auspicios se vio prematuramente truncada, pues en julio de 1596 Maier agredió e hirió gravemente a otro estudiante alemán. Fue juzgado por los «mayores» de la «Nación Alemana» (la institución que supervisaba a los numerosos estudiantes de habla alemana que residían en Padua), se le multó y se le ordenó que presentara una disculpa servil. Pero la víctima, al parecer, no aceptó esta sanción como compensación, y, para evitar mayores problemas, Maier se apresuró a salir de la ciudad al día siguiente. Dedicó los tres meses posteriores a viajar por Italia; menciona Bolonia, Florencia, Siena, Roma, Loreto y Ancona. A principios de noviembre se dirigió a Basilea, donde presentó una tesis sobre la epilepsia y logró así el título de doctor en Medicina. Éste es el tercer título académico del que Maier alardea en el retrato que aparece en *Atalanta Fugiens*, con las palabras: «La escuela y los césares me han otorgado tres títulos cada uno».

En el año 1599, Maier está de nuevo a orillas del Báltico, ejerciendo como médico en la ciudad de Königsberg. Sucedió que su patrón era ensayador profesional de oro y plata, y no sólo transmitió a Maier importantes conocimientos sobre metalurgia, sino que le puso en contacto con alquimistas locales. Se produjo entonces un acontecimiento clave en la vida de Maier: presenció una cura casi milagrosa realizada por medio de un polvo amarillo que había llegado de Inglaterra. Esta circunstancia, unida al hecho de haber conocido por aquella época a diversos alquimistas y haber tenido acceso a sus bibliotecas, parece haberle orientado en la dirección definitiva que seguiría por el resto de su vida: la búsqueda de la Medicina Universal.

Sabemos poco de las actividades de Maier durante los primeros años del siglo XVII. Dejó Königsberg en 1601 y regresó a su Kiel natal, viviendo en casa de su madre junto con su hermana y la familia de ésta. Con la colaboración de su cuñado, preparó los materiales y el horno necesarios para emprender un trabajo alquímico serio, y hacia la Epifanía de 1604 estaban listos para empezar. Su éxito fue sorprendente. Maier recoge en su autobiografía un incidente ocurrido por Pascua de Resurrección: «Vi cinco aves, algunas de ellas volando, otras con muchas plumas, a saber, el cuervo, el pavo real, la paloma, el fénix y el pelícano; esto es, observé todos los colores en el orden transmitido por los filósofos».

A pesar de este éxito aparente, Maier necesitaba más apoyo financiero para completar su obra alquímica. Además, la situación en Kiel se había vuelto insoportable debido a la hostilidad de sus vecinos. Por tales motivos, en 1608 se trasladó a Praga, y al año siguiente editó el opúsculo *De Medicina Regia*, donde ofrece la mayor parte de esta información biográfica. La publicación consistió probablemente en una edición minúscula, destinada a llamar la atención del emperador Rodolfo II y su corte. Rodolfo todavía acogía favorablemente a los alquimistas y otros portadores de novedades y sabiduría oculta, y, por una vez en su vida, Maier parece haber sido afortunado. Pasados algunos meses, consiguió sortear los círculos cortesanos que rodeaban al solitario emperador, armado con la versión corriente de su Medicina Universal «de brillante color limón». El emperador aceptó sus servicios el 19 de septiembre de 1609, y se le concedieron los tres títulos imperiales de los que alardea en su retrato: médico personal, caballero exento y conde palatino. Esta elevación a la nobleza le dio derecho a un escudo de armas y, con la autorización correspondiente, Maier diseñó el suyo. Éste, partido, muestra en el cuartel derecho una rama cortada de la que brotan tres ramitas de laurel; en el izquierdo, un águila volando unida a un sapo por una cadena. Está timbrado por dos yelmos, el derecho coronado con una rama de laurel, el izquierdo con un águila que lleva un anillo en su pico. (No conocemos los colores heráldicos, puesto que no están indicados en el grabado del escudo del retrato de Maier.)

El título hereditario de Conde Palatino dio a Maier el derecho a llevar armas y conferir los títulos de Doctor, Maestro, Bachiller y Poeta Laureado en las universidades del Sacro Imperio Romano y la República de Venecia (que incluía Padua, de triste recuerdo). Rodolfo II repartía sin demasiado rigor estos títulos a diplomáticos, poetas, humanistas, pintores y alquimistas. Por desgracia para algunos de ellos, el título no iba acompañado de donación de tierras ni otros recursos con los que el recién nombrado conde pudiera mantener un estilo de vida en consonancia con su rango. Maier dependía como siempre de la munificencia de sus patronos; por otra parte, el ejercicio de la medicina rural, al que parece haber recurrido en el pasado, era ahora impensable. En términos sociales, una actividad profesional de carácter intelectual le había elevado a la aristocracia menor, por encima de las filas de los artesanos; pero económicamente andaba peor que su padre, que al menos había dejado a su viuda en posesión de una casa. Maier nunca volvería a tener una casa que pudiera llamar suya.

En menos de un año, Maier dejó la corte imperial, percibiendo tal vez las nubes políticas que se acumulaban sobre el emperador, o quizá, simplemente, porque el inescrutable Rodolfo había perdido interés en él. Desde Praga, Maier se trasladó gradualmente hacia el oeste, a Torgau, Leipzig, Mühlhausen (donde vivía Christoph Reinart y los otros destinatarios de la dedicatoria de *Atalanta Fugiens*) y Kassel. En su perenne búsqueda de mecenazgo recurrió entonces a los príncipes protestantes de Alemania, especialmente Moritz, «el erudito» de Hessen-Kassel, a quien dirigió varias peticiones. El tema dominante en estas peticiones era que Maier casi había culminado la obra alquímica, pero necesitaba apoyo financiero para completar la última etapa. Afirma haber recorrido dieciséis de las dieciocho etapas, y ofrece revelar algunas de las inferiores a su patrón. Dado que su petición no tuvo un éxito inmediato, se marchó a la corte del cuñado de Moritz en Bückeburg. Hay una anécdota de su estancia allí que resulta reveladora: Maier utilizó su autoridad de Conde Palatino para otorgar el título de Poeta Laureado a un poeta local, pero éste sintió la necesidad de asegurarse por su cuenta de que Maier era un conde auténtico y no un impostor.

Maier continuó su viaje a Rotterdam, y de allí a Inglaterra, donde en diciembre de 1611 envió felicitaciones de Navidad al rey Jacobo I y al príncipe Enrique. Éstas tenían la forma de enormes hojas de pergamino decoradas con símbolos, poemas, anagramas, acrósticos y, en el caso del rey, un canon musical que representaba la aparición de los ángeles a los pastores de Belén. Pero no consiguió impresionar a sus receptores, y una vez más su búsqueda de mecenazgo se fue a pique. El príncipe Enrique murió un año después, dejando a Maier el pequeño consuelo de ir en el cortejo funerario con la representación palatina (pero no cerca del Elector). Es improbable que fuera recibido alguna vez por el rey Jacobo.

Según el testimonio posterior de Elias Ashmole, la razón de que Maier fuera a Inglaterra era su deseo de aprender lo bastante de la lengua como para poder traducir el *Ordinal de Alquimia* de Thomas Norton; y, como era de esperar, lo hizo, vertiendo las 3.100 líneas de inglés medio a versos latinos. Los biógrafos modernos conjeturan que también esperaba descubrir algo más sobre aquella milagrosa poción amarilla cuyos efectos tanto le habían impresionado. Durante los cinco años que pasó en Inglaterra, frecuentó a médicos importantes como Sir William Paddy (médico personal del rey Jacobo) y a alquimistas sospechosos como Francis Anthony, a quien intrépidamente Maier defendió de las acusaciones de impostura. No hay prueba alguna de cómo sobrevivió económicamente allí.

Los años ingleses vieron la transformación de Maier de poeta latino en autor erudito. Comenzó transformando un largo manuscrito que había preparado en Praga en su primer libro largo, *Arcana Arcanissima* («El más secreto de los secretos»), y casi sin duda siguió preparando alguna de sus otras obras mayores, como *Atalanta Fugiens* y las 621 páginas de *Symbola Aureae Mensae* («Símbolos de la mesa de oro»).

Maier dejó Inglaterra y marchó a Alemania en el verano de 1616, con intención de continuar hasta Praga y probablemente buscar empleo con ayuda de los conocidos que allí tenía dentro del mundo de la alquimia. Pero una grave enfermedad le postró en cama en Fráncfort del Meno. Lo describe como una «fiebre cuartana», una forma de malaria que provoca síntomas intensos cada cuatro días (según el ciclo reproductor de los gérmenes) pero deja al enfermo más o menos normal en el intermedio. Esto explicaría, en parte, que Maier pudiera escribir, como dice, «seis o siete tratados químicos» durante su enfermedad, por motivos económicos.

En el otoño de 1616, Maier visitó la Feria del Libro de Fráncfort y descubrió los tratados rosacruces, de los que había oído rumores en Inglaterra. Primero fue la *Fama Fraternitatis* (publicada en 1614, pero conocida en manuscrito desde 1611), luego la *Confessio Fraternitatis* (1615) y finalmente las *Bodas químicas de Christian Rosenkreutz* (1616). Estas tres obras anónimas, las dos primeras poco más que opúsculos, la segunda una novela ligera, fundaron y definieron el mito rosacruciano, pues de un mito se trataba, tanto en el sentido tradicional como en la acepción posterior y peyorativa de la palabra. En el primer sentido, era rico y hermoso, y estaba lleno de imágenes y símbolos inspiradores, como el del longevo Christian Rosenkreutz (presumiblemente, 1378-1484), con su viaje a los países árabes en busca de una sabiduría oculta, su grupo secreto de amigos a los que él mismo inició, el descubrimiento y reapertura de su panteón en 1604 y los tesoros encontrados en él, y la propuesta para la reforma universal de una Europa afligida por un sinfín de penalidades. A esto, las *Bodas Químicas* añadían una multitud de imágenes caballerescas, alquímicas y paganas, dando a Christian Rosenkreutz un rostro más humano, pero también le involucraban en aventuras imposibles, que eran, obviamente, «sólo mitos», en el segundo sentido del término.

Se podía dudar del mito de Christian Rosenkreutz pero aceptar, sin embargo, la afirmación contenida en los manifiestos de que los rosacruces eran una fraternidad secreta verdadera, con base en algún lugar de Alemania, capaz y dispuesta a admitir e iniciar a otros. La investigación moderna ha establecido más allá de toda duda razonable que la idea en su conjunto fue inventada por Johann Valentin Andreae (1586-1654), probablemente con la colaboración de sus amigos Tobias Hess (1568-1614) y Christian Besold (1577-1638). El proyecto era bastante sincero, pero cuando provocó tal escándalo, los inventores se alarmaron. Nunca habían pretendido la fama, y mucho menos la que termina encadenando a una galera, como le sucedió a su muy entusiasta defensor Adam Haslmayer (1562-?), y no se dejaron ver. Dejaron para otros devotos pansofistas protestantes (véase *infra*) como Robert Fludd (1574-1637) y Michael Maier la tarea de recoger el testigo y recorrer con él el camino elegido. Y como el mito nunca murió, son muchos los que actualmente llevan su antorcha y orgullosamente se llaman a sí mismos «rosacruces».

La idea de la Fraternidad Rosacruz caló en la imaginación de Maier, como también el hecho de que estuviera integrada por alemanes como él, e identificó sus objetivos con su propia búsqueda de la Medicina Universal. Inmediatamente los mencionó, en términos entusiastas, en los libros que tenía entre manos (*Jocus Severus* [«Broma seria»] y *Symbola Aureae Mensae*). Muy probablemente descubrió que no existía ninguna Orden como las que describen los manifiestos rosacruces *Fama* y *Confessio*, pero, no obstante, aprobó gustosamente este *ludibrium* o travesura (como su primer inspirador, Johann Valentin Andreae, iba a describirla después) y dedicó otros dos libros a su defensa (*Silentium post Clamores* [«Silencio tras el Clamor»] y *Themis Aurea* [«Themis áurea»]). En el primero de éstos, explica por qué los rosacruces no pudieron responder a la multitud de personas que habían solicitado la admisión en la Orden. En el segundo, publicado en latín y alemán, analiza las reglas de la Orden y aparece casi como su portavoz. Esto fue lo que provocó la antigua identificación de Maier como «rosacruz» puro y simple, y las otras fantasías de una relación iniciática entre él y Robert Fludd (aunque nunca con la seguridad de quién inició a quién). En la actualidad los investigadores piensan que a Maier le complacieron tanto los principios de los Rosacruces que siguió la corriente en cuanto al mito de la Orden y ayudó a perpetuarla con sus propias obras «rosacruces», ganándose de este modo la reputación póstuma de miembro auténtico de una sociedad secreta auténtica.

Después de recuperarse de la fiebre, Maier reanudó la práctica de la medicina, asistiendo a un noble rico en la ciudad de Stockhausen. Un documento descubierto recientemente muestra que, contra toda conjetura anterior, estaba casado, aunque la única pista es la mención en una carta, fechada en abril de 1618, de que su esposa está a punto de dar a luz. No conocemos la fecha de su matrimonio ni el nombre de su mujer, y tampoco sabemos si tuvieron algún hijo que sobreviviera. Esta carta iba dirigida a Moritz de Hessen-Kassel, cuyo mecenazgo Maier había solicitado infructuosamente antes de ir a Inglaterra. Ahora podía enviar a Moritz copias de no menos de once trabajos publicados desde entonces, y el resultado fue positivo: se concedió a Maier la posición de médico y químico no residente. Se le permitió permanecer en Fráncfort, recibiendo una anualidad de 150 *Reichsthaler* y un extra de 75 por representar a la corte de Kassel en la Feria del Libro de Fráncfort. Sus obligaciones consistían en cartearse con el príncipe sobre temas médicos y alquímicos, y, a juzgar por el único informe que ha llegado hasta nosotros, estar pendiente de los acontecimientos políticos. Sin embargo, había un círculo interno de alquimistas en la corte de Moritz del que Maier estaba excluido; y en lo que a la información política se refiere, todo lo que ofrece el informe de Maier son habladurías y presagios apocalípticos.

En 1621 ya había empezado la guerra de los Treinta Años, y Moritz, profundamente implicado en maniobras antiimperiales, había apartado a Maier de su servicio. El poco tiempo que le quedaba fue un tiempo de enfermedad y de infortunio, aunque Maier siguió escribiendo obras filosóficas y poéticas. En las *Cantilenae Intellectuales* («Canciones Intelectuales»), cuya dedicatoria al duque Federico III de Schleswig-Holstein-Gottorf está fechada apenas un mes antes de la muerte de Maier, expresa la esperanza de volver a su Holstein natal después de catorce años de buscar la sabiduría hermética en países extranjeros. Tristemente, y como venía siendo habitual, que su deseo pudiera cumplirse dependía del tan ansiado mecenazgo del duque. Tal vez Maier fuera más realista en el *Ulises* publicado póstumamente, una reflexión sobre su vida errante y penosa, donde afirma que su objetivo último no se podría encontrar en esta tierra, sino que sería la obtención, a través del sufrimiento, de la sabiduría concedida por Dios.

Maier murió en Magdeburgo durante el verano de 1622, casi sin duda de una enfermedad crónica y no de la forma espectacular (a manos de grupos de maleantes, o tras una muerte fingida para ocultar su retirada de la vida pública) que sus primeros biógrafos imaginaron.

Una mente pansófica

La clave única para apreciar correctamente los múltiples y dispares escritos de Maier es la Pansofía. Este término se refiere a un programa filosófico de finales del siglo XVI y el XVII que trataba de abarcar todo el universo, sintetizar las disciplinas y descifrar la sabiduría inherente a la naturaleza. Habitualmente llevaba asociado el interés por la educación y una actitud generalmente filantrópica, de espíritu cristiano pero libre de celo sectario. Premisa fundamental de la Pansofía es que macrocosmos y microcosmos se corresponden, de manera que la sabiduría obtenida en el estudio de uno de ellos (por ejemplo, los cuerpos celestes) puede iluminar al otro (por ejemplo, el organismo humano). Los pansofistas, entre los que podemos mencionar a algunos casi contemporáneos de Maier, como John Dee, Giordano Bruno, Tommaso Campanella, Robert Fludd, Johannes Kepler, Jan Amos Comenius y el propio emperador Rodolfo II, se caracterizaban por una mente disciplinada. Probablemente la mayoría de ellos practicó el Arte de la Memoria, en el que un patrón regular geométrico o arquitectónico conservado en la imaginación se llena con imágenes diversas que faciliten la recuperación del material memorizado. Las imágenes pueden ser complejas y son habitualmente extravagantes: sirven como emblemas de los que se puede derivar un conjunto de ideas asociadas. Más adelante veremos que esas combinaciones subyacen en la mayor parte de las obras escritas de Maier.

Antes de que regresara a Alemania, período en el cual se publicó la mayor parte de sus libros, los viajes de Maier le habían llevado a un itinerario curiosamente cruciforme a través de Europa. Partiendo de Holstein, había ido al extremo norte (Ivangorod), luego al sur, a través de Padua, hasta Roma. Tras volver a Kiel, se dirigió al este, a Praga, y al oeste hasta Londres. Aunque modestos para los esquemas modernos, sus viajes le habían proporcionado una conciencia global rara para su época. En *Symbola Aureae Mensae*, su libro más largo, Maier da expresión a esta idea global en un viaje imaginario alrededor de los cuatros continentes denominado *Allegoria Bella* («Alegoría hermosa»): vistos como desde el espacio exterior, los continentes toman la forma de una cruz, símbolo de las cuatro direcciones cardinales y de los cuatro elementos. Europa, dice, corresponde a la tierra, las Américas al agua, Asia al aire y África al fuego. Justifica estas atribuciones con abundancia de conocimientos geográficos y saber popular. En Perú, por ejemplo, los nativos tienen un líquido llamado *aqua americana* que ablanda el oro aunque, sin embargo, no daña las manos. Utilizar esto como justificación de la atribución del elemento acuoso al continente muestra hasta qué punto la forma de pensar de Maier era obsesivamente alquímica. Los procesos de la alquimia, combinados con una disposición geométrica, le permitieron comprender las formas desordenadas del mundo exterior, clasificar sus partes y dar un sentido a lo que nosotros aceptamos como disposiciones naturales o azarosas de la tierra y el mar. Gran parte de la obra de Maier siguió estos criterios para organizar la experiencia humana de manera que tuviera sentido en el microcosmos de su mundo privado, que a su vez estaba organizado según la cosmología, la aritmología y el hermetismo tradicionales.

En su *Septimana Philosophica* («Semana filosófica»), el grabador de Maier representa a Europa como una figura femenina. Maier, al modo semicientífico y semiemblemático típico de los comienzos de la época moderna, explica esta idea de la forma siguiente. Analizando la forma que las gentes perciben en la cara de la Luna, constata que unos ven una liebre, otros, un hombre, y otros, una mujer. ¿Cuál es la causa de esta forma? ¡El reflejo de la forma femenina del continente europeo! Este reflejo sería provocado por la luz del Sol que choca con la superficie de la Tierra y envía de nuevo la imagen a la Luna. Por consiguiente, en la India las gentes deben de ver manchas lunares diferentes: lo que verán en la Luna es un reflejo de la India.

La conclusión de Maier era lógica desde su perspectiva, pues la doctrina astronómica de 1620 mantenía, siguiendo a Aristóteles, que la superficie de la Luna era perfectamente lisa y pulida, actuando como un espejo. La observación de Galileo por el telescopio, que demostró que la superficie lunar, como la de la Tierra, tiene montañas y valles, aún no se había convertido en conocimiento común. Sin embargo, Maier llega a decir que Europa es una mujer, y que Alemania es su vientre. Hablando de la Fraternidad Rosacruz y sus *Fama* y *Confessio*, que acababan de ser publicados en Alemania, dice que Alemania está preñada de grandes cosas para el futuro. En una progresión típica de la mente pansófica, Maier empezaba con una curiosidad –la imagen de una mujer como fenómeno astronómico–, luego proseguía con una forma de geografía sagrada y finalizaba con una profecía.

Maier era muy consciente de ser alemán, y nada reforzaba tanto su patriotismo como el movimiento Rosacruz. En su *Verum Inventum* («Invención verdadera»), el movimiento aparece como la culminación de los muchos dones que Alemania ha proporcionado a la humanidad. Pero el acontecimiento rosacruz, como el mapa de Europa, tenía que ser incorporado de alguna manera a un cosmos más amplio. Maier encontró un vehículo propicio en su creencia en las escuelas de misterios que él menciona muchas veces en sus obras. El formidable volumen de *Symbola Aureae Mensae* se construye en torno a la idea de doce escuelas de misterios, que aparecen en orden cronológico en doce naciones diferentes. La más antigua fue la de Hermes Trismegisto en el Egipto antiguo, seguida por los hebreos, herederos a través de Moisés de la sabiduría egipcia. Luego venían las escuelas de Grecia y Roma, los árabes y las diversas naciones europeas. Otros libros de Maier dan listas diferentes de las escuelas, pero el principio es constante. Si bien nunca utiliza la expresión concreta *philosophia perennis*, Maier estaba interesado, no obstante, en una «filosofía perenne», una sabiduría tradicional transmitida desde la Antigüedad y manifestada por igual en las naciones paganas y en las correspondientes a las tres religiones abrahámicas (judaísmo, cristianismo e islam). El último eslabón de esta cadena de escuelas de misterios era la Fraternidad Rosacruz, que aparecía en el mismo «vientre» o centro de Europa y dirigía su mensaje a la época moderna. Maier se sentía orgulloso de que aquellos hombres sabios existieran en su propio país: orgullo tanto más justificado cuanto que él se consideraba muy probablemente uno de ellos.

Según los manifiestos rosacruces, la única profesión que los hermanos podían ejercer era la de curar enfermos, y hacerlo de forma gratuita. Las circunstancias de Maier no le permitían ese lujo, pero al menos siguió la profesión correcta, y sus propios escritos nos dan una idea de qué clase de médico fue. Sus tesis académicas habían seguido los principios del sistema de la medicina oficial, derivados del médico griego Galeno y basados en el equilibrio de los cuatro humores y sus efectos sobre los «espíritus». Pero después de las iluminaciones alquímicas de su madurez, se volvió más escéptico hacia el galenismo y los que lo ejercían. En su tratado sobre la curación de la gota, *Civitas Corporis Humani* («La ciudad del cuerpo humano», título típicamente pansófico), así como en *Themis Aurea*, se expresa contra la tendencia común de los médicos y practicantes de una medicina pedante basada en los libros. Admite que la medicina galénica tiene sus cosas buenas, pero afirma que no se puede permanecer atado a textos antiguos (principio que, según él, evidentemente no afectaba a la alquimia). La principal medicina alternativa en tiempos de Maier era la paracélsica, que utilizaba remedios químicos, incluidos los elaborados con metales. Maier atribuía a Paracelso el logro de la proyección alquímica, pero era escéptico para con los remedios del «Lutero de la medicina», como él le llamaba. Admite que el tratamiento químico puede ser útil en ciertas circunstancias, pero no es una panacea. Un tercer sistema era la medicina popular de hierbas o simples. Maier también la aprueba, afirmando que a veces el remedio a base de hierbas es todo lo que se necesita. Añade que las mismas hierbas pueden alterar su carácter según las influencias solares y planetarias que reciban. En su sistema médico, sin embargo, se constata una omisión flagrante: la Medicina Universal que pretendía haber creado durante su período de trabajo alquímico en Kiel, y supuestamente presentada a Rodolfo II. Se podría pensar que ese remedio habría hecho innecesario cualquier otro, pero tal vez la inmensa dificultad de fabricarlo le obligó a recurrir a métodos más convencionales.

Maier era un hombre pragmático, con un interés serio en la tecnología, que no se contentaba simplemente con leer a Aristóteles y a Plinio, sino que estaba dispuesto a ensuciarse las manos. Estaba particularmente interesado en la minería y la metalurgia, y escribió con autoridad sobre ambos temas. Durante su período de Kiel, realizó un viaje a Hungría con el fin específico de conseguir una substancia sin nombre que no se podía encontrar en ningún otro lugar. En *Symbola Aureae Mensae* describe la manera diferente en que el oro «crece» en otros minerales, cómo se encuentra en las minas de Hungría y Bohemia, y los métodos empleados para separar el oro y otros metales de sus minerales. En *Viatorium* («Ayuda del viajero»), un tratado sobre los siete planetas y sus metales correspondientes, examina los metales uno a uno y describe su papel, primero, en la fabricación del oro; segundo, en la composición de la Medicina Universal; y, tercero, en la práctica médica general. Cuando no se trata de alquimia, Maier escribe de los procesos químicos y metalúrgicos con soltura y claridad.

La ciencia y la tecnología de la época de Maier, comparadas con las nuestras, no estaban todavía cerradas al mundo de anomalías y maravillas que ahora se incluyen en la categoría de «conocimientos rechazados». Además de ser un científico según nosotros lo entendemos, Maier era también una especie de «fortiano»; es decir, compartía algunos de los intereses que actualmente se asocian a la investigación y los escritos de Charles Fort (1874-1932), el filósofo americano recopilador de informaciones acerca de «fenómenos anómalos». De los libros de Maier, el más cercano al espíritu fortiano es el *Tractatus de Volucri Arborea* («Tratado sobre el ave arbórea»), cuyo título remite al ave mítica llamada también «barnacla». Maier declara que en Escocia (adonde debió de haber viajado durante sus años de estancia en Inglaterra) había oído hablar de esa criatura y la había visto. Es de hecho un gran barnacla el que se posa en un tallo sobre un árbol podrido y tiene cierta semejanza con un embrión de ave. Después de desarrollarse bajo el agua, se creía que se transformaba en ganso y salía del mar. Maier se tomó este antiguo cuento de viejas lo bastante en serio como para dedicarle todo un libro, pero con motivos característicos y complejos. Para él, el barnacla, aunque fuera una anomalía de la naturaleza, no era sólo eso: era un ejemplo de generación espontánea. Antes del uso del microscopio, no había razón para dudar de que la generación de las abejas, los insectos e incluso los ratones se debiera a la generación espontánea y no a la reproducción sexual. Y puesto que la generación espontánea supone un nacimiento no precedido de relación sexual, simboliza para cierta mentalidad la concepción inmaculada de Cristo. En el solemne espíritu de los bestiarios medievales, con sus historias moralizadas de animales, Maier presenta el barnacla a sus lectores nada menos que como un emblema del Salvador.

El *Tractatus de Volucri Arborea* está lleno de anomalías. Incluye pasajes sobre íncubos, súcubos y otros moradores de ese mundo liminal entre los dominios físico y psíquico. Este compendio de maravillas y anomalías de la naturaleza presenta criaturas que viven en cavernas subterráneas, a las que los amigos de Maier de la comunidad minera habían oído con frecuencia e incluso habían visto; por ejemplo, el Niño Verde que una vez salió de una cueva, en Inglaterra, y que vivió durante algún tiempo en el mundo de la superficie.

Algunos clasificarían la propia alquimia como un tema «fortiano», pues los pocos testigos fidedignos de transformaciones alquímicas parecen haberse enfrentado a fenómenos anómalos. Sin embargo, Maier no se llamaba a sí mismo alquimista: él era, insistía en ello, un *chymicus*. En el Prólogo a *Arcana Arcanissima* dice: «Hablo de *Chymia*, no de *Alchimia*, que es la madre de los engaños, que adultera los metales pero no los transmuta realmente». El *Examen Fucorum Pseudo Chymicorum* («Proceso a los zánganos pseudoquímicos»), libro breve pero de una gran densidad, describe los fraudes realizados por los alquimistas, los «zánganos» del título, que se parecen a las abejas obreras pero no hacen nada útil. Estos pseudoquímicos, que pomposamente se dan a sí mismos el nombre de alquimistas, son los conocidos «sopladores» de la polémica antialquímica. Maier enumera cincuenta y seis maneras utilizadas por ellos para engañar a las gentes, prometiendo hacer oro sin problemas y sin gastos. ¿Y qué puede ser –pregunta– más improbable que eso? Entre aquellos contra los que previene al lector están el célebre Henry Cornelius Agrippa, «que dice en alguna parte que podía extraer el espíritu sutil del oro; queda patente en sus cartas qué tipo de hombre era», y también Edward Kelly, cuya tintura (según Maier) no era otra cosa que un extracto coloreado de oro. Aunque el emperador Rodolfo II tenía la seguridad de que con ella Kelly había transmutado un peso de cientos de libras, no le sacó ningún provecho (*Examen*, págs. 41-42).

La *Chymia* de Maier no tiene nada que ver con la fabricación del oro. Transmutar los metales base en oro, dice, ni siquiera es útil a la humanidad, pues poner demasiado oro en circulación daría al traste con la economía, estimularía el lujo y, en definitiva, provocaría el derrumbe de la sociedad, que no se beneficia de las riquezas excesivas. Por esta razón, los egipcios antiguos protegieron los secretos de la química con las leyes más estrictas. Si los hierofantes egipcios hubieran permitido la difusión de sus secretos, el país habría sido invadido por inmigrantes deseosos de hacerse ricos. Maier no quería decir dogmáticamente que no se pudiera hacer plata y oro, o que no se pudiera extraerlos de otros metales, pero era muy escéptico respecto de los ejemplos de transmutación que se le habían mostrado, como los clavos, mitad hierro y mitad oro, fabricados en el laboratorio del gran duque de Florencia. Comenta con recelo la disparidad en el peso, pues las partes de oro pesaban dos veces lo que habían pesado cuando eran hierro (*Examen*, pág. 30).

Conociendo todos los fraudes de los alquimistas o pseudoalquimistas, algunos pueden preguntarse qué era exactamente la *Chymia* de Maier, a la que, después de todo, dedicó el grueso de sus escritos. Era un trabajo arduo y práctico en el laboratorio, aunque no necesitara un equipamiento complicado. Un horno común y fuego bastará, dice, mientras el grado de calor sea observable: «Un vaso, un horno, una materia bastan» (*Examen*, pág. 28). Lo dice claramente en *Arcana Arcanissima*, donde escribe que la *Chymia* tiene como objetivo no la fabricación del oro de los alquimistas, sino la preparación de la Medicina Universal o «Dorada», que es un don de Dios (f. A2' A3). El antepasado más directo de Maier a este respecto es el célebre pero misterioso Basilio Valentín, canónigo de Erfut, cuyas *Doce Claves* tradujo Maier del alemán al latín, publicándolas en su *Tripus Aurea* («Trípode áureo»). Se encuentra en el escrito de Basilio la misma devoción intensa, la misma familiaridad con la química práctica, la festiva introducción de divinidades paganas, y el objetivo último de la curación más que la fabricación del oro. Lograr esta Medicina Universal era para Maier, como para Basilio, el objetivo más elevado de un médico, y la cosa más cristiana que se podía hacer.

Además de sus conocimientos en química y tecnología, Maier era diestro en las artes liberales, y recomendaba encarecidamente a todo aspirante a químico que se ejercitara en ellas. En *Examen Fucorum* enumera las artes que son beneficiosas, dando una lista bastante diferente de las tradicionales Siete Artes Liberales del *Trivium* (Gramática, Lógica y Retórica) y el *Quadrivium* (Aritmética, Geometría, Música y Astronomía). Maier omite la Música y añade Física, Medicina y *Docimastica*, que «busca mezclas de minerales y metales por medio del fuego» (*Examen*, pág. 18). El propio Maier era un gramático latino experto, y podía manejar un silogismo con la misma facilidad que cualquier filósofo. *Symbola Aureae Mensae* es una demostración patente de que así era. Contiene treinta y seis argumentos contra la química, expuestos en el lenguaje escolástico derivado de Aristóteles, junto con treinta y seis refutaciones puestas en boca de los doce célebres alquimistas del pasado que asisten al banquete de la «mesa de oro». A Maier no le gustaba la escolástica, sin duda porque era católica y también porque era aristotélica. Como otros hermetistas del Renacimiento, era un fiel defensor de Platón contra Aristóteles, al que acusaba de quemar muchas de las obras de Platón para que la suya pudiera brillar con más luz (*Themis Aurea*, cap. 10).

El uso favorito del lenguaje por parte de Maier consistía en escribir poesía en latín, lo que hacía con gusto e ingenio. Como antes se dijo, fue nombrado Poeta Laureado cuando todavía andaba por la veintena, y los escritos más antiguos que de él sobreviven son versos ocasionales escritos para bodas de amigos, etc. Poco después de su promoción a la nobleza, Maier publicó su primera obra poética extensa, *Hymnosophia*, una colección de cuarenta himnos latinos que ejemplifican el triple cimiento de su pensamiento: primero, una intensa devoción luterana; segundo, una visión de la creación macrocósmica de Dios reflejada en el microcosmos humano; tercero, la Medicina Universal, que es el objetivo del filósofo químico. Desde entonces hasta su canto del cisne, *Cantilenae Intellectuales*, pocas de sus obras carecen de uno o más poemas. En concordancia con su planteamiento enciclopédico, la poesía latina de Maier es un compendio de diferentes estilos, metros y formas estróficas. Lejos de adherirse al principio humanista de imitar solamente a los mejores poetas clásicos, Maier utiliza felizmente la estrofa latina rimada que apareció en la Edad Media. Las *Cantilenae*, por ejemplo, están en verso anacreóntico rimado, unión de técnicas clásicas y medievales.

Maier y sus amigos, que a menudo contribuyeron con versos a sus libros, disfrutaban intercambiando ingeniosos poemas latinos y también, probablemente, eruditos juegos de palabras, pues Maier amaba los anagramas y acrósticos latinos. Le gustaba particularmente hacer anagramas de su nombre, como «Hermes Malavici», que tenía el elocuente significado de «Hermes Yo-he-vencido-los-males». En *Arcana Arcanissima* (f. A4') ofrece anagramas en griego de su nombre, pero el griego aparece con tan escasa frecuencia en su obra que dudo que conociera a fondo esa lengua. Si la hubiera conocido, su tendencia natural a los juegos de palabras y al despliegue de erudición no habría podido resistir las oportunidades que le ofrecía.

Como hombre de letras, Maier estaba dotado también de sentido del humor, aunque el suyo pueda no coincidir con el nuestro. Dos de sus libros, con títulos similares, *Lusus Serius* («Juego serio») y *Jocus Severus* («Broma severa»), son fábulas sobre pájaros y otras criaturas. *Jocus* presenta la *Chymia* personificada como la lechuza, el ave de Minerva y de la sabiduría nocturna. Es atacada por otras aves como el loro, el ruiseñor y el cuervo, cada uno de los cuales se arroga primacía sobre los demás. El fénix actúa como juez cuando llegan uno tras otro a tratar de persuadir a la asamblea reunida de su superioridad. No obstante, la lechuza se impone y recibe el galardón más alto. *Lusus* tiene una estructura semejante y presenta a diversas criaturas que tratan de aventajar a Mercurio en su pretensión de ser útil a la humanidad. Las criaturas son el ternero, la oveja, el ganso, la ostra, el gusano de seda y el lino. El ganso, por ejemplo, dice: «Sin mí, sentiríais frío y dormiríais en duro sobre vuestras camas; no podrías escribir sin mis plumas y, además, me coméis en la cena de Navidad». El lino, por su parte, afirma: «Yo soy al menos igual de importante, porque además de proporcionar semillas y aceite comestibles, os visto. Si no tuvieseis ropa interior de lino para cambiaros, tendríais que estar bañándoos continuamente, como los antiguos romanos. Además, cuando gastáis los vestidos, me transformáis en papel, sin el cual las plumas de ganso no sirven para nada». Pero Mercurio señala que él es la fuente de la que proceden todos los metales, y a continuación enumera los múltiples usos del oro, la plata, el cobre, el estaño, el hierro y el plomo. Naturalmente, gana el concurso para determinar quién era el auxiliar más eficaz de la humanidad.

La versatilidad de Maier como escritor le permitió provocar una ácida polémica, especialmente cuando puso de manifiesto tres abusos particulares: las pretensiones de alquimistas y pseudoquímicos, la codicia y el anquilosamiento de la profesión médica, y la riqueza de la Iglesia Católica. Sobre este último tema ofrece, en *Symbola Aureae Mensae*, estadísticas de las propiedades de la Iglesia en Francia e Italia. Aparte de su poesía y su música (de las que hablaremos luego), era un escritor más erudito que creativo y estaba profundamente instruido en los dos campos de la literatura alquímica y la mitología clásica.

Tenía al alcance de la mano todo el corpus disponible de textos alquímicos clásicos, árabes y medievales. Aunque desde el punto de vista moderno la época de Maier parece haber sido la edad de oro de la alquimia, él prestó poca atención a sus contemporáneos. Su actitud global era histórica, de acuerdo con la idea de una tradición de escuelas mistéricas.

Arcana Arcanissima marca la pauta para el otro campo del saber trabajado por Maier: la mitología de griegos y romanos, y también de egipcios y otros pueblos antiguos en la medida en que griegos y romanos pudieron transmitirla. También esto lo conocía detalladamente. *Arcana* es una interpretación de algunos de los principales mitos y ciclos míticos de la Antigüedad: Isis y Osiris, el Viaje de los Argonautas, la genealogía de dioses y diosas, los trabajos de Hércules y la guerra de Troya. Maier pensaba que cada uno de ellos fue ideado para ocultar los secretos de la *Chymia*. Éste es el *leitmotiv* de todo su trabajo creativo, en el que insiste hasta un grado que podríamos considerar reduccionista. Maier parece haber tenido poca sensibilidad para el mito en sí mismo; trata a personajes como Hércules, Jasón, etc., como meros vehículos de un programa oculto. Toma un mito tras otro, muestra o insinúa su interpretación alquímica, y ahí termina todo. Por ejemplo, afirma que el tercer trabajo de Hércules, consistente en apresar la cierva del monte Cerinia, encubre un gran misterio. No se podía dar muerte a esa cierva con flechas ni perros de caza, sino que tenía que ser cazada a pie, y Hércules la persiguió durante *un año* (cursiva de Maier). La cierva tenía sangre negra y carne melancólica, cuernos y pezuñas de oro. Es, pues, la materia volátil que contiene oro y plata en su interior. Su cabeza es roja; sus ojos, negros; sus patas, blancas; representa, por consiguiente, «nuestro magisterio». Exige un mayor esfuerzo de paciencia que vencer a los leones (*Arcana*, págs. 88-89). Nos deje o no más sabios con su interpretación, lo cierto es que se quita de encima el incidente. Cualquier cosa de oro, como las manzanas o el vellocino, simboliza la Medicina Universal. Cualquier caso de matrimonio, violación o cópula representa la conjunción de los elementos solares y lunares de la obra química. ¡A eso se reduce para él buena parte de la mitología clásica!

Obviamente, Maier encontró inspiración en los mitos y pasó mucho tiempo reflexionando sobre ellos. Los amaba, pero no en sí mismos, no por transmitir la idea de un mundo inocente, sensual y pagano que tanto fascinaba a los artistas del Renacimiento y a sus mecenas. Maier amaba los mitos solamente porque le hablaban de *Chymia*. Al leer *Chymia* entre sus líneas y en sus símbolos, debe de haber sentido que estaba en contacto con la gran tradición química, que había ocultado su conocimiento secreto en esas historias enigmáticas. Había comenzado en Egipto, bajo el patrocinio de Hermes Trismegisto; ahora florecía una vez más en Alemania. Maier era vivamente consciente de ser uno de sus poseedores principales, con los privilegios y las responsabilidades ante Dios que de ello se derivaban.

Si Maier tuvo dotes gráficas, no lo sabemos; pero un depurado sentido visual le llevó a ilustrar con grabados emblemáticos casi todas sus obras. Esto es lo que las ha hecho tan interesantes para el coleccionista y tan buscadas después por admiradores que pueden no haber comprendido nada de sus textos latinos. Muy a menudo Maier empezará un capítulo con un emblema, luego lo explicará y ampliará con más detalle en prosa o en verso. El emblema sirve, pues, como un recordatorio visual para el contenido del capítulo, que la mayor parte de las personas no serían capaces de almacenar y recordar sólo con las palabras. Varias de sus obras están organizadas de una manera rítmica, con emblemas y comentarios alternados. El *Viatorium* incluye emblemas de los siete planetas y sus metales correspondientes; *Septimana Philosophica* incluye emblemas de los siete días de la semana; *Symbola Aureae Mensae*, de las doce naciones; *Atalanta Fugiens* contiene cincuenta emblemas. En conjunto, hay unas cien ilustraciones en las obras de Maier; sin duda él mismo tuvo una importante participación en su diseño antes de que fueran confiadas a Matthaeus Merian y otros grabadores profesionales.

Todas las obras de Maier dan una sensación de orden, cuya máxima expresión es un patrón cuadricular al que se ajusta el conjunto del libro. Las *Cantilenae Intellectuales* son un ejemplo sencillo: el libro es una colección de nueve canciones, cada una de las cuales contiene tres poemas de idéntica longitud. *Atalanta* tiene una estructura más compleja, como veremos. El más elaborado es *Symbola Aureae Mensae*, donde hay doce repeticiones del modelo, cada una de las cuales consta de los siguientes elementos: un retrato imaginario de un alquimista con un dicho atribuido a él o a ella, y alguna representación emblemática del dicho como fondo; una historia de *Chymia* en la nación del alquimista; dichos de los químicos de esa escuela nacional; objeciones a *Chymia*; respuestas a esas objeciones. Pero la repetición del modelo en doce ocasiones no agota el plan de esta obra extraordinaria. Así como en el teatro de la época de Maier debía haber interludios cómicos entre los actos de una obra seria, *Symbola Aureae Mensae* contiene digresiones que apartan del ritmo previsible y de la gran seriedad del escrito. El capítulo alemán contiene un modelo en miniatura dentro del mayor: nueve poemas en diferentes metros latinos sobre las nueve musas, dirigidos a los rosacrucianos. Esto ejemplifica el amor de Maier por las totalidades –las nueve musas están ahí– y su amor a escribir versos. El capítulo sobre la *Chymia* francesa tiene una digresión mencionada anteriormente, que enumera los tributos anuales pagados a la Iglesia galicana, incluyendo vacas, ovejas, cerdos y un millón de huevos. En el capítulo sobre Italia, Maier, como un reportero actual descubriendo corruptelas y fraudes, ofrece una revelación estadística similar sobre los enormes ingresos del Papa; en el capítulo sobre la *Chymia* inglesa, hace un excurso para contar las experiencias de Maier en Inglaterra y su indignación ante la tosquedad con que los actores ingleses representan a los alemanes como borrachos farfullantes.

Cuando planeaba sus libros, Maier probablemente comenzaba por dividir su tema en un número aritmológicamente significativo de subtemas, como 7, 9, 12, 50. El resultado es cristalino por su regularidad y por la manera en que permite la reflexión sobre la materia en cuestión a partir de diversas facetas distintas. A continuación, debía de trabajar sistemáticamente para completar el esquema planteado. El proceso recuerda mucho a la composición musical según las formas establecidas que tan populares eran en tiempos de Maier: variaciones sobre una melodía; bajos rítmicos (incluyendo chacona y pasacalle); danzas acompasadas como la pavana y la gallarda con repeticiones variadas. Dado este hábito de trabajo, no resulta ya tan sorprendente que en *Atalanta* escribiera cincuenta fugas de idéntica longitud.

Todo lo anterior se suma a una de las mentes más universales de su tiempo. La Pansofía de Maier abarca toda la jerarquía cósmica, desde los cuerpos celestes a las entrañas de la tierra y sus elementos. En la dimensión del tiempo, pasa revista al conjunto de la civilización, pero la contempla como historia sagrada e, inevitablemente, dentro de las limitaciones de la cronología bíblica. Es la tradición secreta de las escuelas mistéricas, entretejida con la revelación cristiana, la que a sus ojos da valor a la cronología. Hablar de «pasar revista», sin embargo, da una sensación falsa de superficialidad, pues en todos los campos Maier investiga con tanta profundidad como le es posible. Todos sus intereses y sus conocimientos son como planetas que orbitan alrededor del Sol central de *Chymia*.

Atalanta Fugiens

Según algunos mitógrafos clásicos, Atalanta era hija de Yaso, rey de Arcadia, pero como él deseaba un hijo, la abandonó para que muriera. Artemisa envió una osa para que amamantara a la niña, y ésta creció entre cazadores, permaneció virgen y participó en la famosa cacería del jabalí en Calidón. Después de su éxito en esta empresa, su padre la reconoció, pero exigió que se casara. Ella consintió sólo a condición de que su futuro esposo demostrase ser mejor que ella en una carrera; si el pretendiente perdía la carrera, perdería también su vida.

En las *Metamorfosis* de Ovidio, Orfeo glosa el cuento del pretendiente triunfador, Hipómenes, poniéndolo en boca de Venus como un discurso a su amante Adonis. Cuando Hipómenes, desesperado de amor por Atalanta pero temiendo correr la misma suerte que muchos pretendientes anteriores, suplicó la ayuda de Venus, ésta le dio tres manzanas de oro del Jardín de las Hespérides. Cuando se encontraban en plena carrera, Hipómenes las arrojó al suelo, y Atalanta se detuvo a recogerlas, permitiendo que su contrincante la adelantara. Pero después de casarse, Atalanta e Hipómenes profanaron el santuario de Cibeles, la Madre de los Dioses, haciendo el amor allí mismo, y Cibeles los transformó en los leones que ahora tiran de su carro.

En la lectura típica de Maier, Atalanta es un símbolo del mercurio fugitivo, e Hipómenes, del azufre dorado que logra su fijación. Luego, como los enamorados, las dos substancias se unen en el recipiente y forman la tintura regia de color rojo. Maier ya había comentado el mito de Atalanta en *Arcana Arcanissima*, diciendo que igual que el fruto puede crecer en los árboles, y los minerales puros en las entrañas de la tierra a partir de substancias dispares, igual incluso que las orejas humanas, etc., se pueden regenerar, y en lo más profundo del invierno pueden crecer hojas y flores de la rama cortada de un manzano, así también en la química tenemos nuestro propio árbol con manzanas de oro (*Arcana*, págs. 83-84). La virgen Atalanta es nuestra materia regia, inconstante y de pies alados como Mercurio. Tiene que ser atrapada mediante estratagemas. ¿Cómo? Coge manzanas de oro y lánzalas sucesivamente ante ella. ¡Nada es más abierto ni más conveniente! (pág. 87).

El laberinto multimedia de *Atalanta Fugiens* es cualquier cosa menos una guía «abierta» o «conveniente» para la alquimia de laboratorio; pero los cincuenta epigramas son como otras tantas pistas para el proceso. Elaborados en su mayoría a partir de leyendas grecoegipcias o de máximas comunes entre los alquimistas medievales, presentan las estructuras y principios básicos de la obra en forma concisa. Los cincuenta discursos hacen las veces de comentarios de los epigramas; a la manera acostumbrada de Maier, vagan a lo largo y ancho de su saber clásico y curioso, valiéndose de su experiencia como médico. Pero no es tanto el texto impreso como la calidad de los emblemas pictóricos y la presencia de las fugas musicales lo que hace de *Atalanta* una obra única y de extraordinario valor.

El libro de emblemas del Renacimiento supuso un enfoque radicalmente nuevo del simbolismo con relación al de la Edad Media. Las imágenes del arte medieval habían sido un sistema inequívoco y cerrado, ya representasen temas religiosos, como en las catedrales, o alegóricos, como en la heráldica y en la ética cortés. Eran las ayudas mnemotécnicas de que se valían los sistemas morales y de fe. Aunque, como sostenía el alquimista moderno Fulcanelli, la iconografía de las catedrales góticas ocultaba procesos alquímicos, éstos eran procesos precisos y físicos que tenían que conocerse de antemano para poder comprender las imágenes.

La situación era muy diferente en el Renacimiento, cuya iconografía característica empezó con el descubrimiento en 1419 de los *Jeroglíficos* del autor griego tardío Horapolo. No importa que Horapolo no fuera realmente egipcio: el interés del texto radicaba en la idea de que el jeroglífico era algo que debía ser leído desde *dentro*, no desde fuera. Ofrecía un simbolismo que estaba abierto. En el texto de Horapolo, e incluso más aún en las célebres obras del Renacimiento influidas por el concepto del emblema jeroglífico, la *Hypnerotomachia Poliphili* de Francesco Colonna (1499) y los *Emblemata* de Andrea Alciati (1531), la imagen se convirtió en una invitación no sólo a interpretar su significado en palabras, sino a introducirse en el reino de la imaginación. Los significados más profundos de las imágenes, sólo sospechados por unos pocos en la Edad Media y ocultados por ellos por miedo a la herejía, estaban ahora abiertos a todos los espectadores, y los comentadores competían unos con otros en la interpretación de los emblemas y sus leyendas epigramáticas. En ese ambiente, innovaciones y novedades eran bienvenidas, y la simple alegoría no servía ya para su interpretación.

En la superficie, los libros de emblemas de Alciati y los que los sucedieron son obras moralizantes. Pero hay en su superficie tanto misterio, tantas imágenes sugerentes y tanta capacidad de evocar profundidades ocultas que conmina al lector a penetrar más allá de los tópicos morales hasta verdades más sutiles, incluso de carácter hermético. Esto hace de los emblemas un vehículo ideal para el polifacético arte de la alquimia.

Los emblemas

Los cincuenta grabados realizados para *Atalanta Fugiens* ocupan un lugar de honor entre las ilustraciones alquímicas. Sin firma, se atribuyen habitualmente a Matthaeus Merian el Viejo (1593-1650), yerno del editor de *Atalanta*, Johann Theodor de Bry (1561-1623), y, como este último, grabador prolífico e ilustrador de libros. Sin embargo, Stanislas Klossowski de Rola, en su libro sobre los grabados alquímicos del siglo XVII, *The Golden Game*, afirma categóricamente que el ilustrador de *Atalanta* no fue Merian, sino Johann Theodor de Bry. Esto exige que examinemos el problema de la atribución, y que consideremos si la cuestión puede estar mal planteada.

Fue en febrero de 1617, el año de la primera aparición de *Atalanta*, cuando Merian se unió a la empresa de De Bry y se casó con su hija y heredera María Magdalena. Merian era ya un grabador experto. Nativo de Basilea, había realizado su aprendizaje con Dietrich Mayer en Zúrich, donde en 1610, cuando contaba dieciséis o diecisiete años, había publicado un serie de grabados sobre escenas del Nuevo Testamento. Éstas contenían ya muchos de los rasgos esenciales de los emblemas de *Atalanta*: la ciudad distante desvaneciéndose en las montañas y el mar (compárese con el emblema 19, entre otros); la roca espectacular en el centro (compárese con los emblemas 7, 43). Desde luego, no eran originales; Merian los había adaptado de la escuela realista de los paisajistas de finales del siglo XVI. De manera más sugerente, el estudio de Diefenbacher muestra cuatro cuadros realizados entre 1600 y 1610 por un colaborador posterior de Merian, Anton Mirou (1578-1627), en los que están presentes todas estas características del paisaje.

En 1613-14 Merian estaba en París, donde grabó algunas escenas espectaculares de fuegos artificiales y algunas figuras del pintor manierista Jacques Bellange, demostrando ser capaz de copiar exactamente un estilo por completo extraño a sus preferencias germánicas. En 1615 grabó dos libros de emblemas para el editor de Estrasburgo Jacob van der Hayden y, al año siguiente, setenta y seis láminas ilustrando las celebraciones que tuvieron lugar con motivo del bautismo del príncipe Federico de Württemberg (1615-1682). Éstas incluían la lámina del jardín de recreo de Stuttgart, reproducida con frecuencia. En un estudio reciente de la obra de Merian, Jörg Diefenbacher propone que probablemente fuera Van der Hayden, pariente por matrimonio de la familia De Bry, quien presentara al joven artista al editor, cuyo negocio finalmente dirigiría.

La base del éxito de la empresa de De Bry fue su doble serie de libros topográficos. Theodor de Bry (1528-1598), padre de Johann Theodor, había comenzado el proyecto grabando una colección de acuarelas de América que encontró en Londres. Esta colección se convirtió en los *Grosse Reisen* («Grandes Viajes»), a los que sus hijos añadieron escenas de África y Asia con el título *Kleine Reisen* («Pequeños Viajes»). Cuando Merian se unió a la empresa, estaban ocupados en una revisión en nueve volúmenes de *Grosse Reisen*, titulada simplemente *America*. Según Georg Drescher, Merian grabó la portada, dos mapas y otras veinte láminas para esta obra, que se publicó en 1617, y luego se dedicó a una serie de libros alquímicos y médicos. Éstos incluían *Atalanta Fugiens* y obras de Robert Fludd, Johann Mylius, Basilio Valentín, y el *Musaeum Hermeticum*.

Si Johann Theodor de Bry pudo disponer de tiempo para hacer alguna contribución a los grabados de *Atalanta*, fueron probablemente las figuras, que efectivamente se parecen a las del trabajo de De Bry. Es significativo que en el pequeño mundo de los grabados alquímicos de principios del siglo XVII, De Bry y Merian fueran los únicos ilustradores que podían representar la figura humana de acuerdo con el canon de proporción clásico. La comparación con su prolífico contemporáneo Baltzer Schwan, por ejemplo, muestra de manera evidente la ventaja de aquéllos sobre éste (véase ilustración 1 y compárese con los emblemas 26 y 33); y esto induce a pensar que algunos otros grabados sin firma, como los de *De Lapide Philosophico* (1625) de Lambsprinck, son igualmente suyos (véase ilustración 2).

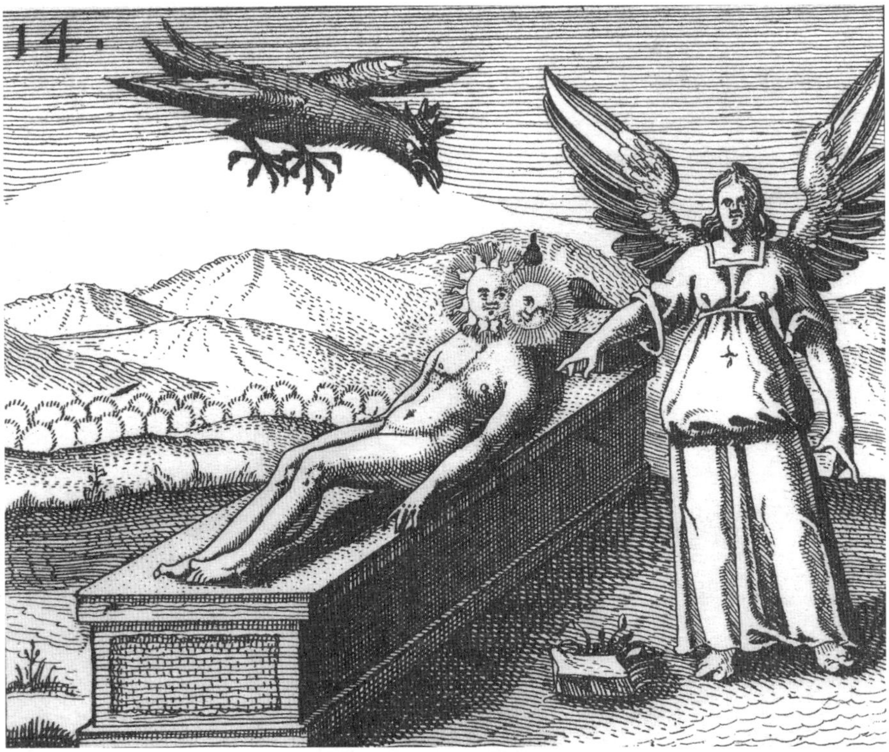

1. Baltzer Schwan, Ilustración n.º 14 para Johann Daniel Mylius, *Philosophia Reformata*, Luca Jennis, Fráncfort 1622.

2. Matthaeus Merian, Ilustración n.º 2 para Lambsprinck, *De Lapide Philosophico*, Luca Jennis, Fráncfort 1625.

Pero al tratar el problema de la autoría en este medio se deben tener en cuenta las prácticas de los talleres de la época. En primer lugar, se plantea la cuestión de quién realizó el dibujo del que un determinado grabado era copia (invertida). Si no se trataba de la misma persona, ¿quién debe ser considerado el artista? Diefenbacher reproduce, uno al lado del otro, una serie de dibujos a pluma de Anton Mirou y los grabados que, a partir de ellos, hizo Merian para *Schwalbacher Reise*, publicados en 1631 pero probablemente realizados a principios de la década de 1620. Junto al hecho sorprendente de que algunos de los dibujos no estén invertidos en el grabado (así pues, deben de haber sido copiados con un espejo), la contribución de Merian es enorme. Recoge los detalles más pequeños de los esbozos de Mirou y los interpreta; donde hay zonas en blanco, añade vegetación y figuras (humanas y animales). Sobre todo, crea una sensación de profundidad y una atmósfera mediante su dominio de la luz y la oscuridad.

Otras consideraciones, aunque probablemente ya no aplicables a la época en que Merian se unió a la empresa de De Bry, se refieren a la relación del maestro con sus aprendices y sus contribuciones respectivas a la obra. Suponiendo que el maestro dibujara las figuras humanas, ¿debemos imaginar que las dibujaba con todo detalle, en su estilo personal, esperando que el grabador las reprodujera exactamente (como había hecho Merian con las de Bellange)?; ¿o el maestro simplemente esbozaba las figuras en las posturas y gestos apropiados y dejaba que el aprendiz resolviera los trajes, las expresiones faciales, etc.? Así pues, no se puede empezar a asignar el mérito de un grabado con plancha de cobre a menos que se disponga también del modelo desde el que trabajó el grabador y se sepa exactamente quién hizo cada cosa.

No hay duda de que Merian inventó los fondos característicos de los emblemas de *Atalanta* (véanse emblemas 1, 2, 4, 12, 13, 19, 20, 24, 31, 32, 36, 37, 39, 40, 43, 46, 47, 50), puesto que están llenos de motivos que él utilizó mucho antes de llegar al taller de De Bry. Se repiten con una inventiva inagotable en el primer trabajo a gran escala de Merian, *Icones Biblicae* (publicado en Fráncfort, 1625-27). Editado en cuatro libros, es una colección de 233 grabados de episodios de la Biblia, acompañado cada uno por un breve poema en latín, alemán y francés. Están más elaborados y más cuidadosamente detallados que los grabados de *Atalanta*, pues corresponden a un proyecto más prestigioso, pero es difícil no percibir allí la misma mano (véase ilustración 3). Además, en la ilustración del Jardín de Edén (libro I, n.º III), aparece el mismo elefante que en el *Viatorium* de Maier, y casi tan inconfundiblemente el león de *Atalanta*, emblema 37 (véanse ilustraciones 4, 5). Las figuras humanas de las escenas bíblicas más raramente reproducen con exactitud las de la obra anterior, pero compárese el Antíoco caído de *Icones*, III, XLII [ilustración 6], con el Adonis de *Atalanta*, 41.

En favor de la posibilidad de que Merian sea el artista de *Atalanta* está también la aparición en varios emblemas de paisajes que no son imaginarios ni genéricos, sino identificables. Lucas Wüthrich señala, entre otros, la ciudad de Berg, cerca de Stuttgart, que aparece en el emblema 36, que Merian debía ilustrar idénticamente en publicaciones posteriores. Parece que ya estaba mostrando las técnicas e intereses que llevarían a la gran serie de libros ilustrados de viajes y que harían de su nombre un prototipo de la topografía.

En el Prefacio a los *Icones Biblicae*, Merian esboza la historia del arte tal como él la concebía, en términos cíclicos que compara con el crecimiento y decrecimiento de la Luna. Después de su gran florecimiento en el mundo clásico, dice, el arte entró en decadencia hasta su reactivación alrededor de 1450, para alcanzar luego un nuevo apogeo con pintores como Alberto Durero, Lucas Cranach y Hans Holbein. Escribiendo setenta años o más después del florecimiento de estos artistas, y en plena guerra de los Treinta Años, Merian se pregunta si la pintura no estará entrando entonces en otro eclipse, en otro período «bárbaro, gótico y huno» de ignorancia y de caos. Evidentemente, se veía a sí mismo combatiendo en una batalla desesperada.

En conformidad con este gusto retrospectivo, los emblemas recuerdan a menudo el período anterior. La perspectiva de las escenas urbanas (emblemas 5, 8, 10, 28) procede del Quattrocento italiano a través de los libros de arquitectura del manierismo del norte, como los de Vredemann de Vries. Las figuras, prácticamente sin expresión facial, asumen sus posturas simbólicas con el desapego hierático de un Carpaccio (por ejemplo, emblemas 4, 10, 22, 25, 30, 39, 49). Los paisajes, ya analizados, incluyen formaciones de rocas al estilo de Leonardo (2, 7, 12, 19, 25, 26, 31, 34, 35, 43, 46, 49) y árboles estilizados que sobresalen por encima de las figuras a la manera de los grandes pintores venecianos (6, 13, 16, 38, 40, 41). Para las ruinas protorrománticas (14, 16, 50), está el precedente de un centenar de escenas de Navidad, donde Cristo nace entre las ruinas del mundo pagano. Sin embargo, esto no impide que el artista se

3. Matthaeus Merian, La vocación de Jeremías, de *Icones Biblicae*,
Libro III, n.º XII, Merian, Fráncfort 1627.

4. Matthaeus Merian, Adán, Eva y los animales, de *Icones Biblicae*, Libro I, n.º III, Merian, Fráncfort 1625.

5. Matthaeus Merian, Ilustración n.º 1 para Michael Maier, *Viatorium*, Johann Theodor de Bry, Oppenheim 1618.

6. Matthaeus Merian, La muerte de Antíoco, de *Icones Biblicae*, Libro III, n.º XLII, Merian, Fráncfort 1627.

alce, ocasionalmente, a alturas visionarias. Con las experiencias del arte del siglo XX a nuestras espaldas, puede ser que apreciemos mejor su surrealismo, como en los emblemas 2, 5, 8, 17, 20, 25, 30, 33, 36. Max Ernst trataría de recrear el valor de choque de esas escenas en su propio libro de emblemas, *La Femme cent têtes*. En última instancia, las imágenes están más logradas cuando son más emblemáticas y menos narrativas. Yo escogería los emblemas 1, 14, 21, 33, 42, 45, 50 como imágenes inolvidables de sus temas arquetípicos, así como mi favorito, la escena de la pesca de coral del emblema 32.

El hecho de que el ilustrador no fuera ningún Rubens (y el compositor ningún Monteverdi) no sólo es irrelevante para los objetivos del libro de emblemas, sino que es, en realidad, una ventaja. Las fugas y los emblemas no son entretenimientos ni, mucho menos, expresiones de emociones personales, que es de lo que se ocupaba la música y el arte de principios del siglo XVII. Son soportes para la contemplación. De ahí su naturaleza repetitiva, pues en la contemplación no se necesita novedad ni variedad, sino un centro de atención. El propio Maier llamó «jeroglíficos» a los emblemas de *Atalanta* (*Viatorium*, pág. 56), lo que implica que, como en los jeroglíficos egipcios (en esa época sin descifrar), había en ellos un misterio que resolver. Su orden aparentemente azaroso invita a imponer la propia estructura, igual que en la obra hermética hay que imponer un orden a la masa confusa de la materia prima. Así, entre los emblemas y discursos no menos de ocho están relacionados con la necesidad de una muerte o mortificación que preceda al renacimiento (emblemas 5, 14, 24, 33, 41, 44, 48, 50). Otros dos grupos tiene que ver con la obra del fuego (8, 10, 17, 18, 20, 35) y la obra del agua (3, 9, 11, 13, 22, 28, 31, 34). Al menos once emblemas tratan de varios pares de opuestos y sus conjunciones (4, 7, 15, 16, 25, 30, 38, 40, 45, 46, 47). Finalmente, dos emblemas hablan de lo que se necesita para embarcarse en la obra: primero, una llave (27), luego naturaleza, razón, experiencia y lectura (42).

Se supone que estas categorías no son rígidas ni exhaustivas, pues muchos emblemas se pueden relacionar con más de una de ellas; con el fuego y el agua, por ejemplo. Adam McLean, experto en iconología alquímica, ha propuesto una división más sistemática de los emblemas de *Atalanta* en siete grupos de siete, bajo los encabezamientos de Muerte (41, 44, 5, 48, 25, 50, 24), Materia prima (Cuatro y Tres) (19, 17, 29, 36, 37, 39, 49), Lavado o Purificación (3, 22, 13, 31, 28, 11, 34), Fuerzas planetarias (26, 10, 42, 45, 20, 46, 12), Encuentro de polaridades (2, 15, 18, 16, 47, 7, 43), Conjunción (21, 4, 30, 40, 23, 38, 33), y Resurrección (1, 35, 32, 6, 8, 9, 14). El emblema restante es la Rosaleda (27), que da acceso al conjunto. (Véase «Michael Maier's Atalanta Fugiens: Links with the Archetypal Symbolism of the Vault», en Adam McLean, ed., *A Compendium on the Rosicrucian Vault*, Hermetic Research Series, Edimburgo, 1985, págs. 122-130.)

La música

Puesto que se podía contar con que las personas educadas de la época de Maier podían leer y cantar unas líneas de música, la inclusión de cincuenta fugas en *Atalanta* no era un gesto tan fútil como podría parecer actualmente, cuando existe la barrera adicional de un sistema de notación desconocido para la mayoría. Aunque no exista ningún paralelo en la literatura emblemática, dos publicaciones posteriores se le asemejan de cierta manera. En primer lugar, Adriaen Valerius publicó en Haarlem, en 1626, *Nederlandtsche Gedenck Clanck*, una historia de las siete provincias de los Países Bajos y sus guerras con España, adornada con grabados alegóricos y con las canciones de cada provincia en notación moderna, con acompañamiento en tablatura de laúd. Segundo, *Tugendsterne* («Estrellas de virtud»), publicado en *Frauenzimmer Gesprächspiele*, Nuremberg, 1641-1649, que es una pequeña serie de escenas creadas por los académicos de Nuremberg Georg Philipp Harsdörfer y Sigmund Theophil Staden. Presenta los siete planetas en elegantes grabados, cada uno con la notación musical de una canción acerca de su virtud correspondiente. Los *Gesprächspiele* eran juegos de conversación que se realizaban en las «academias» alemana y holandesa del siglo XVII: clubes sociales con pretensiones intelectuales, en los que los participantes hablaban por turno sobre un tema dado. Presumiblemente, en esas reuniones se podían cantar las canciones de las *Tugendsterne*. Tal vez, por analogía, podríamos imaginar que *Atalanta* se utilizase de una manera similar, pero en un tipo de club más hermético, como los que habían existido en los círculos en torno a Rodolfo II o del landgrave Moritz de Hessen-Kassel, que poseía talento musical.

Aunque Maier llame «fugas» a sus piezas en conformidad con la nomenclatura de su tiempo (y por coincidir así con el título del libro), éstas no deben confundirse con la forma musical que utilizaron J. S. Bach y sus sucesores. Hoy definiríamos las composiciones de Maier como cánones a dos voces sobre un *cantus firmus*.

Esos ejercicios son sumamente raros en la historia de la música, aunque las técnicas del canon y del *cantus firmus*, por separado, tengan un desarrollo largo y extenso. La escritura del canon se remonta al menos al año 1300, aunque el uso de un *cantus firmus* preexistente («canto fijo») como base para la composición se remonte a la polifonía litúrgica más antigua, en torno al año 1000. Ambas estructuras son un reto a la invención y el ingenio del compositor, ya que exigen de él que trabaje dentro de límites más o menos estrictos. Pero muy pocos compositores combinaban realmente las dos técnicas, probablemente porque hacerlo implica unas restricciones extremas a la imaginación musical. Hablando por experiencia, componer un canon sobre un *cantus firmus* se parece más bien al proceso de crear un crucigrama. Sólo Johann Sebastian Bach, un siglo después de Maier, pudo superar realmente las dificultades inherentes a esa forma y hacer música verdadera con ella, como atestiguan la *Ofrenda musical*, el *Orgelbüchlein* y las *Variaciones canónicas sobre Von Himmel Hoch*.

Como las ilustraciones, la música de *Atalanta* rememora un tiempo anterior. La edad de oro de la escritura canónica fueron los cincuenta años en torno al 1500, con compositores como Johannes Ockeghem, Jacob Obrecht, Josquin Desprez, Heinrich Isaac y Jean Mouton. Los grandes compositores de finales del siglo XVI, como Giovanni Pierluigi da Palestrina, Orlando Lasso y William Byrd, prestaron muy poca atención a la técnica canónica, y en la época de Maier esos ejercicios de ingenio estaban totalmente desfasados. Sin embargo, Walter Blankenburg escribe en *Die Musik in Geschichte und Gegenwart* (vol. 7, artículo «Kanon») que en la Alemania luterana había una tendencia conservadora que persistía, especialmente en la pedagogía musical. Aquí es donde debemos buscar precedentes para la extraordinaria obra de Maier.

La *Practica Musica* de Hermann Finck (Wittenberg, 1566) contiene como libro III un tratado sobre composición canónica, ilustrado en su mayor parte con ejemplos de Josquin Desprez. Éste es el estudio de las técnicas canónicas más detallado que se pueda encontrar en un tratado renacentista, y pudo haber despertado el interés por un arte moribundo entre los teóricos alemanes de la música. Adam Gumpelzhaimer era uno de ellos: su *Compendium musicae lati-*

no germanicum (Augsburgo, 1591, y muchas ediciones posteriores) tiene numerosos cánones a diversos intervalos compuestos por él mismo. Otro fue Joachim Burmeister (1564-1629), cuya *Musica Poetica* (Rostock, 1606) clasifica los cánones específicamente como «fugas», y los divide en *homophonos* (al unísono) y *pamphonos* (a otros intervalos), antes de revelar el secreto de cómo componer un canon en cuatro partes. Cualquier estudiante que trabaje con estos libros debe tener unos fundamentos exhaustivos en escritura canónica. Pero todavía no tratan el canon sobre un *cantus firmus*.

Para ello debemos volver a los teóricos italianos. En *Della prattica musica vocale et strumentale* (Nápoles, 1601), Scipione Cerreto examina en profundidad la «fuga», la imitación y el canon, y ofrece ejemplos de cánones en todos los intervalos y también en movimiento contrario (como las fugas 45 y 49 de Maier). Cerreto expone luego formas de canon sobre un *cantus firmus*, igualmente en todos los intervalos, de los que ofrezco dos ejemplos basados en el *cantus firmus* del *Kyrie della Madonna* (véanse los ejemplos musicales 1 y 2). La oscura obra de Cerreto fue revivida por Lodovico Zacconi en su *Prattica di Musica* (Venecia, 1622), que reproduce todos los cánones con sus soluciones.

Dada la mente inquisitiva del joven Maier y su devoción a los estudios intelectuales, parece probable que se valiera de este campo para ejercitar su ingenio. Además, había música en su entorno que estaba próxima al modelo de fuga de *Atalanta*, aunque sin observar el mismo rigor. Debió de estar familiarizado con piezas como las canciones sacras alemanas de Praetorius para dos, tres o cuatro voces, de las que ofrezco dos extractos (de *Musae Sioniae*, 1610, en *Gesamtausgabe*, vol. IX, nos. XXIII y XL; véanse los ejemplos musicales 3 y 4). En el primero, *Christ lag in Todesbanden*, las partes superiores comienzan a imitación de la quinta, luego entra la inferior en las notas más largas de un *cantus firmus*. En *Christ ist erstanden*, cada una de las tres partes empieza la melodía coral con valores de notas diferentes, luego las partes superiores continúan al unísono en imitación estricta. Aquí están las semillas de las técnicas de fuga de *Atalanta* y el sonido general de su imagen.

Praetorius escribe para voces, pero no se debería olvidar que los organistas, tanto católicos como luteranos, improvisaban habitualmente piezas similares sobre la base de un canto o coral. Hay algunos ejemplos del repertorio de canon para órgano sobre un *cantus firmus* tal como lo utilizó Maier, que datan de poco después de su tiempo. Profundamente ocultos en la *Tablatura Nova*

1. Scipione Cerreto, Canon a la tercera descendente en *Kyrie della Madonna*.

2. Scipione Cerreto, Canon al unísono en *Kyrie della Madonna*.

3. Michael Praetorius, *Christ ist erstanden* (palabras omitidas).

4. Michael Praetorius, *Christ lag in Todesbanden* (palabras omitidas).

(1642), un libro de órgano de ochocientas páginas de Samuel Scheidt (1587-1654), hay tres cánones sobre el Octavo Modo del Magnificat. Dos son al unísono, uno a la quinta. (Véase ejemplo musical 5.) Matthias Weckmann (1621-1674), discípulo de Heinrich Schütz, escribió tres de esos cánones en sus Variaciones Corales sobre *Es ist das Heil uns kommen her*. (Véase ejemplo musical 6.)

El *cantus firmus* de Maier sigue la tradición en tanto que procede de un canto gregoriano, un famoso *Kyrie eleison* conocido como *Cunctipotens genitor* (*Graduale Romanum*, pág. 725; *Liber Usualis*, pág. 25). En la iglesia luterana del tiempo de Maier, este canto se denominaba *Kyrie Angelicum*. El propio Praetorius lo empleó como *cantus firmus* en la voz más alta en su *Missodia*

5. Samuel Scheidt, Canon al unísono en *Magnificat octavi toni*.

6. Matthias Weckmann, *Es ist das Heil uns kommen her*, verso 2: Canon a la quinta descendente.

Sionia (publicado en Wofenbüttel, 1611; véase Praetorius, *Gesamtausgabe*, vol. XI, n.º XI), y sin duda era un vehículo común para la improvisación al órgano. Las fugas de *Atalanta* emplean sólo la frase media, originalmente asignada a las palabras *Christe eleison*: Cristo, ten misericordia. Cristiano devoto como era, Maier ocultó así un símbolo musical de esta oración en cada fuga.

Las otras dos voces de las fugas de Maier están relacionadas canónicamente. La voz del comienzo representa a Atalanta, la voz siguiente a Hipómenes, y el *cantus firmus* a la manzana. Al final de cada fuga, Hipómenes ha alcanzado a Atalanta, y las tres partes terminan simultáneamente. De este modo, cada fuga es una réplica en miniatura del mito griego y de la «persecución» del mercurio volátil por el azufre y su posterior «matrimonio». Cada una de ellas debía ser cantada tres veces, cada vez con un pareado diferente del epigrama de seis versos.

El aspecto más impresionante de *Atalanta* desde el punto de vista de la composición es que, en armonía con el enfoque pansófico de Maier, las voces canónicas empiezan separadas prácticamente en todos los intervalos posibles. He aquí los intervalos, y los números de las fugas importantes:

Unísono: 46
segunda ascendente: 12
segunda descendente: 10
tercera ascendente: 17, 45
tercera descendente: 15, 20, 41
cuarta ascendente: 4, 21, 31, 42
cuarta descendente: 1, 3, 6
quinta ascendente: 9, 16, 32, 49
quinta descendente: 2, 5, 33
sexta ascendente: 11
sexta descendente: 19, 40
séptima ascendente: 18, 22, 35, 38
séptima descendente: 36
octava ascendente: 8, 27, 37
octava descendente: 14, 34
novena ascendente: 28
novena descendente: 29

décima ascendente: 7, 39
décima descendente: 50
undécima ascendente: 13
duodécima ascendente: 23, 44, 48
duodécima descendente: 24, 25, 43
decimocuarta descendente: 30
doble octava ascendente: 47
doble octava descendente: 26

Hay otras complejidades, aunque sólo de interés para los teóricos de la música. El *cantus firmus* aparece en tres tonos diferentes, con diferencia de una octava, para que pueda ocupar la parte superior, central o inferior de la textura de tres partes. Después de utilizarlo invariable para las cuarenta primeras fugas, Maier lo invierte en la 41. En la fuga 42 el ritmo cambia, y las tres partes avanzan en las mismas notas para representar al Filósofo que sigue los pasos de la Naturaleza. En esta fuga, y de nuevo en las fugas 43, 44 y 47, el *cantus firmus* se asigna a una sola línea del epigrama, de manera que las fugas se deben repetir seis veces para poder cantar el epigrama en su totalidad. En la 44 las voces canónicas avanzan a velocidades y ritmos diferentes, yendo la voz de Hipómenes aproximadamente cuatro veces más rápida que la de Atalanta. La fuga 45 es un canon por inversión, ilustrando el Sol y su sombra. La fuga 46 no es un canon en el sentido normal, sino que la música de la primera línea se canta en sentido retrógrado respecto de la segunda línea, ilustrando así las dos águilas de Júpiter que vuelan hacia el este y el oeste y vuelven a él desde direcciones opuestas. En la fuga 47 es la voz de Atalanta la que avanza unas cuatro veces más veloz que la de Hipómenes; mientras tanto, el *cantus firmus*, reducido a la mitad de su longitud, se reproduce en sentido retrógrado, como cuando «el lobo de Oriente y el perro de Occidente» se muerden uno a otro. En la fuga 48 el *cantus firmus* se invierte, y la voz de Atalanta avanza unas dos veces más rápido que la de Hipómenes. La fuga 49 es de nuevo un canon por inversión, sobre un *cantus firmus* que es a la vez retrógrado e inverso. La fuga final, la 50, vuelve de nuevo a la forma «normal», como las cuarenta primeras. Sin embargo, sirve para llenar un hueco en la tabla de intervalos, el de la décima descendente. El efecto de todo esto es que las últimas diez fugas suenan sensiblemente diferentes de las cuarenta primeras. Son más repetitivas, algunas de las voces van mucho más rápidas, y en general hay un sentimiento más apremiante, como si se acercara el final de la carrera.

Cuando se intenta cantar las fugas en su totalidad, se descubre que algunas apenas son viables, y se tiene que admitir que hay en ellas un componente importante de «música visual», e incluso de arte conceptual. Los conceptos, por otra parte, enfrentaron a Maier con dificultades musicales que sólo un compositor muy experimentado podía superar manteniendo la obediencia a las leyes del contrapunto de finales del Renacimiento. Es muy difícil componer un canon estilísticamente perfecto cuando hay que atenerse a los tipos más difíciles ensayados por Maier, como aquellos en los que las voces canónicas están separadas por un intervalo de sexta, o en inversión, sobre un *cantus firmus* dado. Incluso el experto Scipione Cerreto, citado anteriormente, escribe quintas paralelas (véase ejemplo musical 1, compás 4), y admite que «si hubiere algún pasaje que no sea demasiado hermoso, se deberá aceptar, habida cuenta la obligación de escribir sobre el *cantus firmus*» [*per il che sì pur vi è qualche passaggio non troppo soave, si dovrebbe sopportare per l'obligatione che vi si tiene à trattare sopra il Canto Fermo*] (*Della prattica musica*, pág. 228).

Los oyentes de Maier deben hacer lo mismo. El concepto era para él tan importante que deja a un lado las reglas (que debía de conocer perfectamente), como las prohibiciones de quintas y octavas consecutivas, o de disonancias no preparadas ni resueltas. Además, y por razones que no están claras para mí, insertó algunos accidentes muy caprichosos que no venían exigidos por la imitación canónica. El editor moderno tiene que tomar algunas decisiones difíciles sobre hasta dónde aceptarlos en la interpretación y hasta dónde «censurar» las erratas o errores de Maier, pensando en su propia reputación.

El resultado es una música absolutamente única. Es poco aconsejable leer en el piano las primeras fugas de principio a fin: disuadidos por su tosquedad, podríamos renunciar a prestar más atención a la música de Maier. Escucharlas interpretadas con convicción por profesionales es otro asunto. Uno se encuentra entonces en un mundo musical casi desprovisto de los puntos de referencia que se espera encontrar en la música de este primer período del Barroco, y tan cerca de la intemporalidad como pueda estarlo un estilo musical. Los oyentes familiarizados con la historia de la música encontrarán ahí las resonancias más inesperadas: pasajes que parecen proceder de un motete de Ars Antiqua del siglo XIII; ecos de Guillaume de Machaut y Guillaume Dufay.

Esto se debe en cierta medida a que las fugas de Maier, al ser sólo en tres partes, tienen una textura más medieval que renacentista: la mayor parte de la música vocal de su tiempo (motetes, madrigales, etc.) utilizaban cuatro o cinco voces, si no un instrumento de cuerdas (laúd, clavicémbalo, órgano). En otros momentos parece que se está escuchando un estilo completamente posterior, tal vez un pasaje de Stravinsky o Hindemith, ante lo imprevisible de las disonancias e incluso de algunas melodías. Una vez se ha disipado la sensación de novedad, tanto los oyentes profanos como los experimentados pueden unirse en la apreciación de las cualidades expresivas de la música y la sorprendente riqueza de invención melódica de Maier. Esto es particularmente cierto en las fugas 41 a 49, en las que un contenido especialmente conceptual y simbólico conduce a extremos de textura y forma musical.

No es sorprendente que otros pansofistas fueran compositores aficionados. Entre ellos estaba Robert Fludd, que escribió danzas en el estilo de principios del siglo XVII (conservadas en el Filmer Manuscript, Yale University); Simon Studion, el profético autor de *Naometria*, 1604, que contiene un motete en seis partes con simbolismo místico político, *Lilia nympha colit*; Athanasius Kircher, cuya *Musurgia Universalis* contiene una fantasía instrumental compuesta por él mismo (*Paradigma Melothesias*, en vol. I, págs. 311-313); y el landgrave Moritz de Hessen Kassel (abundante música coral, en su mayoría perdida, y danzas corteses). Pero ninguno de ellos, en realidad casi ningún compositor, fuese aficionado o profesional, tuvo nunca la perseverancia necesaria para completar un proyecto como *Atalanta Fugiens*, escogiendo de manera deliberada una forma especialmente constrictiva y agotando de forma sistemática sus posibilidades.

Sólo sé de una iniciativa musical que se pueda comparar con *Atalanta Fugiens*: el *Archéomètre musical* de Saint Yves d'Alveydre, publicado en 1907. Saint Yves (1842-1909) fue también un hermetista cristiano, y si hubiera vivido en el siglo de Maier se le habría podido llamar pansofista. Su *Archéomètre* era una construcción numérica, geométrica, alfabética y cromática que pretendía ser una «Clave de todas las religiones y todas las ciencias de la Antigüedad; la reforma sintética de todas las artes contemporáneas». Su componente musical consta de 201 piezas breves para piano o armonio, casi totalmente diatónicas pero escritas en una armadura de siete bemoles. Están clasificadas según los siete modos que, a su vez, corresponden a los planetas. Como la música de

Maier, la de Saint Yves tiene una voz distinta y personal, y, cuando se escucha o se interpreta con detenimiento, posee una cualidad hipnótica en la que algunos pueden percibir una especie de misticismo.

Los lemas, los epigramas y los discursos

El componente verbal de *Atalanta* aparece en tres formas y dos lenguas, según un modelo repetido en cada uno de los cincuenta capítulos. Primero está el lema o título: una sola frase impresa en alemán encima de la música de la fuga y en latín encima del emblema. A continuación, está el epigrama: un poema de seis líneas, igualmente en una versión alemana debajo de la fuga y en latín debajo del emblema. En tercer lugar, está el discurso: sólo en latín, impreso en las dos páginas enfrentadas que van a continuación.

Lema, epigrama y discurso forman un comentario en expansión sobre el tema de cada emblema. El estudio pionero del investigador holandés H. M. E. de Jong encontró las fuentes de los lemas, localizando la mayor parte de ellos en la literatura alquímica clásica y medieval. Por ejemplo, los dos primeros proceden directamente de la *Tabla Esmeralda* de Hermes, y muchos otros de la *Turba Philosophorum* y el *Rosarium Philosophorum*, los tres textos fundacionales de la alquimia occidental. Maier debió de acceder con facilidad a la mayoría de las fuentes gracias a dos obras colectivas, ambas aparecidas en más de una edición antes de que se publicara *Atalanta*: son *Artis Auriferae* (1ª ed.: Basilea, 1572) y *Theatrum Chemicum* (1ª ed.: Ursel, 1602). Al margen de la literatura alquímica, un emblema toma su tema de Ovidio (41), otro del Antiguo Testamento (26), otro de Diodoro Sículo (44) y otro de Estrabón (23).

Los poemas son el primer grado de elaboración de los lemas. Esencialmente, explican lo que aparece en los emblemas, pero relacionándolo más específicamente con la obra alquímica. Desde el punto de vista retórico, algunos de los poemas están redactados como un comentario sencillo, otros como consejo dirigido al alquimista aspirante. Maier debió de pensar que el contenido de esa parte de la obra –es decir, lemas, epigramas, emblemas y fugas– era lo bastante relevante como para que valiera la pena ponerlo al alcance de aquellos de sus compatriotas que no leían latín, pues traduce los lemas y los epigramas al alemán.

Los discursos se leen como conferencias improvisadas sobre los cincuenta temas, alimentadas por la amplia experiencia de Maier y su saber pansófico, aunque se podría proponer un paralelo más exacto apelando al predicador luterano que toma un único versículo bíblico como texto para su sermón. Hay en los discursos tres temas dominantes: naturaleza, alegoría y *Chymia*. Los consideraré uno por uno.

Cada uno de los emblemas lleva la inscripción «*De secretis Naturae*», de manera que sus títulos significan realmente «El primer emblema de los secretos de la naturaleza», etc. Se diría que en el mundo de Maier no había una gran diferencia, en esencia, entre los secretos de la alquimia y los fenómenos naturales que solamente son «secretos» para aquellos que no los han investigado. En el discurso 20 explica cómo todo, en la naturaleza, recibe su instrucción de otra cosa natural (por ejemplo, los animales que enseñan a sus crías, o los cultivos agrícolas cuidados por el hombre) y concluye recomendando a los filósofos que observen los procesos de la naturaleza. Muy a menudo sus discursos empezarán con un desenfadado relato de un fenómeno natural, para trazar luego el paralelo entre éste y la obra filosófica. Por ejemplo, el discurso 16 comienza con una serie de anécdotas sobre la constitución y los hábitos de los leones, discurso que da la impresión de proceder de un bestiario medieval; luego Maier muestra cómo la Obra Filosófica tiene muchos paralelos con la conducta leonina. El discurso 45 comienza más seriamente con una disquisición sobre la naturaleza y las causas de la oscuridad y la luz, y pasa luego a exponer cualidades semejantes en el «Sol filosófico» y la «Sombra filosófica».

Otro punto de partida es la alegoría clásica. Ya en *Arcana Arcanissima* Maier había demostrado su convicción (no sin precedentes en los tiempos antiguos) de que los mitos egipcios y griegos tenían la alquimia como significado más profundo. Dado que muchos de los emblemas utilizan figuras clásicas, muchos discursos comienzan contando el mito pertinente con más detalle que el epigrama. Así, el discurso 46 cuenta la historia del nacimiento de Diana y Apolo y proporciona información sobre el templo de Apolo en Delfos. A esto Maier añade algunas explicaciones: «Hemos demostrado [...] el carácter puramente químico de estos relatos», dice, y «las dos águilas son las dos piedras».

Algunos discursos omiten esas secciones introductorias y van directamente a su tema alquímico. El discurso 17 comienza con largas citas de textos alquímicos, uno atribuido a Ramon Llull y otro a George Ripley, y concluye con citas de la *Turba*. En medio, Maier desarrolla sus propios pensamientos sobre los cuatro tipos de fuego necesarios en la obra. Cada discurso tiene alguna advertencia práctica de este género, pero sólo aquellos que siguen la difícil y entregada senda del alquimista de laboratorio la comprenderá (y eso, quede claro, no me incluye).

Hay un conocido ejemplo de ello en el emblema y el discurso 24, cuya fuente está en las *Doce Claves* de Basilio Valentín (obra favorita de Maier). Aquí el lobo devora al rey muerto y luego es quemado en una pira de la que el rey sale ileso. Si el lobo gris es interpretado como una alegoría de la estibina (sulfuro de antimonio), y suponemos que el rey representa el oro, entonces el emblema se puede leer a la vez como un proceso químico común. Una de las tareas principales del metalúrgico antiguo era la purificación del oro de impurezas y aleaciones, y una de las formas de conseguirlo era fundiéndolo con estibina. El sulfuro de antimonio, cuando se funde, disuelve el oro («se come» al rey muerto) y entonces, por medio de la acción adicional del fuego, separa el metal puro de la escoria impura. La repetición del procedimiento en sucesivas operaciones reduce el oro prácticamente a un estado de 24 quilates; y Maier lo afirma en el epigrama y hacia el final del discurso.

Pero, sin duda, esto no es todo. ¿Por qué Maier pudo considerar que valía la pena expresar de esa manera un procedimiento metalúrgico conocido, y realzarlo con un dibujo evocador, un arreglo musical y un discurso que aborda otros temas diversos, como los hábitos de los lobos y la forma en que la gente antigua se quitaba de en medio a sus muertos? Además, ¿qué debemos hacer con las banalidades del último párrafo respecto de la conducta de los reyes? ¿Son importantes en algún sentido?

Debo reconocer mi incapacidad para responder a esas preguntas. Otros pueden tener menos dificultades, debido a su experiencia de laboratorio o porque su enfoque esté determinado por otra visión del mundo. Por ejemplo, Étienne Perrot, que escribe sobre el mismo emblema 24:

> Unas pocas palabras bastan como comentario: el rey es el ego. El lobo es el poder del inconsciente bajo su aspecto siniestro; es Saturno, negrura, disolución de la conciencia. Pero cuando acaba la noche, el ciclo continúa. La luz oscurecida por la oscuridad empieza en este preciso momento a subir hacia la superficie. La luz se llena de conocimiento y amor. En nuestro vocabulario moderno, es la luz del Sí mismo.

Triunfa sobre la oscuridad: la lúgubre noche del Viernes Santo es sucedida por la mañana de Pascua. El rey ha cambiado su naturaleza: era mortal, pero ahora está dotado de inmortalidad; el corazón del león es el Sol invisible con su claridad imperecedera. (É. Perrot, *Les trois pommes d'or*, págs. 219-220.)

Perrot, como seguidor de las interpretaciones junguianas de la alquimia, lo ha psicologizado todo. Quizá no debiera negar completamente la validez de la interpretación metalúrgica; pero la teoría junguiana de la alquimia sostiene que los procesos del laboratorio, cuando ocurrían, eran el lugar de «proyección» de los procesos principales que se producían en la psique del operador. Perrot propone el ejemplo de una joven que durante mucho tiempo «se resistió a la entrada de la Piedra en su conciencia». Súbitamente fue afectada por la fiebre, que desapareció de forma igualmente súbita al día siguiente.

Durante la noche de fuego, un sueño de colores sombríos había sucedido a otro, con el descenso a un abismo insondable, abrumador, y en el que resultaba totalmente pulverizada por una de aquellas máquinas que obsesionaban a Kafka. Por la mañana la tormenta había pasado y había cedido el paso a una visión serena, que no era exagerado calificar de «celestial», pues combinaba el cielo azul con el sol.

La joven del sueño vio de hecho, contra un fondo azul, una estructura rectangular formada de oro. Su fondo era dorado y sus bordes eran como lingotes. Y en el centro del oro, había un líquido fluyendo: era leche. (É. Perrot, *op. cit.*, pág. 220.)

Éste es un sueño típicamente iniciático o «gran» sueño, que marca un momento decisivo en el desarrollo psicológico de una persona, aunque Perrot indique que la experiencia necesita repetición, como dice Maier.

Puedo imaginar cómo los emblemas y, cuando fuera posible, la música de *Atalanta* podían despertar sentimientos y fomentar la identificación con el tema, dando origen a imágenes espontáneas y sueños significativos, como el aquí relatado. Pero no creo que el abismo entre la interpretación operativa de la alquimia y la psicológica haya sido salvado de manera satisfactoria. Para que esto suceda se necesita que los procesos de laboratorio sean liberados de los supuestos del método científico, especialmente del dogma de que un experimento que tenga éxito tiene que ser repetible. También se requiere una visión del mundo abierta a las influencias ocultas y las energías sutiles. Entonces se puede admitir que algunos alquimistas realizaron operaciones para las que no hay ninguna explicación química o física. Lo lograron solamente porque el experimento estaba siendo realizado por la persona correcta, ayudada por las influencias sutiles correctas y en condiciones astrológicas correctas. Por poner un ejemplo claro: puede ser que la purificación del oro mediante la estibina produzca algo que no esté presente en el oro purificado por otros métodos. El oro resultante puede ser más rico de alguna manera imperceptible para la fisicoquímica.

Sólo esto puede explicar la insistencia con que todos los alquimistas, incluido Maier, hablan de «nuestro» azufre, «nuestro» mercurio, etc., y repiten *ad nauseam* que éstas no son las substancias «comunes». Son, más bien, cualidades que están latentes en la materia y que el proceso alquímico pretende extraer e intensificar. Las consecuencias del trato cotidiano con esas substancias sutilmente potenciadas están, por definición, más allá de la comprensión del materialista. Hay algo profundamente oculto en ellas, y al buscarlo posiblemente se corre el riesgo de exponerse a otros peligros además del de inhalar vapor de mercurio o provocar una explosión. Como cualquier búsqueda oculta, el camino alquímico puede conducir a la inflación del ego, la distorsión de la realidad, la paranoia y la incapacidad de desenvolverse con normalidad en el mundo. Probablemente, la mejor protección sea la que vio Maier durante su difícil vida: una actitud filantrópica y una fuerte fe religiosa.

BIBLIOGRAFÍA SELECTA

1. Ediciones modernas de *Atalanta Fugiens*

Gleb Butuzov, editor, Michael Maier, *Atalanta Fugiens* [etc., caracteres rusos], Aenigma, Moscú, 2004.

Traducción rusa de los lemas, epigramas (en tres versiones diferentes) y discursos, con facsímiles de la portada de 1618, retrato de Maier y 50 emblemas; también las 50 fugas en notación moderna (sin palabras) y, en un apéndice, las versiones en color de Adam McLean de la portada y los 50 emblemas. Prefacio de Oleg Fomun, Introducción de Gleb Butuzov.

Johannes Fabricius, *Alchemy*: *The Medieval Alchemists and Their Royal Art*, Rosenkilde and Bagger, Copenhage, 1976.

Incluye facsímiles de 41 emblemas, sin orden e integrados con otras ilustraciones. Ligeramente ampliados, son los mejores de todos los facsímiles.

Joscelyn Godwin, traductor y editor, *Michael Maier's Atalanta Fugiens: An Edition of the Emblems, Fugues and Epigrams*, publicado inicialmente en Magnum Opus Hermetic Sourceworks, Tysoe, 1987 (n.º 22 de la serie «Magnum Opus Hermetic Sourceworks»); reeditado en Phanes Press, Grand Rapids, 1989.

Contiene las fugas transcritas en notación moderna y, debajo, las palabras de los emblemas. Editado con una casete que recoge las 50 fugas cantadas por Rachel Platt y Emily Van Evera (sopranos), Rufus Müller (tenor) y Richard Wistreich (bajo y director). Incluye una introducción de Godwin y un extenso ensayo de Hildemarie Streich, «Music, Alchemy and Psychology in "Atalanta Fugiens" of Michael Maier»; notas críticas sobre la música, con soluciones alternativas de los cánones en las fugas 45 y 49, y transcripción del canon de la felicitación de Navidad de Maier al rey Jacobo.

H. M. E. de Jong, traductor y editor, *Atalanta Fugiens: Sources of an Alchemical Book of Emblems*, E. J. Brill, Leiden, 1969 (vol. 8 de la serie «Janus»); reeditado en Nicolas Hays, York Beach, 2002.

Inicialmente tesis doctoral en Historia del Arte, contiene «resúmenes» (traducciones ligeramente abreviadas) de los 50 discursos, abundante material erudito sobre las fuentes de Maier, amplia bibliografía, facsímiles de la portada de 1618, retrato de Maier y las páginas de los 50 emblemas, y láminas de otras ilustraciones alquímicas, algunas plegables.

Stanislas Klossowski de Rola, *The Golden Game: Alchemical Engravings of the Seventeenth Century*, Thames & Hudson, Londres, 1988.

Incluye facsímiles de la portada de 1618, retrato de Maicr y los 50 emblemas, con comentarios del editor. De todos los comentadores, éste es el más orientado hacia la alquimia de laboratorio.

Jacques van Lennep, *Alchimie: Contribution à l'histoire de l'art alchimique*, Crédit Communal de Belgique, Bruselas, 1985, Diffusion Dervy Livres [París].

Incluye facsímiles de la portada de 1618 y 50 emblemas (en su mayoría de tamaño reducido), así como un capítulo titulado «Atalante, un essai d'oeuvre total».

Étienne Perrot, traductor, *Atalante Fugitive*, Libraire de Médicis, París, 1969.

Traducción francesa de los 50 discursos con facsímiles de la portada de 1618 y de las cincuenta fugas y emblemas. Incluye notas a pie de página, introducción y epílogo, «Éclaircissement sur la voie alchimique».

Étienne Perrot, *Les trois pommes d'or: commentaire sur l'Atalante fugitive de Michael Maier*, La Fontaine de Pierre, París, 1981.

Un planteamiento junguiano en forma de 16 «lecciones» de un traductor francés de las obras de Jung, con muchos relatos de sueños que se corresponden en su significado con los emblemas interpretados psicológicamente. Contiene facsímiles de la portada de 1618 y de 34 de las páginas de emblemas.

Santiago Sebastián, *Alquimia emblemática: La Fuga de Atalanta de Michael Maier*, Ediciones Tuero, Madrid, 1989.

Incluye traducción española de los epigramas de Pilar Pedraza, «Estudio Musical» de José Mª Sáenz Almeida, «Prólogo» de John Moffitt, con introducción y comentarios sobre los 50 emblemas, reproducciones de las 50 páginas de emblemas y las 50 fugas en la notación original.

Lucas Heinrich Wüthrich, editor, *Atalanta Fugiens, hoc est emblemata nova de secretis naturae chymica, authore Michaele Majero*, Bärenreiter, Kassel & Basel, 1964.

Facsímil de la edición completa de 1618 con un epílogo en alemán de Wüthrich, especialista en la obra de Matthaeus Merian.

2. Principales fuentes de la biografía de Maier

Rev. J. B. Craven, D. D., *Count Michael Maier, Doctor of Philosophy and of Medicine, Alchemist, Rosicrucian, Mystic, 1568-1622*, William Peace & Son, Kirkwall 1910; reeditado en Dawsons of Pall Mall, Londres, 1968.

Karin Figala y Ulrich Neumann, «"Autor cui nomen Hermes Malavici": New Light on the Bio Bibliography of Michael Maier (1569 1622)», en Piyo Rattansi y Antonio Clericuzio, eds., *Alchemy and Chemistry in the 16th and 17th Centuries*, Kluwer Academic Publishers, Dordrecht, 1994, págs. 121-148.

Karin Figala y Ulrich Neumann, «Michael Maier (1569-1622): New Bio Bibliographical Material», en Z. R. W. M. von Martels, ed., *Alchemy Revisited: Proceedings of the International Conference on the History of Alchemy at the University of Groningen*, 17-19 April 1989, E. J. Brill, Leiden, 1990, págs. 34-50.

Hereward Tilton, *The Quest for the Phoenix: Spiritual Alchemy and Rosicrucianism in the Work of Count Michael Maier (1569-1622)*, Walter de Gruyter, Berlín & Nueva York, 2003 (Bd. 88 en la serie «Arbeiten zur Kirchengeschichte»).

3. Principales fuentes sobre Matthaeus Merian el Viejo

Jörg Diefenbacher, *Die Schwalbacher Reise, gezeichnet von Anton Mirou, in Kupfer gestochen von Matthäus Merian d. Ä.*, J. Diefenbacher, Mannheim, 2002.

Georg Drescher, Uwe Müller & Michael Bucher, *Matthäus Merian d. Ä. Ätzkünstler und Verleger. Ausstellung der Bibliothek Otto Schäfer und des Stadtarchives Schweinfurt vom 27. April 2003 31. Oktober 2004*. Stadtarchiv, Schweinfurt, 2003.

Lucas Heinrich Wüthrich, *Das druckgraphische Werk von Matthaeus Merian d. Ae.*, 4 vols., Bärenreiter, Basilea y Hamburgo, 1966-1996.

La fuga de Atalanta

Michael Maier

Atalanta fugiens, hoc est, Emblemata nova de secretis naturae chymica, accommodata partim oculis & intellectui, figuris cupro incisis,
adjectisque sententiis, epigrammatis & notis, partim auribus & recreationi animi plus minus 50 fugis musicalibus trium vocum, quarum duae ad unam simplicem melodiam distichis canendis peraptam, correspondeant, non absque singulari jucunditate videnda, legenda, meditanda, intelligenda, dijudicanda, canenda & audienda:
Authore Michaele Maiero Imperial. Consistorii Comite, Med. D. Eq. ex. & c. Oppenheimii ex typographia Hieronymi Galleri, sumptibus,
Joh. Theodori de Bry,
MDCXVIII.

Atalanta en fuga, es decir, nuevos emblemas químicos de los secretos de la Naturaleza, acomodados en parte a los ojos y al intelecto, con figuras grabadas en cobre y sentencias, epigramas y notas adicionales, y en parte a los oídos y al recreo del ánimo, con unas cincuenta fugas musicales a tres voces, de las que dos corresponden a una melodía sencilla apta para cantar dísticos; todo ello destinado a ser visto, leído, meditado, comprendido, juzgado, cantado y oído con extraordinario placer.
Su autor es Michael Maier, Conde del Consistorio Imperial, Doctor en Medicina, Caballero Libre del Imperio, etc.
Oppenheim, impreso por Hyeronimus Galler para Johann Theodor de Bry,
1618.

ATALANTA
FUGIENS,
hoc est,
EMBLEMATA
NOVA
DE SECRETIS NATURÆ
CHYMICA,

Accommodata partim oculis & intellectui, figuris cupro incisis, adjectisque sententiis, Epigrammatis & notis, partim auribus & recreationi animi plus minus 50 Fugis Musicalibus trium Vocum, quarum duæ ad unam simplicem melodiam distichis canendis peraptam, correspondeant, non absq; singulari jucunditate videnda, legenda, meditanda, intelligenda, dijudicanda, canenda & audienda:

Authore

MICHAELE MAJERO Imperial. Consistorii Comite, Med.D. Eq. ex. &c.

OPPENHEIMII
Ex typographia HIERONYMI GALLERI,
Sumptibus JOH. THEODORI de BRY,
M DC XVIII.

Epigramma authoris

Hesperii precium juvenis tulit impiger horti
Dante Dea pomum Cypride tergeminum:
Idque sequens fugientis humo glomeravit adora
Virginis, hinc tardas contrahit illa moras:
Mox micat is, micat haec mox ante fugacior Euris,
Alteratum spargens aurea dona solo,
Ille morabatur vestigia lenta puellae
Rursus at haec rursus dat sua terga fugae;
Tertia donec amans iterarit pondera, cessit
Victori merces hinc ATALANTA *suo.*
Hippomenes virtus est sulphuris, illa fugacis
Mercurii, in cursu femina victa mare est.
Qui postquam cupido se complectuntur amore
In fano Cybeles corrigit ira Deam;
Pelle leonina vindex & vestiit ambos,
In de rubent posthac corpore, suntque feri.
Hujus ut exprimeret simulacra simillima cursus
Voce tibi terna dat mea Musa fugaes:
Una manet simplex pomumque refert remorans vox,
Altera sed fugiens, tertia rite sequens.
Auribus ista tuis, oculisque Emblemata prostent,
At ratio arcanas expetat inde notas:
Sensibus haec objecta tuli, intellectus ut illis
Illicibus caperet, quae preciosa latent.
Orbis quic quid opum, vel habet Medicina salutis,
Omne Leo geminus suppeditare potest.

Epigrama del autor

El audaz joven se llevó el tesoro
del jardín de Héspero cuando de las manos de Cipris
hubo recibido los tres frutos.
La virgen huye; él la sigue y deja caer al suelo
la manzana que la atrae y hace más lenta su carrera.
Él, veloz, la supera, mas ella de nuevo le adelanta,
más rápida que el Euro. El joven siembra ante ella
un nuevo presente de oro. La virgen por un instante
se demora, pero pronto prosigue su carrera
hasta que, insistiendo el amante en su treta,
noble precio, ATALANTA a su vencedor se rinde.
Hipómenes es la fuerza del azufre; la virgen,
mercurio fugitivo; el varón vence a la mujer.
Cuando, embargados de amor, se abrazan
en el templo de Cibeles, la diosa, irritada,
se venga, vistiéndolos con pieles de león
que hacen enrojecer sus cuerpos y los convierte en fieras.
Para expresar de la mejor forma posible lo que fue aquella carrera
mi musa te ofrece aquí las tres voces de la fuga.
Una es simple y continua; es fruto que retrasa;
pero la segunda huye, y la tercera la persigue.
Acoge estos emblemas con oídos y ojos,
luego guía tu razón hacia sus signos secretos.
He puesto ante tus ojos el señuelo de estas imágenes:
el espíritu debe encontrar ahí cosas muy valiosas.
Los bienes del universo, los remedios que salvan,
te serán todos entregados por este doble león.

Leyenda del retrato de Michael Maier

Tres títulos me han sido dados por la escuela y tres por el César.
Fáltame poder bien vivir y morir en Cristo.

Michael Maier, conde del consejo imperial etc. Filósofo y doctor
en medicina. P. C. C. Noble exento. En otro tiempo médico del Emperador.

TRES SCHOLA, TRES COESAR TITVLOS DE:
DIT; HÆC MIHI RESTANT,
POSSE BENE IN CHRISTO VIVERE, POSSE MORI.
MICHAEL MAIERVS COMES IMPERIALIS CON:
SISTORII etc. PHILOSOPH: ET MEDICINARVM
DOCTOR, P. C. C. NOBIL: EXEMPTVS FOR: OLIM
MEDICVS CÆS: etc.

Dedicatoria:

Al muy eminente, muy ilustre y muy excelente
estamento senatorial de Mulhausen
en la Turingia imperial
Hombres muy notables por la virtud, la ciencia
y la verdadera nobleza de alma
Y a su síndico muy vigilante,
Cristóbal
Reinart, doctor en derecho, etc.
A todos y a cada uno de sus señores a los que se debe respeto y honor,
Michael Maier, médico imperial, conde consejero, caballero del Palacio del César, consagra, dedica y ofrece muy respetuosamente, cualquiera que sea su valor, este testimonio de su benevolencia y su gratitud.

Hombres muy eminentes y muy sabios: se cuenta de ese famoso TRÍPODE ofrecido por Vulcano a Pélope cuando tomó por mujer a Hipodamía, hija de Enómao, rey de Élide, que en razón de la perfección de su arte, Pélope lo ofreció después, en Delfos, a Apolo de Pitia, a fin de que, gracias a él, una virgen profiriera oráculos bajo la inspiración del Dios. Así, habiendo sido puesto a mi disposición el presente TRÍPODE elaborado por Vulcano, he decidido, movido por el ejemplo de Pélope, consagrarlo y ofrecerlo a un lugar y un estamento que son muy dignos y por encima de todos los demás, ciertamente, a vuestras Eminencias y a vuestras Excelencias, no, a decir verdad, para que profiera oráculos (aunque éstos no estén ausentes, si bien son oráculos químicos), sino a fin de testimoniar públicamente de alguna manera la solicitud de mi corazón y la buena disposición de mi voluntad hacia Vos, que hace algunos años quisisteis, durante mi estancia entre vosotros, en una época en que yo formaba parte de los médicos consejeros de Su Majestad Imperial RODOLFO II, de divina memoria, declarar a su ministro cuáles eran vuestros sentimientos respecto de vuestro señor, sentimientos los más nobles y los más dignos de vuestra condición. Desde ese momento he alabado vuestras virtudes ante los extraños tanto como he podido, pero también me he esforzado realmente en abrir más mi pensamiento y prodigarlo de una forma más abundante a vuestras Excelencias. Habiéndome parecido que no podía hacerlo de otro modo que por un modesto presente literario, y habiendo consagrado alguna atención a esta Atalanta fugitiva, he querido dedicarla enteramente, sea cual sea su valor, a vuestras Eminencias y a vuestras Excelencias, imitando en esto a los escritores de nuestra época y de la Antigüedad que no han querido nunca explicarse en público, o dar que hablar a los demás, sin un apoyo, un guía o un compañero. Si en efecto hubieran llegado a caer, ¿quién les habría socorrido? Os ruego que me autoricéis a consideraros patronos de esta pequeña obra, no porque, en lo que yo sé, hayáis aplicado la mano o la inteligencia a este estudio, difícil en verdad (pues otros y muy importantes asuntos no os lo han permitido), sino porque me parecéis perfectamente capaces de proteger cualquier parte de la ciencia y porque ninguna materia me ha parecido más digna y más honorable (salvo error), en relación a la época. Como quiera que sea, manifestaréis (lo sé) vuestra estima por mis esfuerzos, considerando no la pobreza del volumen, sino el candor de mi alma, y me tendréis y contaréis en el futuro entre los más respetuosos servidores de vuestras Excelencias. Adiós.

Fráncfort del Meno, mes de agosto del año 1617.

PREFACIO AL LECTOR

El hombre, cándido lector, es, según la opinión de todos, un compendio del universo por la manera en que está compuesto, y está destinado a vivir tres tipos de vida, a saber, la vida vegetativa en el seno materno, donde crece y aumenta a la manera de una planta; la vida sensible que lleva en este mundo, donde es conducido sobre todo por sus sentidos, como los otros animales de los que difiere porque comienza a servirse de su inteligencia, bien que de una manera imperfecta; y por último, la vida inteligible, en el otro mundo, cerca de Dios y de las inteligencias que le asisten o ángeles buenos. En la vida presente, cuanto más se acerca alguien a la naturaleza divina, más alegría y placer encuentra en las cosas que deben ser exploradas con ayuda de la inteligencia, realidades sutiles, maravillosas y raras. Por el contrario, cuanto más se inclina alguien hacia la categoría de los animales irracionales, tanto menos atraído se siente por esas realidades y más sometido se encuentra a una manera de sentir corporal. Podemos ver ejemplos de estas dos clases de existencia: algunos, los más sabios, formados por las artes y las ciencias, se consagran al primer tipo de vida; la mayor parte, sin embargo, se entregan al segundo, es decir, a los placeres del cuerpo, al exceso, a la gula, a la magnificencia exterior y cosas semejantes.

Para desarrollar la inteligencia, Dios ha ocultado en la naturaleza una infinidad de secretos (*arcana*), que se extraen como el fuego del sílex y que se ponen en práctica gracias a toda clase de ciencias y de artes. Entre ellos, los secretos químicos no son los últimos sino los primeros y los más valiosos de todos, tras la búsqueda de las cosas divinas. Deben ser perseguidos, no por charlatanes de feria y falsos químicos que practican el fraude (éstos son como asnos ante una lira, completamente alejados de toda ciencia y de todo designio excelente), sino por espíritus elevados, que han recibido una educación liberal y han nacido para explorar las realidades más elevadas; son ésas, en efecto, cosas muy sutiles, augustas, sagradas, raras y oscuras que por esta razón deben ser captadas por la inteligencia antes de serlo por los sentidos, gracias a una contemplación profunda que se opera por la lectura de los autores y la comparación entre ellos y con las obras de la naturaleza, más que por medio de una operación sensible o una experiencia manual, que es ciega si la teoría no la precede.

Después de las ciencias intelectuales y muy cerca de ellas están las que tratan de un objeto visible o audible; así la óptica o perspectiva, y la pintura que algunos poetas dicen muda, lo mismo que la poesía es para ellos una pintura que habla; señalemos también la música vocal o instrumental. Los antiguos filósofos se ejercitaron en este último arte hasta el punto de que quien rechazaba la lira en los festines era declarado ignorante y obligado a cantar sosteniendo una rama de mirto, como se lee a propósito de Temístocles.

Sócrates estaba versado en la música, y el propio Platón, que declara compuesto de forma inarmónica a aquel que no gusta de la armonía musical. Pitágoras se ilustró igualmente en este arte, y de él se dice que se valía de un concierto de música por la mañana y otro por la tarde para disponer adecuadamente las mentes de sus discípulos. La música posee, en efecto, ese poder particular de excitar o suavizar los sentimientos, según los diferentes modos musicales. Así, el modo *frigio* era considerado por los griegos belicoso porque se utilizaba en la guerra y al marchar al combate, y estaba dotado de una virtud singular para estimular el coraje de los soldados. En su lugar se utiliza ahora el modo *jónico*, que antaño era tenido por adecuado para despertar el amor (como lo es hoy el modo *frigio*, lo que nos hace suponer que han sido invertidos). Se dice que Timoteo de Mileto se sirvió del modo *frigio* para conseguir que Alejandro Magno fuera más dispuesto y más osado en las cosas de la guerra, según menciona Cicerón en el segundo libro de las *Leyes*. El lesbio Terpandro utilizaba el modo *jónico*. Llamado por los lacedemonios, entre los que había perturbaciones y sediciones, apaciguó sus ánimos con la dulzura de su canto hasta el punto de que recobraron los sentimientos de amistad y abandonaron toda sedición. Desde aquel tiempo los cantores lesbios fueron siempre los mejores, al parecer de los espartanos. Fabio, por su parte, afirma: «La música es una diversión agradable y honorable, muy digna de espíritus generosos».

Por eso, a fin de poseer de forma simultánea y abrazar conjuntamente esos tres objetos de los sentidos más espirituales –la vista, el oído y la propia inteligencia– y para hacer penetrar de una sola vez en las mentes lo que debe ser comprendido, hemos unido la óptica a la música, y los sentidos a la inteligencia, es decir, las cosas dignas de ver y de oír, con los emblemas químicos que son propios de esta ciencia. Cuando las otras artes presentan emblemas concernientes a las costumbres o a toda cosa distinta a los secretos de la naturaleza, este método parece extraño a su objetivo y a su fin, puesto que esas cosas quieren y deben ser comprendidas por todos. No ocurre lo mismo con la Química, que debe ser vista, como una casta virgen, a través de una reja, y, como Diana, no sin un vestido de colores variados, por las razones que han sido expuestas en otro lugar. Recibe, pues, de una sola vez, en un solo libro, estas cuatro clases de cosas: composiciones ficticias, poéticas y alegóricas; obras emblemáticas, grabadas en Venus o el cobre, no sin Venus o la gracia; realidades químicas muy secretas que debe explorar la inteligencia; por último, composiciones musicales de las más raras, y aplica a tu uso estas cosas que se te ofrecen. Si este uso es más intelectual que sensual, te será un día tanto más provechoso y agradable. Pero si su utilización es inicialmente reivindicada por los sentidos, no es dudoso que el paso se haga del sentido a la inteligencia, como a través de una puerta. Se dice, en efecto, que no hay nada en la inteligencia que no haya entrado por uno cualquiera de los sentidos, siendo considerada la inteligencia del hombre que acaba de nacer como una tabla en blanco sobre la que no hay todavía nada escrito, pero sobre la que se pueden escribir todas las cosas por medio de los sentidos, como con un estilete. Y se dice comúnmente: «No se desea lo que no se conoce», porque es preciso que los sentidos, actuando en calidad de investigadores y mensajeros, aporten y hagan conocer en primer lugar todo lo que puede ser conocido a la inteligencia, como primer magistrado y árbitro, a la manera de los guardianes que velan en la puerta (sus órganos) de una ciudad.

Añadiré unas palabras para explicar el título de estos emblemas, a fin de que no te parezca extraño y poco apropiado. Atalanta ha sido celebrada por los poetas por la rapidez que le permitía estar por delante de todos sus pretendientes en la carrera. Así, en lugar de la virgen, recompensa prometida al triunfador, los vencidos encontraban la muerte, hasta el día en que Hipómenes, joven de gran audacia y previsión, la venció y la consiguió arrojando en su carrera tres manzanas de oro una tras otra. Mientras Atalanta las recogía, fue superada por Hipómenes cuando ella iba a alcanzar su objetivo. Lo mismo que

Atalanta huye, una voz musical huye siempre delante de la otra, y esta última la persigue, como Hipómenes. Sin embargo son estabilizadas y consolidadas en la tercera, que es simple y de un valor único, como por una manzana de oro. Esta misma virgen es puramente química; es el Mercurio filosófico fijado y retenido en su huida por el azufre de oro. Si alguien sabe detenerlo, poseerá a la esposa que busca; si no, encontrará la pérdida de sus bienes y la muerte. Hipómenes y Atalanta, uniéndose por amor en el templo de la Madre de los Dioses, que es el vaso, se convierten en leones, es decir, adquieren color rojo. Esta virgen obtuvo la victoria ante los hombres cuando mató un cierto jabalí de un tamaño prodigioso y recibió por ello una recompensa de manos de Meleagro. Cerca del templo de Esculapio, en Estetea, golpeó una roca e hizo salir de ella agua, que bebió para apaciguar la sed. Como todas estas cosas son en realidad alegóricas y emblemáticas, y de ningún modo históricas, he querido consagrar este tratado emblemático en conmemoración intelectual de esta heroína, dado, en particular, que las manzanas arrojadas ante ella provenían de los jardines de Hesperia y habían sido entregadas a Hipómenes por Venus, diosa de la delicadeza.

En estos pequeños fragmentos o fugas veréis que se ha tenido en cuenta que cada dístico adaptado a esas tres voces pueda ser cantado sin problemas. Todo hombre dotado de juicio y que comprenda esta representación emblemática aprobará la acomodación de tantas variedades de fugas a una sola voz, y la tendrá en una cierta estima lo mismo que su adaptación a cada voz. Si unos comerciantes aprecian y compran por una gran suma de plata la pintura de un artista en la que sólo los ojos se engañan, porque la juzgan próxima a la naturaleza, ¿cómo unos hombres de letras no acordarían un precio y un gran valor a estas figuras puestas al servicio de la inteligencia y de varios sentidos, de forma que de ello cabe esperar un gran provecho, además del agrado? Adiós.

La fuga de Atalanta

EMBLEMA I DE SECRETIS NATURAE

Portavit eum ventus in ventre suo

Epigramma I

Embryo ventosa BOREAE *qui clauditur alvo,*
Vivus in hanc lucem si semel ortus erit;
Unus is Heroum cunctos superare labores
Arte, manu, forti corpore, mente, potest.
Ne tibi sit Coeso, nec abortus inutilis ille,
Non Agrippa, bono sydere, sed genitus.

EMBLEMA I DE LOS SECRETOS DE LA NATURALEZA

El viento lo llevó en su vientre

Epigrama I

Si el embrión encerrado en el vientre de BÓREAS
apareciera un día, vivo, a la luz,
podría, por sí solo, superar las acciones de los héroes
mediante su arte, su brazo, su cuerpo firme y su mente.
Que no sea para ti como un Caeso, aborto inútil,
ni como un Agrippa, sino nacido con buena estrella.

Hermes, investigador muy diligente de todo secreto natural, ofrece en su *Tabla esmeralda* una descripción escrita, aunque sucinta, de la obra natural, donde dice entre otras cosas: «El viento lo llevó en su vientre», lo que significa: «Aquel cuyo padre es el Sol, y cuya madre es la Luna, antes de ser traído a la luz, será llevado por los vapores del viento, como el pájaro por el aire cuando vuela». La coagulación de los vapores o vientos (que no son sino el aire en movimiento) produce el agua que, mezclada con la tierra, da nacimiento a todos los minerales y metales. Además, está establecido que estos últimos cuerpos se componen de vapores y se coagulan de inmediato. Por tanto, que esté en el agua o en el vapor viene a ser lo mismo, puesto que uno y otro son la materia del viento. Hay que decir otro tanto, aunque de forma más lejana, de los minerales y los metales. Pero, se preguntará, ¿qué es lo que debe ser llevado por el viento? Yo respondo: *químicamente* es el azufre lo que es llevado en la plata viva, según lo afirma Llull en el capítulo 32 del *Codicilo*,[1] y todos los demás; desde el punto de vista *físico*, es el feto el que pronto debe nacer a la luz; digo también que, desde el punto de vista *aritmético*, es la raíz del cubo; en el dominio de la *música*, es la doble octava; desde el punto de vista *geométrico*, es el punto, principio de la línea que fluye; desde el punto de vista de la *astronomía*, es el centro de los planetas Saturno, Júpiter y Marte. Aunque éstos sean distintos, sin embargo, si se los compara entre sí con cuidado, revelarán fácilmente el feto del viento, lo que debe ser dejado a la mayor o menor industria de cada uno.

Pero formulo el asunto de manera más clara: todo mercurio está compuesto de vapores, es decir, de agua que la tierra levanta con ella en la débil densidad del aire, y de tierra que fuerza al aire a ser de nuevo una tierra acuosa o un agua terrosa.

En efecto, los elementos están en todas partes, en él, mezclados y comprimidos, reducidos cada uno por el otro a una cierta naturaleza viscosa; en cambio, no se separan fácilmente, sino que ora siguen hacia lo alto a las substancias volátiles, ora permanecen abajo con las fijas, lo que aparece primero en el mercurio vulgar y también en el Mercurio filosófico y los metales fijos. En éstos, los elementos fijos predominan sobre los volátiles; en aquéllos, los volátiles prevalecen sobre los fijos.

Y no carece de razón que Mercurio sea considerado y llamado el mensajero o intérprete de los demás dioses, y, de alguna forma, su servidor, que recorre el espacio intermedio con alas adaptadas a la cabeza y a los pies. Está, en efecto, lleno de viento y vuela por los aires como el propio viento, como en general se ha demostrado, en gran detrimento de muchos. Lleva el caduceo, ceñido oblicuamente con dos serpientes, que tiene el poder de introducir las almas en los cuerpos, hacerlas salir de ellos y ejercer igualmente numerosos efectos contrarios; así, representa perfectamente el símbolo del Mercurio de los Filósofos.

Mercurio es, por consiguiente, el viento que recibe el azufre o Dioniso, o, si se prefiere, Esculapio, en el estado de embrión imperfecto, sacado del seno materno, incluso diría que de las cenizas del cuerpo materno consumido, y llevado allí donde puede madurar.[2] Y el embrión es el azufre que ha sido infundido por el Sol celeste en el vientre de Bóreas para que éste le conduzca a la madurez y le dé a luz. Pues Bóreas, al término de la gestación, trajo al mundo a dos gemelos, uno de cabellera blanca, llamado Calais, el otro de cabellos rojos llamado Zetes.[3] Estos hijos de Bóreas (como cuenta el poeta Orfeo) formaron parte, con Jasón, de los Argonautas que fueron a Cólquida en busca del Vellocino de Oro. El adivino Fineo, cuyos alimentos eran mancillados por las Arpías, sólo pudo ser liberado por los hijos de Bóreas. En reconocimiento por ello, mostró a los Argonautas la ruta completa de su viaje. Ahora bien, las Arpías no son sino el azufre corruptor que es aniquilado por los hijos de Bóreas cuando llegan a la edad conveniente. Deviene perfecto, aunque era imperfecto, incomodado por las substancias volátiles perjudiciales. No está ya entonces sometido a ese mal e indica en ese momento al médico Jasón el camino que hay que seguir para conseguir el Vellocino de Oro. También nuestro Basilio, entre otros, recordó esos vientos. Escribe en la sexta clave:[4] «Debe venir un viento doble denominado Vulturno y luego un viento simple denominado Noto que soplarán impetuosamente del Oriente y del Mediodía. Cuando su movimiento haya cesado, de manera que el aire se haya convertido en agua, podrás estar completamente seguro de que lo espiritual devendrá corporal». Y Ripley, en la octava puerta,[5] dice: «Nuestro hijo debe nacer en el aire, es decir, en el vientre del viento». En el mismo sentido la *Escala de los filósofos* dice: «Y hay que saber que el hijo de los sabios nace en el aire». Y, en su octavo peldaño, añade: «Los espíritus aéreos que se elevan juntos en el aire se aman mutuamente, así como afirma Hermes: "El viento lo llevó en su vientre". Pues la generación de nuestro hijo se produce en el aire; si nace en el aire, nace según la sabiduría: pues se eleva de la tierra al aire y de nuevo desciende a la tierra, adquiriendo el poder de arriba y el de abajo».

Nutrix ejus terra est

Epigramma II

Romulus hirta lupae pressisse, sed ubera caprae
Jupiter, et factis, fertur, adesse fides:
Quid mirum, tenerae SAPIENTUM *viscera* PROLIS
Si ferimus TERRAM *lacte nutrisse suo?*
Parvula si tantas Heroas bestia pavit,
QUANTUS, *cui* NUTRIX TERREUS ORBIS, *erit?*

EMBLEMA II DE LOS SECRETOS DE LA NATURALEZA

La Tierra es su nodriza

Epigrama II

Se dice que Rómulo mamó de las ásperas ubres de una loba,
y Júpiter, sabemos con certeza, de una cabra.
¿Por qué asombrarse entonces cuando afirmamos que la TIERRA
alimentó con su leche al tierno HIJO de los SABIOS?
Si la leche de un insignificante animal hizo tales héroes,
¡CUÁN GRANDE no será aquel que tuvo al GLOBO TERRESTRE por NODRIZA!

Los peripatéticos y los filósofos de juicio recto afirman que el alimento se transforma en la substancia del sujeto alimentado, y que es asimilado por el sujeto después y no antes de producirse el cambio. Este axioma se considera muy cierto. ¿Por qué, en efecto, el alimento que, ya desde antes, es semejante e idéntico al sujeto alimentado, tendría necesidad de experimentar un cambio en su esencia? Si tal cambio se produjera, el alimento no se mantendría semejante e idéntico. ¿Y cómo los alimentos que no pueden ser asimilados por el sujeto alimentado, como por ejemplo la madera, las piedras y otras cosas semejantes, podrían servir de alimento? Por consiguiente, la primera de esas operaciones carece de sentido, y la segunda es contraria a la naturaleza.

Pero que un hombre que acaba de nacer sea alimentado con leche de animales no repugna a la naturaleza: es posible realizar la asimilación de esa leche, si bien la leche materna se asimilará mucho más fácilmente que la extraña. Por eso los médicos concluyen que el niño tendrá buena salud, semejante a su madre por la substancia y las costumbres, y que crecerá vigoroso si es siempre animado y criado con la leche de su propia madre. La conclusión es inversa cuando se trata de una leche extraña. Ésa es la armonía que reina en todos los seres naturales: lo semejante encuentra su alegría en lo semejante e imita sus pasos en todas las cosas, en la medida que puede, según una especie de acuerdo y consentimiento tácitos. Sucede habitualmente, en la obra natural de los filósofos, cuya forma está justamente regulada por la naturaleza, como con el hijo en el interior del seno materno. Y, aunque su padre, su madre y su nodriza le sean asignados por vía de similitud, esta obra, sin embargo, no es más artificial que la generación de cualquier animal. Los animales y los dos sexos humanos unen dos simientes según un cierto procedimiento lleno de atractivo. Su unión produce, por alteraciones sucesivas, el embrión que crece y se desarrolla, adquiere vida y movimiento, y es después alimentado con leche. Durante el período de la concepción y el embarazo, es necesario que la madre actúe con mesura en lo que se refiere al calor, la alimentación, el reposo, el movimiento y lo demás. Si no, se produce el aborto y la destrucción del feto; este precepto, en «las seis cosas no naturales»,[6] es igualmente artificial, pues lo prescriben los médicos según su arte. Igualmente, si las semillas no se han unido en la obra filosófica, es necesario que se unan. Y si en algún lugar se las encontrara unidas, de la misma manera que están unidas en el huevo las semillas del gallo y la gallina como una sola substancia en un solo continente, entonces la obra de los filósofos sería todavía más natural que la generación de los animales. Y decimos, como atestiguan los filósofos, que uno viene de Oriente y el otro de Occidente[7] y que se convierten en una sola cosa; ¿qué se les proporciona además de la mezcla en su vaso, el calor, la proporción justa y el alimento? El vaso, es cierto, es artificial, pero no hay diferencia en que el nido sea obra de la gallina o sea construido por la granjera en un cierto lugar mal determinado (como es costumbre): la generación de los huevos se producirá igualmente, así como la eclosión de los polluelos.

El calor es cosa natural, ya proceda del fuego moderado de los hornos o del estiércol de la putrefacción, sea del Sol y del aire, de las entrañas de la madre o de otra parte. Así, Egipto aplica con arte el calor natural, por medio de sus hornos, para hacer nacer los huevos. Se incuban simientes de bómbice e incluso huevos de gallinas gracias al tibio calor de los senos de una virgen. De este modo el arte y la naturaleza se tienden mutuamente la mano de manera que cada uno es sustituto del otro. Sin embargo, la Naturaleza sigue siendo la Maestra, y el arte, el servidor.

¿Pero por qué la Tierra ha sido llamada nodriza del hijo de los filósofos? Sobre este punto podría surgir una duda, pues la tierra es, entre los elementos, árida y sin ningún jugo, y posee la sequedad como cualidad propia. Hay que responder que no se trata aquí del elemento tierra separado, sino de la Tierra con todos sus elementos, como hemos recordado abundantemente y cuya naturaleza hemos explicado en el primer día de *La semana filosófica*. Ella es la nodriza del Cielo, nodriza que no disuelve, ni lava ni humedece el feto, sino que lo coagula, lo fija, lo colorea, lo transforma en jugo y en sangre pura. Pues la nutrición comprende el aumento en longitud, anchura y profundidad, es decir, que se extiende siguiendo todas las dimensiones del cuerpo. Como sólo la Tierra proporciona alimento al feto filosófico, deberá, con toda justicia, ser llamada «nodriza». Pero este admirable jugo de la Tierra produce un efecto contrario al de las otras especies de leche que son transformadas y no transforman. Pues, gracias a su muy poderosa virtud, modifica en gran medida la naturaleza del sujeto alimentado, lo mismo que, según opinión admitida, la leche de loba hizo que el cuerpo de Rómulo tuviera una naturaleza audaz y pronta para la guerra.

Vade ad mulierem lavantem pannos, tu fac similiter

Epigramma III

Abdita quisquis amas scrutari dogmata, ne sis
Deses, in exemplum, quod juvet, omne trahas:
Anne vides, mulier maculis abstergere pannos
Ut soleat calidis, quas superaddit, aquis?
Hanc imitare, tua nec sic frustraberis arte,
Namque nigri faecem corporis unda lavat.

EMBLEMA III DE LOS SECRETOS DE LA NATURALEZA

Ve a buscar a la mujer que lava la ropa y haz como ella

Epigrama III

Tú, que gustas de escrutar las verdades ocultas,
debes saber extraer de este ejemplo todo lo que sea útil:
mira a esa mujer, cómo quita las manchas de su ropa,
echando sobre ella agua caliente.
Imítala: tu arte no te traicionará.
El agua lava, en efecto, la suciedad del cuerpo negro.

Cuando los tejidos de lino reciben manchas que los ensucian y ennegrecen, como se trata de una suciedad procedente de la tierra, se las quita con ayuda del elemento más próximo, a saber, el agua, exponiendo las telas al aire para que, gracias al calor del Sol que actúa como fuego, cuarto elemento, la humedad salga de ellas al mismo tiempo que las manchas. Si esta operación se repite con frecuencia, los tejidos que antes eran sórdidos y fétidos quedan puros y limpios de manchas. Éste es el arte de las mujeres, que ellas han aprendido de la propia naturaleza. Vemos, en efecto, cómo los huesos de animales expuestos al aire son primero negros y sucios, pero si la lluvia los moja a menudo y son secados numerosas veces por el calor del Sol cuando sale, llegan también a tener una extrema blancura, como señala Isaac.[8] Lo mismo sucede con el sujeto filosófico. Todas las crudezas y las manchas que se pudieren encontrar en él son purificadas y destruidas cuando se le riega con sus propias aguas. De este modo, el cuerpo es llevado a un estado de gran claridad y perfección. Pues todas las operaciones químicas, como calcinación, sublimación, solución, destilación, precipitación, coagulación, fijación y todas las demás, se reducen a una ablución.

En efecto, quien lava con ayuda del agua una cosa impura consigue el mismo resultado que el obtenido por otros modos de operación. Pues, como dice el Jardinero de los Filósofos,[9] las ropas del rey Duenech,[10] manchadas por el sudor, deben ser lavadas por el fuego y quemadas por las aguas. Vemos así que el agua y el fuego se comunican mutuamente sus cualidades, y que el fuego filosófico no es de la misma especie que el fuego común, y otro tanto hay que pensar del agua. Hemos observado, respecto de la cal viva y el fuego griego, que se inflaman en el agua y no se apagan en absoluto, contrariamente a la naturaleza de otros cuerpos inflamables. Así, se afirma que el alcanfor, encendido previamente, arde en el agua. Y, cuando está encendida, la piedra gagate (como atestigua Anselmo de Bood),[11] se apaga más fácilmente con aceite que con agua. Pues como el agua no puede mezclarse con lo que es graso, no afecta al cuerpo ígneo, a menos que lo recubra y lo sumerja por completo. Pero esto no se puede lograr fácilmente, pues aunque es una piedra, como todo aceite, asciende a la superficie del agua. Así, la nafta, el petróleo y las substancias que se les asemejan no temen a las aguas. Algunos escriben, respecto de los carbones subterráneos de Lieja, que, cuando están encendidos bajo la tierra, no se los extingue con agua, sino amontonando encima polvo de tierra. Tácito habla de una clase semejante de fuego que no puede ser apagada con agua, sino solamente con palos y con ropas quitadas del cuerpo. Existe, pues, una gran diversidad de fuegos en lo que se refiere a la manera de encenderlos y apagarlos. La diversidad no es menor en el ámbito de los líquidos, pues la leche, el vinagre, el agua fuerte, el agua regia y el agua común difieren en gran medida en su comportamiento con respecto al fuego. Hay más: la propia materia puede soportar el fuego, como esos famosos tejidos de lino fino tenidos en la Antigüedad por sumamente valiosos y utilizados por los ricos, que se lavaban con fuego y no con agua; en otras palabras, se les devolvía a su pureza anterior quemando las manchas. No hay que creer en los cuentos fantasiosos sobre los pelos del reptil denominado salamandra, y que pretenden que con ellos se pueden hacer lámparas. Algunos tienen por cierto que se realizó una trama de tejido sirviéndose de talco, alumbre de pluma y otras materias de ese género, que se limpiaba con fuego. Pero la poseedora de la receta (una mujer de Amberes) la habría hecho desaparecer con ella, por envidia, y nunca se volvió a encontrar la proporción justa. No hablamos aquí de materias combustibles. El sujeto filosófico deberá ser considerado según todas esas diferencias, si se lo llega a preparar. Pues el fuego, el agua y la propia materia no serían entonces los elementos comunes. En efecto, para los filósofos, el fuego es agua y el agua es fuego. Y los tejidos que hay que lavar tienen la naturaleza del lino fino o del talco preparado, cuya proporción justa y procedimiento de preparación tampoco son evidentes para todos. Para lavarlos, se hace una lejía no con cenizas de roble o su sal, sino con la sal metálica, que es más duradera que todas las demás, no con agua común, sino con aquella que, bajo el signo de Acuario, se congeló en forma de hielo y de nieve, y que sin duda está hecha de partículas más tenues que las aguas estancadas o fangosas de los pantanos, de manera que puede penetrar más en el interior del cuerpo filosófico, negro e inmundo, para lavarlo y purificarlo.

Conjunge fratrem cum sorore & propina illis poculum amoris

Epigramma IV

Non hominum foret in mundo nunc tanta propago,
Si fratri conjunx non data prima soror.
Ergo lubens conjunge duos ab utroque parente
Progenitos ut sint foemina masque toro.
Praebibe nectareo Philothesia pocla liquore
Utrisque, et foetus spem generabit amor.

EMBLEMA IV DE LOS SECRETOS DE LA NATURALEZA

Une al hermano con la hermana y dales a beber una poción de amor

Epigrama IV

La raza humana no llenaría el mundo
si la primera hermana no se hubiera esposado con su hermano.
Ve, pues, y une a esos primogénitos de los dos padres
para que en el lecho sean macho y hembra.
Ofréceles el néctar de la filotesia.[12]
Su amor engendrará la esperanza del fruto.

La ley divina y civil prohíbe contraer matrimonio a quienes la naturaleza une en un grado muy próximo de consanguinidad; a saber, aquellos que son directamente ascendientes y descendientes en el árbol genealógico y quienes se encuentran en línea colateral. Las razones de esta regla están perfectamente fundamentadas. Pero cuando los filósofos hablan de unir en matrimonio a la madre con el hijo, al padre con la hija, o al hermano con la hermana, no dicen ni hacen nada opuesto a la ley enunciada. Pues los sujetos implican la distinción de los atributos, y las causas, las de los efectos.[13] En efecto, los personajes de los filósofos están al margen de estos debates, al igual que las hijas y los hijos de Adán, que se casaban entre sí sin dar lugar a la imputación de ningún crimen. La razón principal de la existencia de esta norma parece ser que el género humano se una y se asocie más sólidamente por la alianza y la amistad, y evitar que se divida en facciones familiares, enemigas y hereditarias. Puesto que esta causa no alcanzaba, en el origen, a los hermanos y las hermanas adámicos, nada se opuso a que se unieran en matrimonio, pues entonces constituían, por sí solos, todo el género humano, ya que no había nadie más, aparte de ellos y sus padres. Así, igual que estaban ligados por la sangre, debieron ligarse necesariamente por el matrimonio. Pero cuando la multitud de los hombres creció y se distribuyó en innumerables familias, esta causa, que establece que los hermanos no debían casarse con sus hermanas, se reveló verídica y justa.

Existe, según los filósofos, otra razón para que las hermanas se casen con sus hermanos: es la similitud de substancia, de modo que lo semejante se una a lo semejante. Este género contiene solamente dos seres semejantes en cuanto a la especie y diferentes en cuanto al sexo, de los que uno es saludado con el nombre de «hermano» y el otro con el de «hermana». Por eso deben estar legítimamente unidos en un solo matrimonio según la misma libertad, la misma condición y también la misma necesidad inevitable que se impuso a los primeros hombres consanguíneos. El hermano es ardiente y seco, y, por esta razón, muy colérico. La hermana es fría y húmeda, y posee mucha materia flemática. Esas naturalezas, tan diferentes por el grado de calor, concuerdan de ordinario de una forma perfecta en el amor, en la fecundidad y para la multiplicación de los hijos. Pues no se hace surgir fácilmente un fuego susceptible de propagarse de dos pedazos de acero, cuerpo muy duro, ni de dos pedazos de sílex, cuerpo frágil, sino de un cuerpo duro y otro frágil, es decir, del acero y el sílex. De la misma manera, un hijo vigoroso no se obtiene de un macho ardiente y de una hembra excitada, ni de dos cónyuges fríos (pues la frigidez del macho es infecundidad), sino de un macho caliente y una hembra más bien fría. Pues la mujer más caliente, en los límites del temperamento humano, se revela más fría que el hombre más frío de su sexo (pero no obstante con buena salud), como prueba Lemnio en su libro *Las maravillas ocultas de la naturaleza.*[14] Los filósofos, pues, unen con toda justicia a hermano y hermana. Si alguien desea que una gallina, una perra, una cabra, una oveja u otro animal tenga descendencia, les une un gallo, un perro, un macho cabrío u otro animal de su especie; de este modo, no se frustran sus esperanzas. Y no considera, en verdad, la consanguinidad de los animales, sino solamente la generosidad de cada uno y lo apropiado de su naturaleza. Hay que decir otro tanto del árbol y el injerto que se debe colocar en él. La naturaleza metálica, que, sin embargo, posee más que cualquier otra cosa la similitud y la homogeneidad de la substancia, lo exige así cuando pide que se le una alguna cosa.

Pero una vez unidos, el hermano y la hermana no llegan a ser fecundos y no persisten mucho tiempo en el amor si no se les da a beber la filotesia, o poción de amor, a la manera de un filtro. Gracias a esta bebida, en efecto, sus corazones quedan tan apaciguados y armonizados que, en una especie de embriaguez (a la manera de Lot), rechazan el pudor, se casan y engendran descendencia (no mancillada en su origen sino) legítima. ¿Quién, en verdad, ignora que el género humano tiene una grandísima deuda respecto de la medicina? Gracias a sus beneficios y a su obra existen ahora miríadas de hombres en el mundo que no habrían existido si sus padres o sus abuelos no hubieran sido liberados del vicio de la esterilidad mediante el alejamiento y la eliminación de la causa o de un impedimento próximo o lejano, o si sus madres no hubieran sido preservadas del aborto. Así, esta bebida de amor se da a los nuevos esposos por las mismas razones que, como todos pueden comprender según lo que ya se ha dicho, son tres: asegurar la constancia del amor, suprimir la esterilidad e impedir el aborto.

EMBLEMA V DE SECRETIS NATURAE

Appone mulieri super mammas bufonem, ut ablactet eum, & moriatur mulier, sitque bufo grossus de lacte

Epigramma V

Foeminco gelidus ponatur pectore Bufo,
Instar ut infantis lactea pocla bibat.
Crescat et in magnum vacuata per ubera tuber,
Et mulier vitam liquerit aegra suam.
Inde tibi facies medicamen nobile, virus
Quod fuget humano corde, levetque luem.

EMBLEMA V DE LOS SECRETOS DE LA NATURALEZA

Pon un sapo en los pechos de la mujer, para que ella lo amamante y muera, y el sapo engorde con su leche

Epigrama V

Pon un sapo helado sobre el pecho de una mujer
para que, como un niño, se alimente de leche.
Secando la ubre, que crezca y se hinche,
y la mujer, agotada, abandone la vida.
Así te harás un noble remedio
que expulsará el veneno del corazón, alejando su mal.

La asamblea entera de los filósofos concuerda en declarar que su obra no es otra que macho y hembra: al macho le corresponde engendrar y dominar a la hembra; a ésta, concebir, quedarse embarazada, dar a luz, amamantar y criar a la progenitura, así como estar sometida a la autoridad del macho. Así como da calor y alimenta con su sangre al hijo concebido antes de que éste salga a la luz, lo mismo hace, por medio de su leche, cuando ya ha nacido. De este modo, la naturaleza ha preparado para la tierna cría, en las mamas de la mujer, un alimento digerible y proporcionado que espera su llegada como primer aprovisionamiento, primer viático en esta carrera del mundo. Por eso, gracias a la leche, es alimentado, crece y se desarrolla hasta el momento en que posee los instrumentos necesarios para triturar el pan, es decir, los dientes. Es entonces destetado, puesto que la naturaleza ha previsto proporcionarle otro alimento más sólido.

Pero aquí los filósofos dicen que hay que poner un sapo en el seno de la mujer para que ella lo alimente con su leche, a la manera de un niño. Es algo deplorable y horrible de contemplar, incluso impío, podríamos decir, que la leche destinada a un niño sea ofrecida al sapo, animal venenoso y enemigo de la naturaleza humana. Hemos oído y leído relatos sobre serpientes y dragones que agotan las ubres de las vacas. Tal vez los sapos tendrían la misma avidez si se les ofreciera la ocasión con esos animales. Se conoce la historia de un sapo que, durante el sueño de un aldeano, ocupó el interior de su boca, de manera que no podía ser desalojado por ninguna estratagema, de no ser mediante una violencia que habría ido acompañada de un peligro mortal –el esputo del veneno (que le sirve, se dice, de arma ofensiva y defensiva)– y que, por consiguiente, hubo de ser descartada. Se pensó, pues, para el infortunado, en un remedio derivado de una antipatía, la que se tienen entre sí una enorme araña y el sapo, que se persiguen mutuamente con odio mortal. Se llevó, pues, al hombre con el sapo directamente al lugar donde la araña completamente hinchada había desplegado su obra tejida. En cuanto se apercibió del sapo, bajó rápidamente a su lomo y le picó con su dardo. Como el sapo no experimentaba ningún daño, bajó por segunda vez y le atravesó de nuevo con más fuerza. Entonces se vio cómo el sapo se hinchaba y caía muerto de la boca del hombre, sin ningún daño para éste. Pero aquí ocurre lo contrario, pues el sapo no ocupa la boca, sino el seno de la mujer, cuya leche le hace crecer hasta que llega a tener un tamaño y una fuerza considerables, mientras que, por su parte, la mujer, agotada, se debilita y muere. Pues el veneno, por las venas del pecho, se comunica fácilmente con el corazón, al que envenena y destruye, como lo muestra la muerte de Cleopatra, que puso víboras en su seno cuando decidió anticipar su muerte para no caer en las manos de quienes la habían derrotado. Pero, para que nadie piense que los filósofos son tan crueles como para ordenar que se aplique a la mujer una serpiente venenosa, se debe saber que ese sapo es el hijo de esa misma mujer, nacido de un alumbramiento monstruoso. Por consiguiente, según el derecho natural, debe disfrutar y alimentarse de la leche de su madre. No es la voluntad del hijo que la madre muera. Pues no podría envenenar a su madre, él, que se ha formado en sus entrañas y ha aumentado[15] gracias a su sangre.

¿No es en verdad un prodigio ver a un sapo nacer de una mujer? Sabemos que esto se ha producido en otra ocasión. Guillermo de Newbridge, escritor inglés, escribe en sus *Comentarios*[16] (¡que otros decidan sobre su veracidad!) que, al partir cierta piedra de enorme tamaño, en una cantera situada en el territorio del obispo de Wilton, se encontró en su interior un sapo vivo provisto de una cadena de oro. Por orden del obispo, se lo enterró en el mismo lugar, hundiéndolo en las tinieblas perpetuas, por miedo de que pudiera acarrear acontecimientos funestos. Lo mismo ocurre con este sapo, pues está realzado con oro. No es sin duda un oro aparente que consista en la obra artificial de una cadena, sino un oro interior, natural, el de la piedra que otros llaman bórax, quelonita, batracita, estelión o garatrón.

Esta piedra, en efecto, tiene mucho más poder que el oro frente a cualquier veneno animal, y se la inserta de ordinario en oro, como en una caja o envoltura, para que no se estropee o se pierda. Pero es necesario que esta piedra sea obtenida de un animal; si, por el contrario, se la extrae de fosas subterráneas, como es habitual, es preciso trabajarla para darle la forma de la anterior y que ocupe su lugar, y debe ser elegida de entre los mejores minerales, los que alivian el corazón. Es en ellos, en efecto, donde se encuentra verdaderamente el sapo filosófico, no en una cantera (como pretende ese inventor de fábulas), y tiene el oro en sí mismo, no fuera, para hacer alarde de él. ¿Con qué fin, en efecto, se adornaría un sapo oculto y encerrado en las tinieblas? ¿Sería por casualidad para recibir el saludo magnífico del escarabajo si, al crepúsculo, se dirigiera a su encuentro? ¿Qué orfebre subterráneo le habría fabricado una cadena de oro? ¿Sería por azar el padre de los jóvenes que verdean que salieron de la tierra de san Martín,[17] o de la tierra misma, como también, según el mismo autor, salieron dos perros de una cantera?

EMBLEMA VI DE SECRETIS NATURAE

Seminate aurum vestrum in terram albam foliatam

Epigramma VI

Ruricolae pingui mandant sua semina terrae,
Cum fuerit rastris haec foliata suis.
Philosophi niveos aurum docuere per agros
Spargere, qui folii se levis instar habent:
Hoc ut agas, illud bene respice, namque quod aurum
Germinet, ex tritico videris, ut speculo.

EMBLEMA VI DE LOS SECRETOS DE LA NATURALEZA

Sembrad vuestro oro en la tierra blanca laminada[18]

Epigrama VI

Los campesinos entregan su grano a la tierra fértil
cuando con sus azadas la han laminado.
Los filósofos transmitieron el arte de esparcir el oro
en la nieve de unos campos que son como hojas delgadas.
Cuando lo hagas, considera: como si fuera un espejo,
el trigo podrá enseñarte cómo germina el oro.

Dice Platón que la ciudad se compone no del médico y el médico, sino del médico y el agricultor, es decir, de hombres con funciones distintas. Menciona especialmente al médico y al agricultor, pues las obras de ambos son particularmente notables en cuanto a la imitación, mejora y perfeccionamiento de la naturaleza. Uno y otro, en efecto, parten del sujeto natural, al que añaden, según su arte, ciertas cosas necesarias de las que carecía, o bien quitan de él lo superfluo. El arte de ambos puede definirse, en consecuencia (al modo en que la medicina era definida por Hipócrates), como la adición de lo que falta y la sustracción de lo superfluo. En efecto, ¿hace el agricultor algo más que añadir al campo dejado por la naturaleza la labranza y la liración,[19] el gradeo, el estercolado o abonado, la siembra y lo demás? ¿No confía el crecimiento y desarrollo a la naturaleza, que proporciona el calor del Sol y la lluvia y multiplica de este modo las simientes, llevándolas con prontitud al estado de desarrollo apropiado para la recolección? De vez en cuando, puesto que la hierba crece en abundancia, arranca los tríbulos y todo lo que obstaculiza el buen crecimiento de las plantas, y siega la cosecha madura, quitando a lo que ha segado lo superfluo, es decir, el cascabillo, la paja y otras cosas semejantes. Del mismo modo, también el médico (e igualmente el alquimista, desde un punto de vista diferente) se impone como tarea conservar el cuerpo humano en la salud presente, y devolvérsela si está ausente, valiéndose de remedios diversos; elimina la causa que ha provocado el mal, trata la enfermedad, calma los síntomas; si la sangre es demasiado abundante, disminuye su cantidad mediante una sangría; si es escasa, la restaura prescribiendo un buen régimen de vida, expulsa mediante las purgas los humores perjudiciales y así, de mil maneras, imita, suple y corrige a la naturaleza mediante las obras del espíritu y el arte.[20]

Estas cosas son conocidas. Por eso nuestro examen debe orientarse más bien hacia las realidades químicas. Pues la Química reproduce operaciones de la agricultura en cuanto a sus fines y sus modos secretos de operar. Los agricultores tienen una tierra donde siembran su grano, y lo mismo los químicos. Aquéllos tienen un estiércol que utilizan para fertilizar sus campos, y también los químicos tienen el suyo: sin él, nada se conseguiría y ningún fruto se podría esperar. Los agricultores tienen semillas cuya multiplicación desean. Si los químicos no tuvieran las suyas, imitarían (como dice Llull) a un pintor que se esforzara en reproducir el rostro de un hombre al que no hubiera visto nunca ni en persona ni en imagen. Los agricultores esperan la lluvia y el calor del Sol, y otro tanto hacen los químicos, que administran ciertamente el calor y la lluvia que conviene a su obra. ¿Para qué extenderme? La Química es enteramente paralela a la agricultura, su equivalente; sigue punto por punto su desarrollo, y lo hace según una perfecta alegoría. Por eso los antiguos presentaron a Ceres, Triptólemo, Osiris, Dioniso, los dioses áureos, es decir, los que tienen relación con la Química, enseñando a los mortales a esparcir la simiente de sus frutos en la tierra, enseñando el cultivo y la reproducción de la vid, así como el uso del vino, cosas todas que los ignorantes, de forma equivocada, desviaron hacia usos rústicos. Ésos son, en efecto, misterios muy secretos de la naturaleza que, bajo los velos de la agricultura, se mantienen ocultos a los ojos del vulgo y se manifiestan a los sabios. Por eso los filósofos dicen que hay que sembrar el oro en la tierra blanca laminada, proponiendo la siembra del trigo como ejemplo para ser imitado, lo que el autor del *Tratado del trigo* y Jodocus Greverus[21] han hecho de forma excelente en sus descripciones. En efecto, los dos adaptaron, con mucha inspiración, cada una de las operaciones agrícolas para la producción del trigo a la siembra del oro o generación de la tintura.

La tierra blanca, al ser arenosa, proporciona poco fruto a los campesinos, a quienes conviene mejor la tierra negra y fértil. Pero la primera hace innecesaria la segunda, sobre todo para los filósofos, si ha sido laminada, es decir, bien preparada. Éstos, en efecto, saben fertilizarla con un estiércol que los campesinos desconocen por completo. La siembra de la semilla es la propagación del mundo, gracias a la cual lo que no puede perdurar en el individuo recibe la posibilidad de perdurar en la especie. Existe en el hombre, los animales y las plantas, en éstas en forma hermafrodita, en aquéllos en forma de dos sexos diferenciados. Pero en los metales sucede de otro modo. En efecto, en ellos, del deslizamiento del punto nace la línea; de ésta, la superficie, y de la superficie, el cuerpo. Y los astros producen el punto antes que la línea, la superficie y el cuerpo, pues el punto es el principio de todas las cosas. La naturaleza añade el deslizamiento del punto después de un largo intervalo de tiempo, lo que quiere decir que el Febo celeste engendró bajo la tierra un niño que Mercurio presentó a Vulcano para que lo educara, y a Quirón, el artesano manual, para que lo instruyera. Se dice lo mismo de Aquiles, al que su madre, Tetis, colocó en las llamas para endurecerle.[22] De Quirón aprendió, entre otras cosas, la música y el arte de tocar la cítara. Pero Aquiles no es otro que el sujeto filosófico (cuyo hijo es Pirro, el de roja cabellera; sin uno y otro Troya no habría podido ser tomada, como hemos demostrado ampliamente en nuestros jeroglíficos).[23] Por eso no carece de razón que utilicemos la música (aunque de forma secundaria) en esta obra en la que describimos a Aquiles, sus virtudes y sus hazañas heroicas. Si, en efecto, la música fue ornamento de tan insigne héroe, ¿cómo no daría a este pequeño libro una mayor variedad y encanto? Pues los ángeles cantan (como atestiguan las Sagradas Escrituras), los cielos cantan, como estableció Pitágoras, y cuentan la gloria de Dios, como dice el salmista; las Musas y Apolo cantan, como los poetas; los hombres, incluso de niños, cantan; los pájaros cantan, las ovejas y las ocas cantan en sus instrumentos musicales. En consecuencia, si nosotros también cantamos, no lo hacemos sin objeto.

Fit pullus a nido volans, qui iterum cadit in nidum

Epigramma VII

Rupe cava nidum Jovis ALES *struxerat, in quo*
Delituit, pullos enutriitque suos:
Horum unus levibus voluit se tollere pennis,
At fuit implumi fratre retentus ave.
Inde volans redit in nidum, quem liquerat, illis
Junge caput caudae, tum nec inanis eris.

EMBLEMA VII DE LOS SECRETOS DE LA NATURALEZA

El polluelo sale volando de su nido y vuelve a caer en él

Epigrama VII

El AVE de Júpiter hizo su nido en una roca hueca,
en la que se oculta y alimenta a sus crías.
Una de ellas quiere volar con sus alas ligeras,
pero su hermano, polluelo sin plumas, la retiene.
Vuelve, pues, al nido que dejaba.
Únelos, cabeza y cola: eso no es obra vana.

El más eminente de los médicos, Hipócrates, afirma que no hay en el hombre un humor único, sino que los humores son diversos y múltiples, pues si fuera de otro modo no podrían surgir enfermedades diferentes. Podemos observar que esto se aplica en verdad a los elementos del mundo. Si no existiera más que un solo elemento, jamás se transformaría en otro, no habría corrupción ni generación, sino que todas las cosas serían una sola realidad inmóvil y la naturaleza no produciría a partir de ella ni cuerpos celestes, ni minerales, ni plantas, ni animales. Por eso el Creador supremo ha dispuesto con todo arte este sistema del mundo a partir de naturalezas diversas y opuestas, a saber, ligeras y pesadas, cálidas y frías, húmedas y secas, para que, según sus afinidades, unas se conviertan en otras y se realice de este modo la composición de cuerpos que mucho difieren entre sí en cuanto a esencia, cualidades, virtudes y efectos. Los mixtos imperfectos poseen, en efecto, elementos ligeros como el fuego y el aire, y también elementos pesados como la tierra y el agua, que se equilibran entre sí de manera perfecta de tal modo que no se repelen, sino que soportan fácilmente ser tomados y retenidos uno por el otro, el vecino por su vecino.

La tierra y el aire se oponen mutuamente, y lo mismo sucede con el fuego y el agua. Sin embargo, el fuego alimenta una amistad por el aire en razón del calor que les es común, y por la tierra a causa de su sequedad. De este modo, todos están religados por lazos de afinidad o, más bien, de consanguinidad, y permanecen juntos en una composición única que, como es rica en partes ligeras, eleva consigo las partes pesadas, y, como contiene en abundancia elementos pesados, abaja consigo las partes ligeras.

Ése es el significado de las dos águilas, una con plumas, la otra sin ellas,[24] la primera de las cuales es retenida por la segunda en su intento de volar. El combate del halcón y la garza proporciona una ilustración evidente de esta situación. El nombrado en primer lugar, tras haberse elevado en el aire más arriba que su oponente merced a su rápido vuelo y sus alas ligeras, captura con sus garras a la garza y la mata, pero el peso de ésta hace caer a los dos a tierra. Lo contrario se podía observar en la paloma artificial o autómata de Arquitas,[25] cuyas partes pesadas eran levantadas por los elementos ligeros, es decir, que su cuerpo de madera era llevado hacia arriba por el aire encerrado en su interior.

En el sujeto filosófico, los elementos ligeros prevalecen primero sobre las partes pesadas; sin embargo, desde el punto de vista de la cantidad, son vencidos por el poder de estas últimas. Pero, pasado un tiempo, las alas del águila se desgarran, y las dos aves dan nacimiento a un ave única y de gran tamaño (el avestruz), que es capaz de tragar el hierro y, dificultada por su peso, corre por la tierra más que volar por el aire, aunque posea plumas magníficas. Es de esta ave o de una de sus semejantes de la que Hermes escribe, como atestigua el autor de la *Aurora*[26] en el capítulo V: «He contemplado un ave venerada por los sabios, que vuela mientras está en Aries, Cáncer, Libra y Capricornio; y tú la adquirirás para siempre a partir de las minas verdaderas y las montañas pedregosas». Senior se refiere a la misma ave en la *Tabla*,[27] donde habla de dos, una volando, la otra sin plumas; cada una de ellas tiene en su pico la cola de la otra, de modo que no se las puede separar con facilidad. Tal es, en efecto, la disposición de la naturaleza universal, que levanta siempre lo que es pesado por medio de lo que es ligero, y, a la inversa, abaja las partes ligeras gracias a las partes pesadas, como declara el autor del *Magisterio perfecto*.[28] Éste ha enumerado siete espíritus minerales, a semejanza de los astros errantes, y otros tantos cuerpos metálicos o estrellas fijas, y enseña que hay que casar a los primeros con los segundos. Por eso el Aristóteles químico dice: «Cuando el espíritu haya disuelto el cuerpo y el alma de manera que existan en su forma propia, no quedará cuerpo fijo si no lo has capturado. La captura consiste en unirlo con el cuerpo cuya preparación has realizado al principio, pues en ese cuerpo el espíritu es capturado y se ve impedido de huir hacia lo que está por encima». En el alcanfor, como recuerda Bonus,[29] los elementos ligeros, que son el agua y el fuego, prevalecen sobre los elementos pesados. Por eso se dice que se evapora completamente y se disipa en el aire. En la plata viva, las flores de azufre y de antimonio, la sal de sangre de ciervo, el amoníaco y demás substancias análogas, la tierra vuela con el aire en el alambique y no se separa de él. En el oro, el vidrio, el diamante, la piedra esmeril, el granate y los cuerpos semejantes, los elementos permanecen siempre unidos e intactos ante el ataque del fuego, y la tierra retiene y guarda lo demás en ella. En los otros combustibles se produce una división y una separación de los componentes: las cenizas quedan en el fondo, el agua, el aire y el fuego suben a las partes superiores. Por consiguiente, no hay que considerar la composición desigual de los últimos cuerpos mencionados, que no procede de una mezcla suficientemente vigorosa, ni la mezcla de los primeros, aunque sea más duradera, pues son no obstante volátiles, sino que hay que tomar en consideración la solidez, la constancia y la fijeza de la categoría intermedia. De este modo, el ave sin plumas retendrá al ave con plumas, y la substancia fija fijará el cuerpo volátil; y eso es lo que hay que conseguir.

EMBLEMA VIII DE SECRETIS NATURAE

Accipe ovum & igneo percute gladio

Epigramma VIII

Est avis in mundo sublimior omnibus, Ovum
Cujus ut inquiras, cura sit una tibi.
Albumen luteum circumdat molle vitellum,
Ignito (ceu mos) cautus id ense petas:
Vulcano Mars addat opem: pullaster et inde
Exortus, ferri victor et ignis erit.

EMBLEMA VIII DE LOS SECRETOS DE LA NATURALEZA

Coge el huevo y golpéalo con una espada de fuego

Epigrama VIII

Hay en el mundo un ave más sublime que todas las demás,
y tu única preocupación será buscar su huevo.
El blando albumen rodea la yema dorada.
Con prudencia, golpéalo con una espada ardiente (es la costumbre).
Marte debe ir en ayuda de Vulcano;
nacerá un polluelo vencedor del hierro y el fuego.

Existen especies de aves múltiples y variadas, con un número indeterminado de representantes y cuyos nombres nos son desconocidos. Se cuenta que existe un ave gigantesca llamada Ruc[30] que aparece en una pequeña isla del océano en determinada época del año y puede llevarse por el aire a un elefante. India y América tienen loros de diversos colores, cuervos y otras aves del mismo género. Pero investigar los huevos de estos últimos no corresponde a la empresa filosófica. Los egipcios se entregan cada año a la destrucción de los huevos de los cocodrilos y los persiguen como en una guerra declarada públicamente. Los filósofos rompen su huevo con el fuego, no para que sea destruido y perezca, sino para que reciba la vida y crezca. Puesto que de él sale, en efecto, un polluelo animado y vivo, no se debe hablar de corrupción, sino de generación. Deja de ser, es verdad, un huevo por la desaparición de la forma oval y comienza a ser un animal bípedo y capaz de volar por la aparición de una fuerza más noble.

En el huevo, las simientes del macho y la hembra están unidas bajo una sola envoltura o concha. Lo amarillo produce el polluelo, la raíz de sus miembros y de sus vísceras, gracias a la simiente del macho, formadora y operante, que se encuentra en el interior. Lo blanco proporciona la materia, es decir, la trama y el medio de crecimiento, al proyecto o cadena del polluelo. El calor exterior es el primer motor que, por medio de una cierta circulación de elementos y de la transformación de un elemento en otro, introduce una forma nueva bajo el impulso o guía de la naturaleza. Pues el agua se transforma en aire, el aire en fuego, el fuego en tierra. Mientras todos esos elementos se unen, se envía de lo alto de los astros una forma específica que da nacimiento a un individuo de una determinada especie de ave, a saber, aquella a la que pertenece el huevo y la semilla que en él se halla infusa.

Se dice que es golpeado con una espada de fuego porque Vulcano, haciendo oficio de comadrona, proporciona una salida al polluelo (como a Palas, saliendo de la cabeza de Júpiter).[31] Es lo que afirma Basilio Valentín cuando dice que Mercurio fue encerrado en una prisión por Vulcano siguiendo la orden de Marte, y que no fue liberado hasta haber sufrido la corrupción íntegra y la muerte. En verdad, esa muerte es para él el comienzo de una vida nueva, lo mismo que la corrupción o muerte confiere al huevo la generación y la vida nuevas de un polluelo. Así, cuando el feto muere a la vida humana vegetativa (la única de que gozaba en el seno materno), se le ofrece otra vida más perfecta por el paso a la luz de este mundo, en otras palabras, por el nacimiento. Y así también para nosotros, una vez privados de esta vida presente que ahora llevamos, hay dispuesta otra, más perfecta y eterna.

Llull llama en muchos lugares a esa espada de fuego lanza acerada, pues el fuego, lo mismo que la lanza o la espada acerada, atraviesa los cuerpos, los hace porosos y susceptibles de ser penetrados, de manera que el agua pueda entrar en ellos para disolverlos y, por duros que fueran, volverlos blandos y flexibles. En el estómago del cormorán, que es la más voraz de todas las aves, se encuentran gusanos vivos, largos y finos, que constituyen para él, de alguna manera, un instrumento de calor: se precipitan raudos sobre las anguilas y los peces que ha capturado y los perforan a la manera de agujas muy punzantes (como hemos tenido ocasión de observar nosotros mismos), y de este modo los devoran al instante, mediante una operación admirable de la naturaleza. Igual, pues, que el calor pica, lo que pica hace a veces oficio de calor. Por eso se podrá con justicia llamar «espada de fuego» al arma con la que el huevo de los filósofos debe ser alcanzado o golpeado. Los filósofos, en verdad, prefieren oír esto del calor moderado por medio del cual se incuba el huevo, como afirma Morsoleo en la *Turba*, cuando dice: «Es necesario, hombres sabios, que la humedad sea primero quemada a fuego lento, como en el ejemplo que se nos propone sobre la generación del polluelo; en el momento en que aumenta la fuerza del fuego, conviene que el vaso sea obturado por todas partes para evitar que salga de él el cuerpo de aire y su espíritu fugitivo». Pero ¿de qué ave es ese huevo? Mosco dice en el mismo lugar: «En cuanto a mí, digo que no se obtiene ningún instrumento si no es a partir de nuestro polvo blanco, estrellado, espléndido y sacado de una piedra blanca; con ayuda de ese polvo se hacen los instrumentos adaptados al huevo. Pero no han facilitado el nombre del huevo o del pájaro del que procede».

EMBLEMA IX DE SECRETIS NATURAE

Arborem cum sene conclude in rorida domo, & comedens de fructu ejus fiet juvenis

Epigramma IX

Arbor inest hortis Sophiae dans aurea mala,
Haec tibi cum nostro sit capienda sene;
Inque domo vitrea claudantur, roreque plena,
Et sine per multos haec duo juncta dies:
Tum fructu (mirum!) satiabitur arboris ille
Ut fiat juvenis qui fuit ante senex.

EMBLEMA IX DE LOS SECRETOS DE LA NATURALEZA

Encierra al árbol y al viejo en una casa llena de rocío; tras comer el fruto del árbol, se volverá joven

Epigrama IX

Hay un árbol en el jardín de la sabiduría que da manzanas de oro.
Cógelo con nuestro viejo; enciérralos
en una casa de vidrio humedecido por el rocío,
y déjalos allí juntos muchos días;
del fruto del árbol se alimentará y (¡oh, maravilla!)
el que antes era anciano se transformará en joven.

Todos los seres que aumentan en longitud, anchura y profundidad, es decir, que nacen, son alimentados y crecen, llegan a su punto de perfección y se multiplican; esos mismos seres decrecen, es decir, disminuyen en fuerza, mueren y son enteramente destruidos, como se puede ver en todos los vegetales y animales. Por eso, también el hombre, cuando ha llegado al grado más alto de crecimiento, conoce el decrecimiento, es decir, la vejez, por la que disminuye progresivamente de vigor hasta el punto en que sobreviene la muerte. La causa de la vejez es la misma que hace que la luz de una lámpara cuyo aceite está próximo a agotarse se debilite y brille sólo tenuemente. La lámpara tiene tres elementos: la mecha, la substancia grasa y la llama; lo mismo ocurre en el hombre, donde la mecha está constituida por los órganos vitales, las vísceras y los miembros; la substancia grasa es lo húmedo radical; la llama es el calor natural. La única diferencia reside en que la llama de la lámpara es luminosa, mientras que el calor natural no lo es de ninguna manera, pues no es fuego, sino solamente calor, y en que la grasa es aceitosa y lo húmedo radical viscoso, pues procede del principio seminal. Igual también que la lámpara se apaga por falta de aceite, así el hombre, por efecto de la vejez y sin otra enfermedad, cae en el marasmo, la decadencia senil y, finalmente, en la muerte.

Se dice que el águila, dificultada por su pico encorvado, moriría de hambre si la naturaleza no le despojara de él y le devolviera, de algún modo, la juventud. Del mismo modo los ciervos parecen rejuvenecer al deponer sus cuernos, las serpientes al quitarse su piel o camisa, y los cangrejos de mar, su caparazón. Pero ésa no es la realidad, pues lo húmedo radical consumido no les es restituido y es sólo una apariencia. En cuanto al hombre, no hay nada que lo haga rejuvenecer, si no es la propia muerte y el comienzo de la vida eterna que la sigue. En lo que se refiere a la forma exterior y la restauración de la fuerza de una manera cualquiera, la desaparición de las arrugas y de los cabellos blancos, hay que afirmar que se ha hallado un remedio: Llull lo asegura a propósito de la quintaesencia, y Arnau a propósito del *aurum potabile*.

Aquí los filósofos declaran que el anciano, para convertirse en joven, debe ser encerrado con cierto árbol en una casa llena de rocío; debe luego comer del fruto del árbol y, de este modo, recuperará la juventud. Al vulgo le resulta difícil creer que existan en nuestros días esos árboles en la naturaleza. Los médicos escriben cosas maravillosas sobre los mirobálanos, frutos procedentes de un árbol, a los que atribuyen efectos semejantes, pues pretenden que hacen desaparecer los cabellos blancos, purifican la sangre y prolongan la vida. Pero esto es puesto en duda por muchas personas, a menos que se diga que producen esos efectos por accidente, como otras substancias que purgan la masa de la sangre de las impurezas que con ella se mezclan, proporcionando al cabello blanco el color negro con el que los mirobálanos tiñen, se dice, los cabellos blancos y la pupila del ojo. Marsilio Ficino escribe, en el *Libro sobre la conservación de la vida de los hombres dedicados al estudio*, que es útil, para alcanzar una edad avanzada, sorber todos los días la leche de una mujer hermosa y joven; otros ponderan, en lugar de ello, la carne de víbora tomada como alimento. Pero, en verdad, esos remedios son más rudos que la propia vejez y apenas deberían ser utilizados si no es en dosis mínimas, incluso aunque tuvieran un efecto muy seguro. Paracelso escribe, en el *Libro de la larga vida*, que un enfermo puede atraer hacia sí la salud de otra persona, o un anciano la juventud de otra, por el solo poder de la imaginación, pero este autor parece haber basado tal afirmación en su sola imaginación y no en la experiencia. Y no hay duda a propósito de los *psylles*, de doble pupila, y de las lechuzas, que fascinan con su sola mirada, y de ahí estos versos de Virgilio: «Yo no sé qué ojo fascina a mis tiernos corderos».

Pero estas cosas se producen sin el contacto que hace posible que el árbol devuelva la juventud al anciano. Este árbol, en efecto, posee frutos llenos de dulzor, maduros y rojos, que se transforman fácilmente en la sangre más perfecta, pues son fáciles de digerir, proporcionan un alimento excelente y no dejan en el cuerpo nada superfluo ni residuo alguno. El anciano abunda en flema blanca, y él mismo es de color blanco, así como sus cabellos. Humor, color y cabellos cambian cuando come esos frutos, volviéndose rojos, como en los jóvenes. Por eso los filósofos dicen que la Piedra es primero un anciano, es decir, blanca, luego un joven, es decir, roja, pues éste es el color de la juventud y aquél el de la vejez.

Se añade que el anciano no debe estar al aire libre sino encerrado con el árbol, en una casa que no esté seca, sino humedecida por el rocío. Se tiene por prodigioso que los árboles nazcan o se desarrollen en un lugar cerrado; sin embargo, si ese lugar es húmedo, no hay duda de que vivirán mucho tiempo. En efecto, el árbol tiene como alimento un humor y una tierra aéreas, es decir, grasas, capaces de subir por el tronco y las ramas y producir en ellas hojas, flores y frutos. Todos los elementos participan en esta obra natural. El fuego da, en efecto, el primer movimiento, en tanto que agente eficiente; el aire, la sutileza y el poder de penetración; el agua, la consistencia móvil y flexible; y la tierra, la coagulación. Pues el aire volvería a ser de nuevo tierra, y la tierra de nuevo agua, si una cantidad superflua de esos elementos hiciera su aparición.

Por fuego entiendo el calor natural que, propagado con la simiente, fabrica y forma, a la manera de un artesano, frutos semejantes a aquellos de los que procede la semilla, por el poder de los astros. No sólo la evaporación del rocío sirve para humedecer el árbol y que éste pueda producir frutos, sino que sirve igualmente al anciano para que, merced a esos frutos, pueda rejuvenecer; en efecto, el calor y la humedad moderados ablandan, llenan y restauran la piel arrugada y seca. Los médicos, en efecto, ordenan y prescriben muy útilmente los baños tibios en el marasmo y la decadencia seniles. Si se consideran bien las cosas, este árbol es la hija del anciano que, como Dafne,[32] fue transformada en vegetal de esta manera; por eso el anciano puede, con toda razón, esperar que se le devuelva la juventud mediante aquella que le debe su existencia.

Da ignem igni, Mercurium Mercurio, & sufficit tibi

FUGA X. in 2. infrà.

Gib Fewer zum Fewer/Mercurium zum Mercurio, vnd es ist dir genug.

Epigramma X

Machina pendet ab hac mundi connexa catena
Tota, SUO QUOD PAR GAUDEAT OMNE PARI:
Mercurius sic Mercurio, sic jungitur igni
Ignis et hoc arti sit data meta tuae.
Hermetem Vulcanus agit, sed penniger Hermes,
Cynthia, te solvit, te sed, Apollo, soror.

EMBLEMA X DE LOS SECRETOS DE LA NATURALEZA

Da fuego al fuego, Mercurio a Mercurio; esto te basta

Epigrama X

De esta cadena que la mantiene unida pende toda entera la máquina del mundo:
que LO SEMEJANTE SIEMPRE ALEGRA A LO SEMEJANTE.
De este modo únase el fuego al fuego, y Mercurio a Mercurio:
y que ésta sea la meta de tu arte.
Vulcano pone en movimiento a Hermes; pero el alado Hermes
te disuelve, oh Cintia,[33] que liberas a Apolo.

Esta sentencia, si se toma en sentido literal, prescribe solamente la cantidad de fuego y de mercurio y no la introducción en el sujeto de alguna cualidad nueva. En efecto, todo semejante añadido a su semejante refuerza su semejanza. Por eso los médicos afirman que los contrarios aportan remedio a sus contrarios y que éstos son expulsados por aquéllos; así, vemos que el fuego es apagado por el agua y avivado por el fuego que se le añade. El poeta piensa lo mismo cuando dice: «Y Venus en los vinos y el fuego en el fuego ejercen su furor». Pero hay que responder que fuego y fuego, mercurio y mercurio difieren notablemente entre sí. En efecto, hay entre los filósofos muchas clases de fuegos y de mercurios. Además, el mismo calor y el mismo frío, desde el momento en que difieren en su lugar y su sede, se distinguen por cualidades del mismo género. Vemos, por ejemplo, que el calor del fuego aplicado a un miembro es atraído y sustraído por un calor semejante, y que los miembros entumecidos y casi reducidos al estado de muerte por el frío del invierno quedan restablecidos si se los sumerge en agua fría sin la adición inmediata de un calor externo. Lo mismo que una luz más viva oscurece otra menos intensa, un calor o un frío más violentos atenúan un calor o un frío más moderados. Es importante, sin embargo, que el calor y el frío externos sean menores que aquellos que anteriormente afectaban a los miembros o articulaciones, si no la impresión provocada sería idéntica a la que existía antes y lo semejante se añadiría a lo semejante en lugar de extraerlo. En efecto, la atracción del frío por el agua fría y del calor ígneo por el calor está en concordancia con la naturaleza, dado que todo cambio repentino de una cualidad en su contraria es peligroso para ella, y lo acoge con menos facilidad, mientras que tolera el que se hace poco a poco y de forma gradual. Afirmamos que uno es el fuego interno, principio esencial que existe fijado ya previamente en el sujeto filosófico, y otro el fuego externo. Otro tanto hay que decir del mercurio. Ese fuego interno lo es de una forma equívoca a causa de sus cualidades ígneas, de sus virtudes y sus operaciones, y el fuego externo lo es de una manera unívoca. Por consiguiente, hay que añadir el fuego externo al fuego interno y, de la misma manera, Mercurio a Mercurio para que se realice el propósito del arte.

Para ablandar o madurar por la cocción todo lo que es duro y está crudo, utilizamos el fuego y el agua. El agua disuelve la dureza y penetra en las partes compactas, el calor le añade la fuerza y el movimiento. Esto se ve, por ejemplo, en la cocción de los guisantes: por sí mismos son duros y compactos, pero el agua los hace hincharse, los rompe y los reduce a puré, pues el calor del fuego rarifica el agua mediante la ebullición y la transforma en una substancia más tenue y casi aérea. De este modo, el calor del fuego convierte en agua las partes crudas de los frutos o de las carnes y las hace evaporarse en el aire con dicha agua. De la misma manera el fuego y el mercurio son aquí el fuego y el agua; y ellos mismos son las partes maduras y las partes crudas; éstas deben ser maduradas por la cocción, aquéllas deben ser purgadas de lo superfluo por el ministerio del fuego y el agua.

Demostraremos aquí brevemente que estos dos fuegos y estos dos mercurios son lo esencial y lo único necesario para el arte. Empédocles planteó dos principios de todas las cosas: la discordia y la amistad. La discordia provoca las corrupciones; la amistad, las generaciones. Se percibe claramente una discordia de este género entre el agua y el fuego, puesto que el fuego hace evaporarse el agua y, a la inversa, el agua, añadida al fuego, lo apaga. Sin embargo, es manifiesto que los mismos elementos engendran gracias a una cierta amistad, pues, bajo el efecto del calor, se produce, a partir del agua, una generación nueva de aire y también un endurecimiento del agua en piedra. Así, estos dos elementos, de alguna manera primitivos, dan nacimiento a los otros dos y ocasionan, en consecuencia, la producción de todas las cosas. El agua fue la materia del cielo y de todos los seres corpóreos. El fuego, en tanto que forma, mueve e informa esa materia. De este modo, el agua o mercurio proporciona aquí la materia, y el fuego o azufre la forma. Para que estos dos elementos lleguen a operar e interactúen disolviendo, coagulando, alternando, coloreando y perfeccionando, es necesario recurrir a ayudantes externos, sin los cuales no se producirá ningún efecto. Pues igual que el artesano no hace nada sin martillo y sin fuego, el filósofo es también impotente si no tiene sus instrumentos, que son el agua y el fuego. Y esa agua es denominada por algunos agua de nubes, como ese fuego se dice ocasionado.[34] El agua de nubes se llama así sin duda porque cae gota a gota, como el rocío de mayo, y porque se compone de partes sumamente tenues. Como el rocío de ese mes encerrado en una cáscara de huevo eleva en el aire, según se dice, el huevo o lo que lo contiene, esta agua de nubes o rocío hace subir igualmente el huevo de los filósofos, es decir, que lo sublima, lo exalta, lo perfecciona. Esta agua es igualmente un vinagre muy agrio que hace del cuerpo un puro espíritu. Pues lo mismo que el vinagre posee cualidades diversas, penetra profundamente y aprieta, así esta agua disuelve y coagula, pero no es coagulada, pues no pertenece propiamente al sujeto. Esta agua ha sido traída de la fuente del Parnaso que, contrariamente a la naturaleza de las demás fuentes, nace en la cumbre de una montaña, creada por la pezuña de Pegaso, el caballo volador. Se necesita además la presencia del fuego actual, que, no obstante, debe ser moderado por sus grados, como si dijéramos, frenado. En efecto, hay que imitar aquí al Sol, que, pasando de Aries a Leo, aumenta poco a poco su calor mientras los seres crecen, aproximándose cada vez más. En efecto, el hijo de los filósofos debe ser alimentado con fuego, como si fuera leche, y cada vez más abundantemente a medida que crece.

EMBLEMA XI DE SECRETIS NATURAE

Dealbate Latonam & rumpite libros

Epigramma XI

Latonae sobolem non novit nemo gemellam,
(Ceu fert fama vetus) quae Jove nata fuit.
Hanc alii tradunt cum luna lumine solis
Mixta, nigrae cui sint in facie maculae.
Latonam ergo pares albescere, damnaque dantes
Ambiguos, adsit nec mora, rumpe libros.

EMBLEMA XI DE LOS SECRETOS DE LA NATURALEZA

Blanquead a Latona[35] y romped los libros

Epigrama XI

Todos conocen a los vástagos gemelos de Latona,
hijos de Júpiter, según la fábula antigua.
Según otros, Latona está hecha de la luz del Sol y de la Luna mezcladas[36]
y tiene manchas negras en el rostro.
Así pues, apréstate a blanquear a Latona;
destruye esos libros ambiguos que te perjudican.

La diversidad de los autores en sus escritos es tal que los buscadores de la verdad casi desesperan de alcanzar el objetivo último del arte. En efecto, si los discursos alegóricos son en sí mismos difíciles de comprender y causa de numerosos errores, lo son de manera más particular allí donde los mismos términos se aplican a realidades distintas, y términos diferentes a las mismas realidades. Si se quiere encontrar una solución a estas dificultades, hay que poseer un genio divino para ver la verdad que se oculta bajo las tinieblas, o desplegar un trabajo y unos gastos infinitos para discernir lo que es verdadero de lo que no lo es. Los filósofos afirman que lo uno sin lo otro no es suficiente, que no basta un espíritu penetrante sin el trabajo manual, y a la inversa, de modo que la teoría y la práctica no deben estar separadas. Nadie, en efecto, está dotado de una inteligencia lo bastante clarividente como para evitar cien mil veces los rodeos, las equivocaciones, los errores en cuanto a las palabras, las falsas direcciones en las encrucijadas, las ambigüedades y las dificultades para mantenerse en el sendero verdadero de la naturaleza. Por eso dicen los filósofos: «Quien aún no ha errado no ha comenzado todavía; los errores son los maestros que enseñan lo que se debe hacer y lo que no». Repiten también que un hombre podría pasarse toda la vida destilando y volviendo a destilar, aunque viviera mil años, antes de llegar a la verdad por la sola experimentación. El Reformador de los insensatos[37] ha dado a entender que hay poco provecho fuera del estudio y la lectura de los autores, cuando dice: «El estudio disipa la ignorancia y conduce el espíritu humano al verdadero conocimiento y a la ciencia de todas las cosas. Por tanto, es necesario adquirir la ciencia estudiando esta obra llena de dulzura, y aguzar la mente por medio de palabras físicas, pues es en ellas donde reside el conocimiento de la verdad. Si, por tanto, los hombres laboriosos no desprecian el estudio, gustarán la suavidad del fruto que de él resulta. Pero aquellos a los que repugne estudiar y sin embargo hayan querido trabajar, que vean si su arte es imitación de la naturaleza cuando pretenden corregirla. Es imposible que estos hombres lleven a su término perfecto la preparación de los secretos de los filósofos. Los sabios dicen de ellos que pasan a la práctica como el asno se dirige al heno, sin saber hacia qué tiende el hocico, si no es en la medida en que los sentidos externos privados de inteligencia le llevan hacia el pasto, con la sola dirección de la vista y el gusto». Éstas son sus palabras.

Pero los filósofos han querido evitar que se desfallezca por el exceso de estudio, mar inagotable y de profundidad inmensa, y que se trate (en vano) de poner en acción cualquier precepto literal, aunque concuerde con muchos otros, y que alguien se consuma y decaigan por eso sus fuerzas, la salud de su cuerpo, su reputación y sus bienes y riquezas. Con ese fin dicen en lenguaje emblemático que se debe blanquear a Latona y romper sus libros, para no desgarrarse el corazón. La mayor parte de los libros están escritos, en efecto, de forma tan oscura que sólo sus propios autores los comprenden. Más de uno fue escrito para desviar a los hombres por envidia, o incluso para retrasarles en su camino, de manera que no alcancen sin dificultad el objetivo, o también para oscurecer lo que se escribió anteriormente. ¿Qué es entonces blanquear a Latona? Averiguarlo; ésa es la obra, ése es el trabajo. Latona, según afirma el tratado *El sonido de la trompeta*,[38] «es un cuerpo imperfecto compuesto del Sol y de la Luna». Los poetas y los escritores de la Antigüedad declaran que Latona es la madre del Sol y de la Luna, es decir, de Apolo y Diana; otros dicen que es su nodriza. Diana, según ellos, nació primero (en efecto, la Luna y la Blancura aparecen en primer lugar), y aquel mismo día hizo las veces de comadrona para la venida al mundo de su hermano Apolo. Latona es uno de los doce dioses jeroglíficos de los egipcios, que difundieron estas alegorías, así como otras, entre los demás pueblos. Pero sólo algunos sacerdotes egipcios, muy pocos, poseían la comprensión de su sentido y su significado exactos; los demás hombres aplicaban los relatos de ese género a cosas que no existen en la naturaleza, a saber, dioses y diosas diversos. Por eso en aquel país Latona poseía, como Vulcano, un templo muy suntuoso, recubierto y adornado de oro, como madre del Apolo de los filósofos y de Diana.

Esta Latona es sombría y negruzca, lleva en su rostro manchas que deben ser extirpadas mediante un procedimiento que es el blanqueo. Algunos realizan los blanqueos por medio de albayalde, mercurio sublimado, talco disuelto en aceite y otros productos semejantes; untan la piel, la cubren y de este modo la blanquean. Pero esos ungüentos destinados a blanquear caen bajo el efecto de una ligera brisa o de cualquier líquido, pues no penetran en el interior. Los filósofos desprecian esos afeites que se utilizan más para engañar a los ojos que para teñir la substancia interior del cuerpo. En efecto, quieren que el rostro de Latona se blanquee de forma penetrante, y que la propia piel se transforme de forma real y no con ayuda de un afeite. Pero, se podría preguntar, ¿cómo se consigue eso? Yo respondo que, primero, hay que buscar e identificar a Latona; aunque proceda de un lugar despreciable, debe ser elevada a un lugar más digno; luego hay que sumergirla en algo mucho más vil, como es el estiércol. Allí blanqueará y se convertirá en plomo blanco. Cuando éste se haya obtenido, no se puede dudar ya del éxito final, es decir, del plomo rojo que es el principio y el final de la obra.

EMBLEMA XII DE SECRETIS NATURAE

Lapis, quem Saturnus, pro Jove filio devoratum, evomuit, pro monumento in Helicone mortalibus est positus

Epigramma XII

Nosse cupis causam, tot cur HELICONA poetae
Dicant, quodque ejus cuique petendus apex?
Est LAPIS in summo, MONUMENTUM, vertice postus,
Pro Jove deglutiit quem vomuitque pater.
Si ceu verba sonant rem captas, mens tibi laeva est,
Namque est Saturni CHEMICUS ille LAPIS.

EMBLEMA XII DE LOS SECRETOS DE LA NATURALEZA

La piedra que Saturno devoró creyendo que era su hijo Júpiter, y que luego vomitó, fue puesta sobre el Helicón, como recuerdo para los mortales[39]

Epigrama XII

¿Quieres saber por qué a menudo los poetas
hablan del HELICÓN, y de escalar su cumbre?
Y una PIEDRA, como RECUERDO, ha sido colocada en su cima,
la piedra que su padre, confundiéndola con Júpiter, devoró y vomitó.
Yerras tomando estas palabras en su sentido literal.
Pues esta piedra de Saturno es la PIEDRA QUÍMICA.

Discurso XII

La alegoría de Saturno ha sido interpretada de diversas maneras. En efecto, los astrónomos la aplicaron al astro más elevado en el orden de los planetas; los aprendices de químicos, al metal más bajo, a saber, el plomo. Los poetas paganos lo tuvieron por padre de Júpiter e hijo del Cielo; los mitólogos vieron en él al tiempo. Todos parecen haber pensado de forma correcta desde su punto de vista, y todos creen tener justificaciones satisfactorias de su opinión. Sin embargo, no explicaron lo que también se cuenta de Saturno: por qué tragó y vomitó a sus hijos, así como una piedra, a la que tomó por Júpiter; por qué se dice que es el inventor de la verdad; por qué tiene como atributos la guadaña, la serpiente, el color negro y la tristeza; y por qué sus piernas flaquean. Los mitólogos creen dar la interpretación más excelente de todo ello: el tiempo, dicen, descubre la verdad y la arranca a las tinieblas, fluye desenroscándose como una serpiente, aniquila todas las cosas por la muerte, como si se ayudara de una guadaña, devora a sus hijos, es decir, todo lo que ha engendrado; no puede digerir, es decir, hacer desaparecer por completo, las piedras duras, y por lo tanto, de alguna forma, las vomita.

Sin duda estas explicaciones convienen parcialmente, pero no encajan con la totalidad del sujeto, de la verdad y de las circunstancias. Los filósofos experimentados afirman por su parte que Saturno es el primero que se presenta en su obra; si está verdaderamente ahí, no es posible engañarse y la verdad se ha encontrado en las tinieblas. Según ellos, no hay nada más excelente que el negro. Por eso dicen en *La turba de los filósofos*: «Cualquier color que aparezca después de la negrura es digno de elogio. Y cuando hayas visto que tu materia se ennegrece, regocíjate, pues ése es el principio de la obra». El *Rosario*,[40] citando a Arnau, dice: «Y cuando se vuelve negra, decimos que ahí está la clave de la obra, pues ésta no se realiza sin el color negro». Y el *Espejo* afirma: «Cuando te hayas puesto a la obra, actúa de modo que obtengas al comienzo el color negro, y entonces podrás estar seguro de alcanzar la putrefacción y de que sigues la vía recta». Y poco después: «Esta negrura es denominada Tierra; se obtiene mediante una ligera cocción, repetida el número de veces necesario para que el Negro salga a la superficie». Por eso los mismos filósofos afirman que Saturno tiene la tierra por dominio, Mercurio el agua, Júpiter el aire, y el Sol el fuego. El color negro es por tanto Saturno, revelador de la verdad, que devora una piedra en lugar de devorar a Júpiter. Pues una negrura, es decir, una nube sombría, recubre primero la piedra para hurtarla a la vista. También Morieno dice: «Todo cuerpo, si está privado de alma, aparece oscuro y tenebroso». Y Hermes: «Coja su cerebro, deslíelo por medio de un vinagre muy agrio o con orina de niños, hasta que se vuelva oscuro». Una vez hecho esto, el cerebro vive en la putrefacción, y vuelven las nubes sombrías que antes de su muerte se encontraban por encima de él y en su cuerpo.

Esta piedra es vomitada luego por Saturno, cuando blanquea. Se la pone entonces en la cumbre del Helicón como monumento destinado a los mortales, tal como escribió Hesíodo. Pues la blancura se oculta en realidad debajo del negro y se la extrae de su vientre, es decir, del estómago de Saturno. De ahí las palabras de Demócrito en el *Rosario*: «Purifica el estaño mediante una ablución especial, extrae de él su negrura y su oscuridad, y aparecerá su blancura brillante». Y se dice en la *Turba*: «Juntad lo seco con lo húmedo, es decir, la tierra negra con su agua y coced hasta que blanquee». Y Arnau, en *La nueva luz*, en el capítulo IV, se expresa de forma perfecta cuando dice: «La humedad que, en la digestión, servía de remedio a la negrura, se muestra seca cuando la blancura comienza a aparecer». Y un poco más adelante: «Y mi maestro me dijo que ese color pardo aparecía porque la blancura se extraía del vientre de su negrura, como se dice en la *Turba*. Pues cuando veas lo negro, debes saber que su blancura está oculta en el vientre de lo negro, que aparece primero».

Además del nombre de Saturno, este color negro recibe el de «plomo». De ahí las palabras de Agadimón en la *Turba*: «Coced el bronce hasta que salga lo negro que se denomina pequeña moneda; mezclad bien las substancias de nuestro arte, y enseguida encontraréis el negro que es el plomo de los sabios, del que han hablado abundantemente en sus libros». Aquí alude a las palabras de Emiganus: «Cuando el esplendor de Saturno se eleva en el aire, no aparece sino entenebrecido». Piensa también en las palabras de Platón, en el *Rosario*: «El primer régimen, el de Saturno, es pudrir y poner al sol».

Todo esto muestra hasta qué punto el pensamiento de los filósofos se aleja de las opiniones vulgarmente recibidas, cuando hablan de Saturno. Saturno engendra a Júpiter, es decir, una blancura sombría; Júpiter, de Latona, engendra a Diana, es decir, el blanco perfecto, y a Apolo, es decir, el rojo. Y éste es el modo en que los colores perfectos se permutan sucesivamente entre sí. Se dice que la piedra rechazada por Saturno es colocada como recuerdo destinado a los mortales en la cima de una montaña, lo que se ajusta plenamente a la verdad.

EMBLEMA XIII DE SECRETIS NATURAE

A es Philosophorum hydropicum est, & vult lavari septies in fluvio, ut Naaman leprosus in Jordane

Epigramma XIII

Praetumido languens aes turget hydrope Sophorum,
Inde salutiferas appetit illud aquas.
Utque Naman Jordane leprae contagia movit,
Abluitur lymphis terque quaterque suis:
Ergo praecipites in aquam tua corpora dulcem,
Moxque feret morbis illa salutis opem.

EMBLEMA XIII DE LOS SECRETOS DE LA NATURALEZA

El bronce de los filósofos es hidrópico, y precisa ser lavado siete veces en el río, como Naamán el leproso en el Jordán

Epigrama XIII

El bronce de los sabios sufre, hidrópico y abotargado;
anhela las aguas portadoras de salud.
Como Naamán, que en el Jordán perdió su lepra,
se lava en sus propias aguas, tres, cuatro veces.
Precipita tus cuerpos en las dulces aguas,
en las que pronto encontrarán remedio a sus males.

Que Naamán el sirio, por orden del Profeta, se dirigiera a Judea y se bañara siete veces en el río Jordán, hay que atribuirlo a su confianza en las palabras del Profeta; pero que se curara de la lepra por esta ablución es un milagro de la omnipotencia divina.[41] Pues la lepra, que ataca a la sangre y a las raíces de los miembros del hombre, es una especie de chancro universal que no puede ser curado ni expulsado por lociones externas, menos aún por agua fría, como la del Jordán. Hay igualmente una especie de milagro en que el bronce de los filósofos, que sufre de hidropesía, se libere de ella mediante lociones de agua, y que, además, pase de la imperfección a la perfección, de la enfermedad a la salud, hasta el punto de poder devolver la salud a otros enfermos. No existe en la naturaleza otro ejemplo semejante, y el camino ordinario de los procesos naturales no lleva a producir la muy perfecta tintura de los filósofos si no es bajo la dirección del artista y si no le son administrados los sujetos convenientes con el agente externo. Igualmente, reducir las luxaciones no es propio de la naturaleza, sino del arte. Sin embargo, en el nacimiento del hombre, el hueso sacro se abre de una forma que tiene algo de milagroso para que el feto pueda salir como si pasara por una puerta: el Dios Altísimo de infinita misericordia realiza así, mediante la naturaleza, un efecto que supera a la naturaleza. Igualmente, la realización de la Piedra puede parecer hiperfísica, aunque sea en verdad física. Por eso el Filósofo dice en el *Rosario*: «Sabe que nuestra piedra es aérea y volátil, que es fría y húmeda en su aspecto visible, pero cálida y seca en su aspecto oculto. Esa frialdad y humedad que aparecen son un humo acuoso que corrompe y ennegrece, que se destruye y destruye todas las cosas, y huye del fuego. El calor y la sequedad ocultos constituyen un oro caliente y seco, un aceite muy puro que penetra los cuerpos y que no huye del fuego, pues el calor y la sequedad de la Alquimia tiñen y nada más. Actúa, pues, de modo que la frialdad y la humedad acuosa que se manifiestan se vuelvan semejantes al calor y la sequedad ocultas, de manera que se unan, se alíen y juntos se conviertan en una sola substancia que penetre, tiña y se hunda muy profundamente. Estas humedades deben ser destruidas por el fuego y por varios grados de fuego con una suave moderación, de modo que haya una digestión conveniente y templada».

Si estas palabras son ciertas, ¿cómo podría ser liberado de las aguas por las aguas? Hay que responder que existen ciertas aguas cálidas y secas en su cualidad, como lo son muchas aguas termales, en las que el bronce filosófico debe ser lavado. Es lo que se quiere decir mediante estas palabras: «Lava con el fuego y quema con el agua». Pues el fuego que lava y el agua que quema no difieren uno de otro más que por el nombre; sus efectos y sus operaciones coinciden. Conocemos los métodos ensayados para curar a los hidrópicos: privarles de toda bebida durante seis meses, enterrarlos en arena caliente o en boñiga de vaca, encerrarlos en el interior o en el fondo de un horno caliente, hacerlos transpirar, y muchos otros métodos, hasta las aguas termales desecantes, como las de Carlsbad y Wiesbaden, no lejos de Maguncia. Del mismo modo, nuestro enfermo deberá ser tratado sucesivamente por las aguas, el aire caliente de los hornos, el estiércol, la arena y la abstinencia de bebida. Ésos son, en efecto, remedios muy eficaces en los dos casos; deben aplicarse tanto aquí como allí. En todos esos tratamientos es el calor el que actúa, haciendo salir y desaparecer las aguas superfluas a través de sus emuntorios e incluso de los poros del cuerpo. Pues el calor exterior excita el calor interior, es decir, los espíritus vitales, para expulsar como excremento inútil el humor nocivo que hasta ese momento actuaba como enemigo y suprimía el calor natural. En esta cura hay que proceder con mucho cuidado y precaución para evitar que alguna víscera sea dañada mientras se socorre a otra. En la fiebre cuartana (piedra de toque del médico, según Platón) hemos verificado que los humores espesos y viscosos como la goma o la liga de los árboles se unen viniendo de las venas y de la masa sanguínea y descienden por la vena cava o gran vena hasta la parte inferior de la espalda. Allí obstruyen las venas de evacuación que extraen de la sangre el humor seroso, o al menos taponan sus puertas; el funcionamiento de esas venas se encuentra así obstaculizado y queda dentro del cuerpo una mayor cantidad de humor seroso, de manera que, si no se lo vigila, se puede declarar la hidropesía aun cuando al principio las demás vísceras estuvieran intactas.

Los diuréticos son aquí una ayuda escasa o nula; de menos utilidad todavía son los purgantes, a menos que al cabo de cierto tiempo se haga una disminución y una evacuación. Los mismos sudoríficos son manifiestamente perjudiciales, pues evacuan las partes más sutiles, no llegan a las más espesas y, si se continúa con ellos, debilitan las fuerzas. La naturaleza recurre normalmente a esta vía para evacuar las serosidades por los poros cuando la vía de la vejiga está obstruida. Una es, pues, Escila, y la otra, Caribdis; conviene evitar las dos si se quiere salir con bien. En cuanto a la hidropesía que proviene de una lesión del hígado o del bazo, es difícil de curar si se confirma. Pero con el bronce filosófico la curación no es imposible, puesto que el mal es entonces accidental y secundario y no esencial y primario, a condición de que se comience con precaución, como dijimos al hablar de la cantidad de líquido en la fiebre cuartana. Se evitará así caer en la consunción por desecación excesiva, o en una hidropesía difícil de curar al humedecer de forma demasiado abundante.

EMBLEMA XIV DE SECRETIS NATURAE

Hic est Draco caudam suam devorans

Epigramma XIV

Dira fames Polypos docuit sua rodere crura,
Humanaque homines se nutriisse dape.
Dente Draco caudam dum mordet et ingerit alvo,
Magna parte sui sit cibus ipse sibi.
Ille domanduerit ferro, fame, carcere, donec
Se voret et revomat, se necet et pariat.

EMBLEMA XIV DE LOS SECRETOS DE LA NATURALEZA

Éste es el dragón que se muerde la cola

Epigrama XIV

Aguijoneado por el hambre, el pulpo
roe sus miembros y el hombre se alimenta del hombre.
El dragón muerde y come su cola,
y se alimenta de una parte de sí mismo.
Sométele por la espada, el hambre y la prisión;
que se coma y se vomite, que se dé muerte y nazca de nuevo.

Los antiguos afirmaban que la serpiente que ha devorado a otra se convierte en dragón, pues ejerce su crueldad sobre su propia raza, como hace el ladrón o el asesino. Se sabe que en África las hay tan abundantes y tan grandes que devoraron a gran parte del ejército de Alejandro. Entre los asaqueos, pueblo de Etiopía, nacen unas muy grandes que, entrelazadas como zarzos, se esfuerzan, con la cabeza alzada, por alcanzar los mejores alimentos. Se cuenta que los reyes de las Indias alimentaban a dos dragones, uno de ochenta codos de estatura, el otro de noventa. Además, según una observación hecha por autores de nuestra época, cerca de Angola se encuentran también dragones semejantes que pueden igualar en tamaño a los mástiles de enormes navíos. Se ha dicho también que las montañas de la India y de África encierran gran abundancia de oro, pero que son guardadas por dragones, de manera que nadie llegue hasta el oro y se lo lleve. En efecto, los dragones se reúnen junto a las fuentes y arroyos que descienden de las montañas y, al mismo tiempo, montan guardia junto al oro. Por eso los filósofos colocan tantos dragones y serpientes junto a sus tesoros, como ocurre con el Vellocino de Oro, el Jardín de las Hespérides, y también con relación a otros personajes o temas químicos, como Cadmo, Saturno, Esculapio o Mercurio, cuyo caduceo está ceñido por dos serpientes, macho y hembra. Por dragones no entienden otra cosa que los objetos químicos. Por eso afirman: «Las montañas proporcionan Rebis y dragones; la tierra proporciona fuentes». Añaden que el dragón devora su cola, aludiendo a su hambre extrema. Otros lo interpretan como el año, que vuelve sobre sí mismo y describe un círculo, pero esta imagen fue aplicada inicialmente por los filósofos químicos a sus temas. Por el dragón quieren significar la serpiente que devora a otro miembro de su especie y que es propiamente denominada azufre, como está atestiguado en innumerables lugares. Llull dice en el capítulo 31 de su *Codicilo*: «Ése es el azufre, hijo mío, y ésos son la víbora y el dragón que devoran su cola, el león rugiente y la espada acerada, que corta, mata y rompe todas las cosas». Y en el *Rosario* leemos: «El dragón no muere si no lo matan su hermano y su hermana».[42] Y un poco más adelante: «El dragón es la plata viva extraída de los cuerpos, que posee cuerpo, alma y espíritu. Esta agua recibe también el nombre de agua fétida después de la separación de los elementos».[43]

Se cuenta que la serpiente devora su cola porque absorbe la parte de sí misma que es móvil, venenosa y húmeda, de modo que, sin cola, parece después más voluminosa y lenta, pues su movimiento y su agilidad tienen en gran parte su origen en la cola.

Todos los demás animales se apoyan en sus patas, pero las serpientes, los dragones y los gusanos sustituyen las patas de las que carecen por movimientos de contracción y expansión de su cuerpo; como el agua derramada, describen círculos determinados, inclinándose ora de un lado, ora del otro, como se puede ver en la mayor parte de los ríos, que, a la manera de las serpientes, doblan su curso y lo curvan con sinuosidades. No carece, pues, de razón que se dé a la plata viva el nombre de serpiente, y que se atribuyan las serpientes a Mercurio, puesto que éste parece arrastrar una cola y se alza bien de un lado, bien de otro, con una masa móvil. Pues igual que se desliza la serpiente, así hace Mercurio, que por esta razón posee alas en los pies y en la cabeza. Se dice que en África las serpientes son aladas y devastarían todo si no fueran destrozadas por los ibis. Por eso el ibis forma parte de las imágenes sagradas de Egipto en razón de los servicios manifiestos que rinde al país, y a causa también de una propiedad oculta comprendida solamente por algunos.

Se dice que este dragón, después de morderse la cola, se desprende de la piel vieja y recibe una nueva al tiempo que recupera la juventud, de modo que la naturaleza ha concedido una longevidad mayor no sólo a las cornejas, los cuervos, las águilas y los ciervos, sino también a las serpientes. La hormiga, cuando envejece, adquiere alas, como también numerosos gusanos. El hombre, cuando envejece, es confiado a la tierra, y, renaciendo a partir de ella, será consagrado a la vida eterna. Con cualquier serpiente quemada se hace un polvo que se revela muy eficaz contra todos los venenos. Se debe hacer un antídoto con ayuda de este dragón una vez ha devorado su cola (apéndice habitualmente amputado en las víboras), y será ése un remedio muy poderoso (*alexipharmacum*) contra los males de la fortuna y del cuerpo.

EMBLEMA XV DE SECRETIS NATURAE

Opus figuli, consistens in sicco & humido, te doceat

Epigramma XV

Aspice quam celeri figulus sua vasa figuret
Axe rotae, argillam dum pede miscet aquae:
In binis illi est fiducia rebus, ut humor
Pulveribus siccis temperet arte sitim.
Sic quoque tu facies exemplo doctior isto,
Terram aqua ne superet, nec superetur humo.

EMBLEMA XV DE LOS SECRETOS DE LA NATURALEZA

Que la obra del alfarero, que se compone de lo seco y lo húmedo, te instruya

Epigrama XV

Ve cómo el alfarero, con rápido movimiento, forma sus vasijas
en la rueda, mientras con el pie mezcla el agua con la arcilla.
En dos cosas pone su confianza,
mitigando con su arte la sed del polvo seco.
Instruido por su ejemplo, imítalo;
que el agua no prevalezca sobre la tierra, ni la tierra sobre el agua.

Igual que nuestro globo ha tomado la forma de un cuerpo redondo por efecto de la estrecha unión de la tierra y el agua, así la obra del alfarero parece particularmente compuesta de los mismos elementos, lo seco y lo húmedo, de tal modo que uno es templado por el otro. Si la tierra no tuviera agua, el océano, el mar, los lagos, los ríos, las fuentes, no existirían; ella misma no daría ningún fruto, sino que permanecería estéril. Por otra parte, si el agua no fuera recogida en las cavidades de la tierra, sino que la rodeara, fácilmente cubriría toda la Tierra, que sería inhabitable. Pero como una ha penetrado en la otra de forma completamente amistosa, gracias a su recíproco abrazo el agua ha moderado la sequedad de la tierra y la tierra la humedad del agua, y así puede manifestarse la fertilidad y la plenitud de ambos elementos. De manera semejante el alfarero mezcla el barro con el agua para hacer una masa susceptible de ser modelada; le da forma con ayuda de su rueda y la expone al aire para que se seque poco a poco. Después, añade la violencia del fuego para que sus vasijas adquieran la dureza conveniente y lleguen a tener la firmeza de una piedra duradera, capaz de resistir tanto al agua como al fuego.

Los filósofos afirman que se procede de esta manera en la obra natural y que, por consiguiente, hay que tomar ejemplo de los alfareros. En ambos casos hay una gran afinidad entre lo seco y lo húmedo, es decir, entre la tierra y el agua. Pero no dudamos que el modo de cocción, así como la materia y la forma de los elementos que deben entrar en la composición, difieren considerablemente. Las tierras cocidas de los alfareros tienen una forma artificial; la tintura de los filósofos posee una forma enteramente natural, cuya nobleza prevalece tanto más sobre la de las vasijas cuanto que la materia es más excelente. En ambos casos se trata sin duda de una obra de tierra, pero en la obra filosófica no hay nada, se dice, que no busque el cielo del aire,[44] mientras que en la otra domina una tierra grasa e impura. En ambos casos el resultado es una piedra, común aquí, filosófica allí. Engañada por el nombre, una persona guardó en un cesto durante un cierto tiempo una gran cantidad de piedras artificiales o ladrillos, y sílex blanquecinos en otro; procedió sobre esas piedras con conjuros diabólicos, por medio de los cuales unas deberían haberse convertido en plata y las otras en oro puro. Creía que en eso consistía la piedra de los filósofos y había gastado gran cantidad de dinero en comprar al mismo tiempo diversas cosas, esperando obtener, al cabo del tiempo fijado, plata y oro nuevos; pero como no aparecía nada y las piedras no se transformaron en el oro que esperaba, la muerte puso término a su confusión.[45] En efecto, no se debe buscar oro y plata allí donde no están contenidos de forma natural, pues la magia diabólica no tiene cabida en las obras divinas, sino que difiere de ellas tanto como su autor difiere de un hombre piadoso y devoto, y tanto como el infierno difiere del cielo.

Del mismo modo, si se tuviera la verdadera piedra filosofal, no se debería pensar que gracias a ella se pueden realizar cosas imposibles, según la advertencia de Isaac,[46] pues nadie está obligado a cosas imposibles, ni por las leyes de la naturaleza ni por las de la ciudad. Que cada uno examine, pues, cuando se habla de la transmutación de gemas o de la maleabilidad conferida al vidrio por medio de la piedra, si esos efectos son posibles y conformes o no con la naturaleza. Geber afirma que los filósofos han dicho muchas cosas por medio de alegorías, y que él mismo, allí donde se ha expresado con claridad, no ha dicho nada; mientras que, por el contrario, ha dicho la verdad cuando ha utilizado figuras, ocultando de algún modo el grano bajo la paja. Se cosechará según lo que se haya sembrado; eso es lo que sucede en el mundo vegetal y animal, aunque a veces las semillas den nacimiento a especies diferentes. Habrá que examinar si ese principio se aplica a los metales, aunque éstos no se reproduzcan por medio de semillas. Aquí no hay más que partes homogéneas, azufre y plata viva, allí son heterogéneas u orgánicas; aquí no hay receptáculo para las semillas, allí lo hay; aquí no se encuentra ni nutrición, ni aumento, ni extensión en las diversas dimensiones; allí sí, y al más alto nivel. Además, los metales son *pesos elementados* que no conocen más que la mixtión; los otros cuerpos, además de la mixtión, reciben un alma vegetativa y sensitiva. Sin embargo, es cierto, sin duda alguna, que existe en lugares subterráneos algo que no es todavía oro pero que se convertirá en oro por obra de la naturaleza, al cabo de mil años. ¿Quién negará que existe ahí una semilla análoga al oro? Puesto que el oro y la naturaleza aurífica son del mismo origen, aunque la forma de ésta sea más noble, una vez reconocida la semilla del oro se conocerá igualmente la de esa naturaleza. Los filósofos afirman que es lo seco y lo húmedo, es decir, el azufre y la plata viva, y que hay que obtenerla, muy pura, de dos montañas.

EMBLEMA XVI DE SECRETIS NATURAE

Hic leo, quas plumas non habet, alter habet

Epigramma XVI

Victor quadrupedum LEO *pectore fortis et ungue*
Absque metu pugnat, dissimulatque fugam:
Aligeram cui tu pedibus conjunge Leaenam,
Quae volat et secum vult relevare marem:
Ille sed immotus stat humo, retinetque volantem;
Haec tibi naturae monstret imago viam.

EMBLEMA XVI DE LOS SECRETOS DE LA NATURALEZA

Las plumas de que carece uno de estos leones, las tiene el otro

Epigrama XVI

Vencedor de los cuadrúpedos, el LEÓN, de garras y pecho poderosos,
sabe combatir sin miedo y disimula la huida.
Debes colocar bajo él una leona alada
que vuela y, en su vuelo, quiere llevarse al macho.
Pero él se mantiene inmóvil en tierra y la retiene.
Que esta imagen de la naturaleza te muestre el camino.

El león, como muestra la experiencia, supera a los demás animales no sólo por su tamaño y vigor corporal, sino, sobre todo, por su generosidad. Si, en el curso de una cacería, es descubierto, se avergüenza de volver la espalda y retrocede poco a poco cuando se siente amenazado por la superioridad de sus enemigos. Pero una vez fuera de la vista de los cazadores, emprende rápidamente la huida, considerando que el estar oculto le preserva de la vergüenza. Se abstiene de saltar cuando huye, pero no cuando persigue una presa. Sus huesos son sólidos y están muy lejos de ser huecos. Se dice que son tan duros que al golpear uno contra otro producen fuego, como el acero y el sílex. Teme sobre todo el fuego. Parece sacar su substancia de la naturaleza del Sol. Por su fogosidad y su calor prevalece sobre todos los demás animales, como el Sol prevalece sobre los astros. Además, sus ojos están siempre muy abiertos e inflamados, como el Sol, que mira a la Tierra con ojo muy abierto e inflamado. La leona que combate por sus pequeños fija los ojos en tierra, para no asustarse a la vista de los venablos. Cuando el león olfatea el adulterio del leopardo, entrega al suplicio a la leona infiel y se abalanza con todas sus fuerzas para vengarse. Por eso la leona lava en un río su falta y el olor de ésta, o bien, sintiéndose culpable, acompaña al amante en su huida.

Los filósofos, al contemplar la naturaleza admirable de este animal, han presentado diversas alegorías, que son como escrituras jeroglíficas que atestiguan su obra secreta. Constatando que el león es un animal constante, firme, sin ardides ni sospechas, lo han asimilado a la parte más noble de su elaboración filosófica. Como él, ésta no huye. Los huesos del león son sólidos. Igualmente la obra filosófica es fija y no conoce la derrota. Lo mismo que la leona no es siempre libre ni está al abrigo del reproche de adulterio, la Luna o Mercurio no está exenta de toda mancha, pues es unida por los ignorantes, sea a una materia, sea a otra, y lo que así se realiza es una unión adúltera entre materias de naturaleza discordante en lugar de un verdadero matrimonio. Los hijos del leopardo y la leona no poseen hermosas crines alrededor del cuello y de los hombros; el ornato está reservado únicamente a los hijos que han sido concebidos del león. Únase pues la leona filosófica a su esposo legítimo y nacerá un cachorro de león auténtico y generoso que se reconocerá fácilmente por las garras. No se debe elegir cualquier leona, sino una leona alada capaz de entablar combate con el león, confiada en la agilidad de sus plumas: de este modo, puede evitar ser aniquilada por la excesiva cólera del macho y, caso de que éste se enfureciera sin motivo, podría planear la huida. En efecto, mientras él se esfuerza en retenerla cuando ella quiere huir, él se prenda de ella con un amor más vivo, sucediendo la amistad a la disputa.

Pero, se dirá, ¿quién ha visto alguna vez una leona alada y de qué utilidad podrían ser las plumas para ella? Cerca del monte Citerón hay un valle profundo en el que no se ven más que leones alados. En la cumbre de la montaña vive un león rojo de la misma especie que el león al que Hércules mató. Hay que capturarlo, conducirlo al valle, y allí se unirá enseguida con la leona. Ésta, por su parte, se dejará vencer fácilmente como la igual por su igual. Luego habrá que subir a los dos desde el valle hasta la cima de la montaña, y a partir de ese momento no huirán nunca uno del otro, sino que permanecerán unidos para siempre por un pacto inviolable. La captura de los leones no es fácil, lo reconozco; está rodeada de múltiples peligros; sin embargo, habrá que emprenderla. Se dice que el león no toma su alimento con la leona, sino que merodea por su cuenta. Por eso deben ser buscados y cazados por separado. Pero si se consiguen pequeñas crías de león en el momento en que empiezan a crecer sus garras, es decir, dos meses después del nacimiento, y se los une cuando son adultos, tal como hemos dicho, la operación estará exenta de todo peligro. Nacen en la primavera, algo que se debe observar, y con los ojos abiertos. Como, después del nacimiento, los leones dan un rodeo para ir adonde están sus crías a fin de evitar que se descubra ese lugar, habrá que buscarlos y coger a los cachorros con el máximo cuidado y precaución.

EMBLEMA XVII DE SECRETIS NATURAE

Orbita quadruplex hoc regit ignis opus

Epigramma XVII

Naturae qui imitaris opus, tibi quattuor orbes
Quaerendi, interius quos levis ignis agat.
Imus Vulcanum referat, bene monstret at alter
Mercurium, Lunam tertius orbis habet:
Quartus, Apollo, tuus, naturae auditur et ignis,
Ducat in arte manus illa catena tuas.

EMBLEMA XVII DE LOS SECRETOS DE LA NATURALEZA

Un cuádruple globo rige esta obra del fuego

Epigrama XVII

Tú que quieres imitar la obra de la naturaleza, busca cuatro globos
que encierran en su seno un fuego ligero que los anima.
El más bajo te evocará a Vulcano, y el siguiente, a Mercurio.
El tercer orbe es el dominio de la Luna.
El más alto, Apolo, es el tuyo; se lo llama fuego de naturaleza.
Que esta cadena en el arte guíe tu mano.

Los filósofos mencionan en muchos lugares cuatro clases de fuego necesarios para la obra natural; así Llull, el autor de la *Escala*, Ripley y muchos otros. Dice la *Escala*: «Y hablando entonces de los fuegos, Ramon se expresa así: Hay que señalar que hay aquí operaciones contrarias, pues si el fuego contra naturaleza disuelve el espíritu del cuerpo fijo convirtiéndolo en agua de nube y contrae el cuerpo del espíritu volátil convirtiéndolo en tierra coagulada, inversamente, el fuego de naturaleza coagula el espíritu disuelto del cuerpo fijo como tierra esférica y convierte el cuerpo del espíritu volátil, al que el fuego contra naturaleza vuelve fijo, no en agua de nube, sino en agua filosófica». Ripley habla más claramente de esos fuegos en los siguientes términos: «Hay cuatro clases de fuego que debes conocer: el fuego natural, el fuego no natural, el fuego contra naturaleza y el fuego elemental que enciende la madera. Son esos fuegos los que utilizamos, y ninguno más. El fuego contra naturaleza debe torturar el cuerpo. Es el dragón, te lo afirmo, que quema con violencia como el fuego infernal. El fuego de naturaleza es el tercer menstruo. Está presente en todas las cosas. Llamamos no natural al fuego ocasionado, como el calor de las cenizas y de los baños, destinado a pudrir. Sin esos fuegos no llevarás nada a la putrefacción de manera que tu materia sea separada y a la vez esté proporcionada para una nueva combinación. Haz pues en el interior de tu vaso un fuego que queme más que el fuego elemental». Éstas son sus palabras.

Se habla aquí de fuegos porque los cuatro poseen una virtud ígnea; el fuego natural tiene la virtud de coagular; el fuego no natural, la de disolver; el fuego contra naturaleza, la de corromper; y el fuego elemental, la de proporcionar el calor y el primer movimiento. Se observa entre ellos un orden según el cual se encadenan; el segundo es impulsado a actuar por el primero, el tercero por el segundo, el cuarto por el tercero y el primero a la vez. Así, uno es agente y el otro paciente, y cada uno de ellos es a la vez agente y paciente según el punto de vista. Lo que se observa en los anillos o los punzones de hierro unidos entre sí por un imán y vinculados por una atracción mutua se ve también en esos fuegos. El fuego elemental, como el imán, envía su potencia a través del segundo y el tercero hasta el cuarto, y el primero los une y los hace permanecer unidos uno a otro, hasta que la acción interna entre los fuegos superiores ha culminado. El primero es, de nombre y realmente, el fuego elemental. El segundo es aire o aéreo; el tercero es de agua o de naturaleza lunar; el cuarto, de tierra.

Es superfluo hablar aquí del primero, pues es conocido de todo el que lo ve y lo toca. Los otros tres son dragones, menstruos, aguas, azufres y mercurios. Se les llama dragones, pues están dotados de veneno, devoran a las serpientes, que forman parte de su misma raza, utilizan y alteran los cuerpos que se les mezclan, es decir, coagulan y disuelven. Se les llama menstruos, pues el feto filosófico es producido y alimentado por ellos hasta su nacimiento. Llull, en el *Libro de la quintaesencia* (3ª distinción), menciona un doble menstruo, vegetal y mineral. Ripley, en el prefacio de las *Puertas*,[47] habla de un menstruo triple; pero, en realidad, todos son uno solo y se reúnen. De todos en efecto se engendra el feto, y su agua blanca precede a su nacimiento: esta agua no pertenece a la substancia del feto, sino a lo que tiene de superfluo; así pues, hay que separarla. Los fuegos son también aguas, pues manifiestan en el fuego una naturaleza acuosa, es decir, la fluidez y la naturaleza líquida que convienen al agua. Se sabe que las aguas poseen propiedades admirables y diversas: algunas son petrificantes y se coagulan en tobas muy propias para la construcción de las casas de los hombres. Las aguas de los filósofos son muy semejantes a éstas: se endurecen y adquieren la resistencia de las piedras. Se les da también el nombre de azufres a causa de su naturaleza sulfurosa. Pues el azufre de la naturaleza, mezclado con otro azufre, se vuelve una sola cosa, dos azufres son disueltos por uno solo y los azufres son retenidos por los azufres, como afirma Yximidio en la *Turba*. Dardaris[48] explica qué son los azufres con estas palabras: «Los azufres son las almas ocultas en los cuatro elementos; extraídas por el arte, se contienen una a otra y se unen. Y si gobiernas y purificas convenientemente mediante el agua lo que está oculto en el vientre del azufre, eso que está oculto va al encuentro de su propia naturaleza y se regocija; del mismo modo, el agua se regocija en su igual». Mosio dice por su parte:[49] «Os diré lo que es: uno, sin duda, es la plata viva; dos, el cuerpo compuesto en él; y el tercero es el agua de azufre que sirve para lavar, desgastar y gobernar al primero hasta que la obra está concluida». Lo que se ha dicho del azufre, hay que aplicarlo igualmente al mercurio. Así, el mismo Mosio dice también: «La plata viva Cambar[50] es la magnesia, la plata viva u oropimente es el azufre que sale del compuesto mixto». Pero detendré aquí la enumeración de estos testimonios, pues son innumerables y están al alcance de todos.

Esos cuatro fuegos están encerrados en esferas o círculos, es decir, que cada uno tiene su propio centro, desde el cual o hacia el cual se mueve, y sin embargo se los observa unidos en parte por la naturaleza y en parte por el arte, de manera que uno sin otro son poca cosa o nada, y, además, la acción de uno es pasión del otro y a la inversa.

Ignire ignis amat, non aurificare, sed aurum

Epigramma XVIII

Si quod agens fuerit naturae, mittit in orbem
Vires atque suas multiplicare cupit.
Obiva sic ignis facit ignea cuncta nec est res,
Absque sua causa nobile quae det opus.
Aurum nil ignit per se, nil ignis inaurat,
Quodlibet agnoscit quod sibi semen inest.

EMBLEMA XVIII DE LOS SECRETOS DE LA NATURALEZA

Al fuego le gusta arder, no hacer oro, como al oro

Epigrama XVIII

Todo agente que actúa en la naturaleza despliega
su fuerza en torno a sí y trata de multiplicarla.
El fuego quema lo que encuentra.
Nada puede realizar una obra noble sin una causa;
por sí mismo el oro no arde, ni el fuego puede dorar.
Cada cosa conoce el germen que porta en sí misma.

La manera en que la naturaleza actúa sobre todos los individuos del universo consiste en emplear un procedimiento simple para realizar un movimiento simple. Así se ve en la anatomía del cuerpo humano: un músculo no ejercita más que un solo movimiento de contracción o de expansión, siendo uno opuesto al otro, de modo que, cuando se quiere que un miembro describa un círculo, la acción se realiza por medio de músculos variados colocados circularmente. Del mismo modo, la operación del fuego es única y simple: es calentar y encender, y también asimilar y quemar todas las cosas a las que se lo aplica, si son combustibles. De ahí las palabras de Avicena en el *Libro de la coagulación de las piedras*: «Lo que cae en las salinas se vuelve sal, y lo que cae en el fuego, pronto o tarde se vuelve fuego, según la potencia de los componentes activos y la resistencia de los pasivos». Existe un lugar en Arabia que da su propio color a todos los cuerpos que se encuentran en él. Así, cada cosa en la naturaleza posee una virtud infundida naturalmente en ella por la que actúa sobre lo que se le mezcla o se le aplica, modificando su naturaleza y su forma. Lo que es la generación por reproducción de las semillas en vegetales y animales está representado, en los cuerpos simples o compuestos de mezclas, por la infusión o la asimilación de su virtud.

El Sol, luz del cielo, proyecta rayos sobre la tierra, que, reunidos en espejos cóncavos o ardientes, demuestran que son producidos por una causa semejante y aparecen como formas del Sol susceptibles de ser proyectadas. De ello resulta que los rayos del Sol no son otra cosa que una llama ígnea, derramada y dispersada en una vasta extensión. Esta llama, recogida y de nuevo condensada por instrumentos cóncavos, translúcidos y circulares, o por espejos reflectantes, cóncavos y de acero, brilla como la llama y quema todo lo que encuentra. De la misma manera, en un cierto *cuerpo elementado*, hay dispersa una cierta virtud semejante a un vapor. Si se la reúne y se la concentra en una sola cosa, se vuelve agua y esta agua se vuelve tierra. Por eso dice Avicena, en el mismo lugar antes citado: «Del agua se hace tierra, al ser vencida por las cualidades de la tierra, y a la inversa. Hay, en efecto, una cosa de la que se sirven algunos hombres ingeniosos cuando quieren coagular algo para desecarlo: está compuesta de dos aguas y se llama "leche de virgen", porque su efecto es muy seguro». Éstas son sus palabras.

Hay algunos que se dedican a doblar o multiplicar la potencia de la piedra magnética; hemos visto una de esas piedras, montada en plata, de apenas una libra, que atrajo y movió un ancla de hierro de veintiocho libras. Esto no sería posible de no haber en ella una virtud aumentada y fortalecida, lo que se consiguió sin duda ninguna concentrando de alguna forma las fuerzas dispersas en un solo punto o polo, o atrayéndolas desde un cuerpo grande a otro más pequeño.

Hay otros que afirman que es posible infundir y retener la emanación sulfurosa de Saturno en el mercurio vulgar hasta que éste se coagula, y realizar así una piedra plomífica que transforma de forma continua el mercurio común en plomo. Algunos se jactan de saber hacer cobre a partir del olor del cobre por medio del antimonio o de su régulo estrellado, e incluso de haber obtenido de este modo todos los metales en el tiempo que se necesita para comer un huevo. Se les debe conceder el crédito que merecen, aunque no me parece que eso tenga nada de verosímil. Más audaces, si no necesariamente más felices, son aquellos que se esfuerzan en sacar oro del oro, según las palabras del Poeta de oro:[51] «Quien tiene en el corazón deseo de cebada, siembra precisamente cebada, pero es en el oro donde está la semilla del oro». Todas las cosas de la naturaleza poseen sin duda cierto poder de multiplicarse, pero éste no se actualiza más que en los vegetales y en los animales, y de ninguna manera en los metales minerales, ni en los que están hundidos en la tierra ni en los meteoros. Entre las plantas, algunas, nacidas de un pequeño grano, dan habitualmente mil granos o más, multiplicándose y reproduciéndose de esta manera, y así todos los años. También los animales tienen una progenitura según la naturaleza de cada uno. Pero en lo que se refiere al oro, la plata, el plomo, el estaño, el hierro, el cobre o la plata viva, nunca se los ha visto multiplicarse de esta forma, aunque muy a menudo se los encuentre transmutados uno en otro y ennoblecidos. Sin embargo, los filósofos afirman que el principio de la transformación en fuego reside en el fuego, lo mismo que el de la transformación en oro se encuentra en el oro: pero se busca la tintura por medio de la cual se hace el oro. Hay que buscarla en sus propios principios y generaciones, y no en los principios de cuerpos extraños. Pues si el fuego produce fuego, el peral un peral, y el caballo un caballo, del mismo modo el plomo engendrará plomo, y no plata, y el oro engendrará oro y no una tintura. Además, los filósofos poseen un oro propio, y no niegan que debe ser añadido como fermento a la piedra aurífica, al final de la obra, pero afirman que se requiere igualmente de forma necesaria. Pues el fermento transforma el cuerpo fermentado en su propia naturaleza y sin él toda la composición no llegaría nunca a la perfección.

EMBLEMA XIX DE SECRETIS NATURAE

Si de quattuor unum Occidas, subito mortuus omnis erit

Epigramma XIX

Bis duo stant fratres longo ordine, pondera terrae
Quorum unus dextra sustinet, alter aquae.
Aeris atque ignis reliquis est portio, si vis
Ut pereant, unum tu modo morte premas:
Et consanguineo tollentur funere cuncti,
Naturae quia eos mutua vincla ligant.

EMBLEMA XIX DE LOS SECRETOS DE LA NATURALEZA

Si de los cuatro matas a uno, todos morirán de inmediato

Epigrama XIX

Dos veces dos hermanos están de pie en una larga fila:
uno sostiene una pella de tierra en sus manos;
otro lleva agua; los otros, aire y fuego.
Para darles muerte, mata sólo a uno de ellos.
Unidos en muerte común desaparecen,
pues la naturaleza los unió con cadenas.

Según la fábula imaginada por los poetas, Gerión era un rey de España dotado de un triple cuerpo; poseía bueyes de color púrpura de cuya custodia se encargaban un perro bicéfalo y un dragón de siete cabezas. Se dice que Gerión era hijo de Chrysaor, nacido a su vez de la sangre de Medusa, y que el Dragón era hijo de Tifón y de Equidna.[52] Esos relatos, tomados al pie de la letra, no concuerdan con ninguna verdad histórica o material, pero confirman todas las alegorías químicas, y por eso los hemos añadido a éstas. Por el triple cuerpo de Gerión entendemos tres caras en un solo padre, lo que nos hace evocar a Hermes, o, como otros interpretan, cuatro caras que se refieren a los cuatro elementos. En efecto, del cuadrado hay que hacer un triángulo, y lo mismo que un círculo dio nacimiento al cuadrado, el triángulo debe volver a la forma circular.[53] Reina entre los cuerpos de Gerión y los elementos tal consanguinidad, tal conjunción natural, que si se ha vencido o matado a uno de ellos, los otros caen y se pudren por sí mismos, sin que haya que añadir esfuerzo manual alguno.

Respecto de los seres de cuerpo doble se sabe que si uno muere, el otro perece a su lado. Así, hemos visto en Italia a un niño de cuatro años dotado de un cuerpo doble, que ocultaba en su propio cuerpo la cabeza de su hermano, que estaba pegado a él; los demás órganos colgaban hasta el ombligo, por donde se juntaban, pues habían nacido unidos. Y si se apretaba con cierta fuerza en la región de los pies o las manos al que formaba excrecencia, que era mucho más pequeño y que era llevado por el otro, el más grande también experimentaba el dolor, lo mismo que sentía hambre si el pequeño era privado de alimento. Ésa es la alianza estrecha, la simpatía de naturaleza en virtud de la cual los miembros y las partes de un cuerpo único o de dos cuerpos que han nacido ligados se relacionan y se sienten recíprocamente afectados. Si uno está sano e indemne, los otros no necesariamente están sanos e indemnes, pero si uno sufre un mal, los otros sufren con él y perecen del mismo mal. Así, cuando alguien obtiene una importante ganancia, su vecino no saca de ello ningún provecho, pero si sufre un incendio, de él resulta para el vecino un gran mal. Pues si la pared del vecino está ardiendo, también tú resultas afectado.

Que matar a uno de los cuatro hermanos acarree la muerte de los otros tres, es una proposición que no parece falsa, pues puede suceder de muchas maneras: puede ser que, nacidos simultáneamente del mismo padre y de la misma madre, conozcan un idéntico final de la existencia, como habían conocido un idéntico comienzo, como hemos leído a propósito de algunos hombres, debido tal vez a la influencia de los astros; o bien porque están unidos entre sí no sólo por el espíritu, sino también por los miembros del cuerpo; o acaso por el miedo que pueda producir en su mente la viva imaginación de una epidemia; o tal vez a resultas de un voto que selle una alianza. En India, bajo la dominación del famoso gran Mogol (el que ahora reina allí es el noveno descendiente de Tamerlán), habita un pueblo pagano que se dice pitagórico y que, desde los tiempos antiguos hasta ahora, observa la costumbre de que la mujer se queme en el fuego cuando muere el marido, o si no, como sucede actualmente, que viva en el más completo deshonor, abandonada de todos y como si estuviera muerta. La razón de ser de esta costumbre era impedir que las mujeres atentasen contra la vida de sus maridos envenenándolos.

Así, en la obra filosófica, cuando uno de los hermanos muere, los otros perecen por el fuego, no bajo coacción, sino de forma espontánea, para que los supervivientes no se queden en la tristeza y la deshonra. Y si se golpea a uno de ellos con un bastón, un hierro o una piedra, emprenderá una guerra intestina con sus hermanos, como se ve en la historia de los hijos de la Tierra nacidos de los dientes del dragón, cuando se levantaron contra Jasón, y en otra parte también contra Cadmo, de modo que todos se matan entre sí y sucumben. En efecto, golpea o hiere al que es portador del aire, y él mismo se alzará contra dos a la vez, los que le son más próximos, el portador del agua y el portador del fuego, que a su vez se enfrentarán al portador de la tierra y al que entabló primero el combate, hasta infligirse heridas mutuas por las que sucumben. En efecto, se los ha comparado con hermanos, pues, cuanto más fuerte y más vivo es su afecto, más irreconciliables son una vez han comenzado a odiarse; entonces se persiguen hasta la muerte, lo mismo que la miel más dulce engendra la bilis más amarga en un estómago demasiado caliente o un hígado corrupto. Mata por tanto al vivo, pero de manera que puedas resucitarlo; de lo contrario, la muerte de esa víctima no te servirá de nada. Pues la muerte le revelará en el momento en que resucite, y la muerte, las tinieblas y el mar huirán lejos de él, como atestigua Hermes, y el dragón que guardaba los abismos huirá de los rayos del Sol; y nuestro hijo que estaba muerto vivirá y el Rey saldrá del fuego. Belino da a entender lo mismo en su metáfora citada en el *Rosario* cuando dice: «Y esto se realizará, cuando me extraigas en parte de mi propia naturaleza y extraigas en parte a mi esposa de la suya, e inmediatamente hagas morir las naturalezas, y nos levantemos por una resurrección nueva e incorpórea, tras la cual ya no podemos morir».

EMBLEMA XX DE SECRETIS NATURAE

Naturam natura docet, debellet ut ignem

Epigramma XX

Flamma, vorat quae cuncta, velut Draco, gnaviter ursit
Virginis eximium vi superare decus:
Hinc lachrymis suffusa viro dum forte videtur,
Ille fuit miserae ferre paratus opem.
Protinus hanc clypeo velans contendit in hostem,
Et docuit tantas spernere mente minas.

EMBLEMA XX DE LOS SECRETOS DE LA NATURALEZA

La naturaleza enseña a la naturaleza a combatir el fuego

Epigrama XX

La llama, cual dragón que todo lo devora, avanza
para destruir la belleza encantadora de la virgen.
Está bañada en lágrimas, cuando un hombre la ve
y corre a ofrecer su ayuda a la infortunada;
protegiéndola con su escudo, va hacia el enemigo
y le enseña a despreciar tales ataques.

Discurso XX

Es entre los filósofos un símbolo común y un signo de reconocimiento mutuo que la naturaleza guía a la naturaleza, la enseña, la gobierna, la domina, como la maestra a su discípula, la dama a su doncella, la reina a su súbdita, digamos incluso como la madre a la hija y la parienta a su parienta. La experiencia cotidiana confirma el grado de verdad de este adagio en la educación de los hijos, entre los hombres y en otras acciones como la enseñanza de las letras, el ejercicio de la autoridad, etc. Plinio dice de los ruiseñores que, mientras cantan, se instruyen mutuamente, se escuchan, se observan, se imitan, compiten, se lamentan cuando son vencidos, y que, a veces, cuando uno de ellos conoce la derrota, se le quiebra la garganta, perece y cae en mitad de su canto. Vemos también cómo los pájaros de toda especie acostumbran y preparan progresivamente para el vuelo a sus polluelos cuando todavía son inmaduros y carecen de plumas, para que no sólo la naturaleza, sino igualmente el arte y la experiencia hagan surgir en ellos el hábito del vuelo, aunque sólo la naturaleza les haya dado la capacidad y los órganos necesarios para desarrollar esa acción, sin los cuales ni el aprendizaje ni el arte tendrían sentido ni fundamento. Así, la yegua enseña la carrera a los potros, el perro enseña a ladrar a sus cachorros, el zorro muestra sus ardides a los suyos. No se encuentra ninguna naturaleza, ninguna especie natural, animada y sensible, que no guíe, instruya y gobierne a otra naturaleza, a saber, sus crías, y que no sea, a su vez, dominada por otra, su madre. Entre los vegetales no observamos regla semejante; se comprueba sin embargo que la costumbre y la mano del hombre tienen sobre ellos gran poder. Pues mientras la siembra está verde, se la puede liberar de los cardos inútiles y la cizaña, y mientras el árbol aún es pequeño se le puede podar y dirigirlo a voluntad para hacerlo crecer.

Del mismo modo, en los metales y los sujetos filosóficos una naturaleza mantiene a otra en el fuego, y allí la conserva y la protege. Esto es conocido por los fundidores y verificadores de metales, maestros preferidos en el dominio de las cosas naturales. Cuando la plata y el oro son todavía tiernos y espirituales, como dicen, mezclados en sus minas con la cadmia, el arsénico y el antimonio devorador, el hierro que se les añade es de gran utilidad y cumple la función de partero, si se lo arroja al fuego de los hornos con los minerales que hay que quemar. Si el hierro mismo debe ser transformado en acero, se lo protege, para que no se consuma, por medio de guijarros blancos recogidos a la orilla del mar. Algunos, para impedir que los polvos metálicos que se quieren volver líquidos sean destruidos por exceso de fuego, les echan encima polvo de vidrio cristalino o hiel de vidrio. Para este fin, los filósofos utilizan Eudica, que, según Morieno,[54] «es también hiel de vidrio y debe ser buscada en vasijas de vidrio. El calor del fuego consume rápidamente el cuerpo, pero si se le añade Eudica, ésta pondrá al abrigo de cualquier combustión a los cuerpos transformados en tierra. En efecto, cuando los cuerpos no conservan ya sus almas, se consumen con rapidez: pero la Eudica (heces de vidrio) conviene perfectamente a todos los cuerpos; los vivifica, los adapta y los protege de toda combustión». Éstas son palabras de Morieno el Romano. Es, pues, la naturaleza la que enseña a otra naturaleza a combatir el fuego y a acostumbrarse a él; es la maestra que enseña a su discípula, y, si se observa bien, la reina que gobierna a su súbdita y la hija que ennoblece a su madre. El servidor rojo se une en matrimonio con su madre odorífera y engendra de ella una descendencia mucho más noble que sus padres. Es Pirro, el hijo de Aquiles, joven de roja cabellera, vestido de oro, de ojos negros y pies blancos. Es el caballero del collar que, armado con espada y escudo, se enfrenta al dragón para arrancar de sus fauces a la virgen inviolada Albífica, apodada Beya o Blanca. Es Hércules, exterminador de monstruos, que liberó a Hesíone, hija de Laomedonte, expuesta al terrible monstruo marino. Es el ilustre Perseo, que defendió del monstruo marino a Andrómeda, hija de Casiopea y de Cefeo, rey de los etíopes, y que, tras liberarla de su cautiverio, la convirtió en su esposa. Puede ser comparado con los antiguos libertadores y purificadores romanos, M. Curtio, L. Escévola, Horacio Cocles, Manlio Capitolino y otros semejantes, dado que, como ellos, libera de los peligros a la ciudad, que es de alguna manera su madre.

Ésa es en efecto la manera de actuar y la vía de la naturaleza cuando persigue la perfección de cualquier obra, como es hacer salir una cosa de otra, la más perfecta de la menos perfecta, y hacerla pasar de la potencia al acto, sin realizar todo al mismo tiempo, sino una cosa después de otra. Y no sólo esto, sino que, sobre todo, instituye también un vicario de sí misma a quien otorga poder de vida y de muerte, es decir, poder para formar a otros seres. Por ejemplo, en la generación del hombre utiliza un largo proceso que se prolonga durante diez meses, en el curso del cual forma primero el corazón como vicario suyo y víscera principal; después el corazón diseña, moldea y lleva a la perfección a los otros miembros necesarios para la nutrición, la vida, los sentidos y la facultad de generación; les distribuye la vida y los soplos vivificantes por la sístole y la diástole, o dilatación y compresión de las arterias, siempre que no sea impedido por las enfermedades y la violencia. Así, una naturaleza instruye a otra naturaleza, lo que deberás observar y seguir como un ejemplo clarísimo de la obra filosófica.

EMBLEMA XXI DE SECRETIS NATURAE

Fac ex mare & foemina circulum, inde quadrangulum, hinc triangulum, fac circulum & habebis lap. Philosophorum

Epigramma XXI

Foemina masque unus fiant tibi circulus, ex quo
Surgat, habens aequum forma quadrata latus.
Hinc Trigonum ducas, omni qui parte rotundam
In sphaeram redeat: Tum LAPIS ortus erit.
Si res tanta tuae non mox venit obvia menti,
Dogma Geometrae si capis, omne scies.

EMBLEMA XXI DE LOS SECRETOS DE LA NATURALEZA

Desde el macho y la hembra traza un círculo, después, un cuadrado, y luego, un triángulo; haz un círculo y tendrás la Piedra de los Filósofos

Epigrama XXI

Desde el macho y la hembra traza un círculo único,
de donde surge el cuadrado de lados iguales.
Traza a partir de él un triángulo, en contacto por todas partes
con una redonda esfera. La PIEDRA entonces habrá nacido.
Si tu espíritu es lento para captar este misterio,
comprende la obra del geómetra y sabrás.

Platón, el muy ilustre filósofo, enseñó que los conocimientos que constituyen el fundamento de todas las artes y las ciencias están grabados e impresos en acto en la mente humana, y que, si se les recuerdan y repiten, todos pueden captar y conocer todas las enseñanzas. Para demostrarlo, Platón pone en escena a un niño todavía pequeño, inculto e ignorante de las letras, y formula unas preguntas sobre geometría que le son planteadas al niño, de tal modo que el pequeño da respuestas correctas a todas, y de un modo u otro, sin conciencia de ello, llega al centro del santuario de una ciencia tan ardua. Concluye así que toda ciencia o doctrina no es aprendida y asimilada por los niños, sino que éstos no hacen sino recordarla y desplegarla en su mente por medio del recuerdo, y remite todo esto a su idea del Gran Año, en virtud del cual, según él, cuarenta y ocho mil años solares antes, las mismas personas, las mismas acciones se desarrollaron de forma idéntica antes de la revolución del cielo. Pero nadie ignora que ésas son fantasías sin ningún fundamento de verdad. No negamos que haya en nosotros ciertas chispas de conocimientos y de virtualidades puras que hay que actualizar mediante el aprendizaje y la enseñanza; pero nos negamos a admitir que sean de tal naturaleza e importancia como para que, sin ninguna cultura previa, constituyan los viveros de las artes y las ciencias.

Pero, preguntarán otros, ¿de dónde salen, pues, las artes y las ciencias si los hombres no las han inventado? ¿Han sido transmitidas en el principio desde lo alto del cielo o por los dioses de los paganos? Respondo que una cosa es afirmar que hay brasas ardientes bajo las cenizas en tal cantidad que basta con sacarlas a la luz, retirando las cenizas, para cocer nuestros alimentos y calentar nuestros miembros fríos, y otra cosa distinta es decir que ahí están ocultas solamente unas pequeñas chispas que, antes de ser utilizadas para la cocción y para calentarse, deben ser estimuladas y aumentadas por medio de sus alimentos propios mediante el arte y la industria de los hombres, pues de lo contrario fácilmente se extinguirán y quedarán enteramente reducidas a frías cenizas. Esta última opinión es la de los aristotélicos, y la primera la de los platónicos. La razón y la experiencia aprueban aquélla, sólo la fantasía o la imaginación concuerdan con ésta. Se podría entonces preguntar por qué Platón hizo poner a la puerta de su escuela una inscripción que afirmaba que nadie sería allí admitido si ignoraba la Geometría, habida cuenta que, según él, incluso un niño pequeño y analfabeto la conoce de forma actual. ¿Serán los hombres más ignorantes que los niños? ¿O bien los adultos han relegado al olvido lo que saben los niños? Esta opinión no se puede mantener. Vemos, en efecto, cómo el animal irracional, aleccionado por la naturaleza, teme y evita los peligros del fuego, el agua, la caída brutal y otras situaciones semejantes, aunque haya visto la luz hace muy poco tiempo; el niño, sin embargo, ni siente ni evita cosas semejantes hasta que se hace daño al quemarse el dedo con la llama de la vela, como la luciérnaga que se quema las alas y muere. ¿Por qué la abeja joven, la mosca, el moscardón, no se precipitan al fuego, con su rapidísimo vuelo, aunque la experiencia no les haya hecho conocer nunca el peligro que de eso resultaría para ellos? Es debido a que la naturaleza los ha instruido, pero no ha enseñado al hombre que acaba de nacer.

Si la geometría es para los niños tan natural y tan fácil, ¿cómo es posible que la cuadratura del círculo le fuera desconocida a Platón, hasta el punto de que Aristóteles, discípulo de Platón, dijera que era cognoscible pero todavía desconocida? Sin embargo, los filósofos naturales no la ignoraban, como pone de manifiesto su recomendación de convertir el círculo en cuadrado y el cuadrado, a su vez, en círculo por medio del triángulo. Por el círculo entienden el cuerpo más simple, sin ángulos, y por el cuadrado, los cuatros elementos; es como si hablaran de coger una figura corporal cualquiera y dividirla en los cuatro colores elementales para obtener un cuadrilátero de cuatro lados iguales. Todo el mundo comprende que esta cuadratura es física y se ajusta a la naturaleza. Además, procura más utilidad al Estado y más gloria al espíritu humano que esa otra cuadratura matemática, que es puramente teórica o está separada de la materia.

Para aprender la primera cuadratura natural hay que explorar la geometría que trata de los cuerpos sólidos; reconocer la profundidad de las figuras sólidas, de la esfera y el cubo, por ejemplo, y hacerla pasar a la práctica o la aplicación manual. Si el contorno o circunferencia de la Esfera es de 32 pies, ¿qué longitud deberá tener uno de los lados del cubo para igualar la capacidad de la esfera? O bien, si la Esfera tiene un volumen de 32 medidas y lo que corresponda de circunferencia, ¿cuánto deberá medir un lado del cubo para ocupar un volumen igual? O, por el contrario, partiendo del volumen que contiene la esfera o el cubo, ¿cuál es el número de pies de la circunferencia? Los filósofos quieren igualmente que el cuadrado sea reducido a un triángulo, es decir, a cuerpo, espíritu y alma. Estos tres aparecen en forma de tres colores que preceden al rojo, a saber, el cuerpo o tierra, en el negro de Saturno; el espíritu, en la blancura lunar, en tanto que agua; el alma o aire, en el amarillo del Sol. El triángulo será entonces perfecto, pero debe ser transformado de nuevo en círculo, es decir, en rojo invariable. Mediante esta operación la mujer es transformada en hombre y deviene una sola cosa con él, y el número seis es transformado en el primero de los números perfectos por uno que es dos, habiendo retornado a la mónada, donde residen la tranquilidad y la paz eternas.

EMBLEMA XXII DE SECRETIS NATURAE

Plumbo habito candido fac opus mulierum, hoc est, COQUE

Epigramma XXII

Quisquis amas facili multum praestare labore,
Saturni in faciem (quae nigra) sparge nives:
Et dabitur tibi materies albissima plumbi,
Post quod, foemineum nil nisi restat opus.
Tum COQUE, *ceu mulier, quae collocat ignibus ollas,*
Fac sed ut in propriis TRUTA *liquescat aquis.*

EMBLEMA XXII DE LOS SECRETOS DE LA NATURALEZA

Tras haberte procurado el plomo blanco, realiza la obra de las mujeres, es decir, CUECE

Epigrama XXII

¿Quieres sacar gran fruto de poco esfuerzo?
Cubre con nieve el negro rostro de Saturno.
Aparecerá la materia de un plomo muy blanco.
No tendrás que hacer entonces más que el trabajo de las mujeres.
Ellas ponen al fuego sus calderos. CUECE del mismo modo,
pero es preciso que la TRUCHA se disuelva en sus aguas.

Se colocan en las encrucijadas estatuas de Mercurio junto con indicaciones e inscripciones para indicar el buen camino a los viajeros inseguros. Del mismo modo, también los filósofos siembran sus libros alegóricos y ambiguos con frases incisivas para prevenir con ellas al investigador de la verdad y guiarlo como de la mano por el sendero verdadero. El título de este emblema es una de ellas. Su sentido es que con el bronce filosófico se debe hacer plomo, y con el plomo, estaño, que Geber llama plomo blanco, al tiempo que enseña cómo se pasa de Saturno a Júpiter lavando con Mercurio. Por eso hay que dar fe a esta indicación, aunque pueda parecer un desatino de viejos, cuando revela dónde se encuentran los bueyes filosóficos, pues, dice, las montañas los retenían y bajo esas montañas se encontraban.[55] En efecto, como afirma Arnau en el capítulo primero de su *Nueva Luz*, muchos andan errantes por las montañas sin conocer esos animales. Sin embargo, se venden públicamente a un precio mínimo. En la cumbre de las montañas, incluso en verano, se ven a veces nieves y con mucha frecuencia nubes que, a la manera del vapor o del agua, lavan el plomo negro y lo transforman en blancura. En el fondo de los valles, en sus lugares más profundos, se encuentran cristales de hielo congelados y endurecidos, junto con la piedra especular y el talco, cuyo uso se recomienda por la blancura y el agrado del tinte cuando con él se fabrica el aceite. Pero sobre todo se encuentra allí un claro Mercurio que fluye; bien preparado, cura a Saturno de sus manchas y le lleva al trono de Júpiter. Pero Saturno y Júpiter no deben ser entendidos como cuerpos vulgares, pues los metales vulgares no entran en la obra física; son cuerpos preparados y vueltos naturales por medio de una larga preparación.

Saturno es el padre de todos los gentiles, o más bien de todos los hombres de oro[56] y la primera puerta de los secretos. Su hijo Júpiter le sucedió, puso fin al reinado de su padre y le quitó su virilidad para que, evidentemente, no engendrara más hijos. De su miembro viril lanzado al mar nació Venus, la más hermosa de las mujeres. De Júpiter, que es el plomo blanco preparado, nacieron los otros planetas: Marte, de Juno; Mercurio, de Maya, hija de Atlas, rey de Mauritania; y la Luna y el Sol, de Latona.[57] Los cuatro nacen por medio de la simple cocción, que es lo que hacen las mujeres. Se entiende por cocción la maduración o dispersión de las partes crudas, que se realiza gracias a Vulcano en los vasos filosóficos. En efecto, no hay que creer que se trate de una cocción vulgar en cuanto a la manera de actuar, pero una y otra participan del mismo fin; pues así como la mujer hace madurar a los peces en el agua, es decir, convierte en aire y agua toda su humedad superflua, haciéndolos hervir y cocer, así también el filósofo actúa de manera semejante con su materia. La hace macerar en su propia agua, que es más fuerte que el vinagre más agrio, la licua con ella, la disuelve, la coagula, la fija en el vaso de Hermes, cuyas junturas están rigurosamente selladas como conviene, para que el agua no escape como vapor y el contenido del vaso se queme. Es éste el vaso por encima del vaso, y la marmita filosófica, el baño laconiense en el que el anciano transpira.[58]

Hay quienes hacen hervir los peces, los cangrejos de río y los de mar, o los guisantes frescos en una marmita doble, de forma que la materia que se va a cocer se coloca en la marmita superior y el agua sólo en la de abajo. Las ollas están dispuestas una encima de la otra y rodeadas de aros para impedir que se escape el vapor. Gracias a este procedimiento, el vapor del agua sube, penetra y hace madurar el contenido, poniéndolo tierno y blando de una forma mucho más perfecta que si hubiera hervido en el agua. Éste es el procedimiento de los filósofos, digno de elogio en el más alto grado; por él, ablandan lo duro, disuelven lo compacto, rarifican lo denso. Es en efecto el aire, es decir, un vapor insensible, el que hace madurar los frutos en los árboles, los cuece y los lleva a la perfección, y no el agua cruda y fría en tanto que tal. Es el aire también el que, en los jardines de las Hespérides, tiñe y colorea las manzanas de oro. Pues, si se observa bien, la ebullición del agua, por medio de la cual las carnes crudas se cuecen hasta que son buenas para comer, no es otra cosa que la rarefacción del agua y su transmutación en vapor aéreo, puesto que las burbujas son aire contenido en el interior del agua, y se evaporan fácilmente, pasando el aire salido del agua a su esfera, y el agua, a su centro.

EMBLEMA XXIII DE SECRETIS NATURAE

Aurum pluit, dum nascitur Pallas Rhodi, & Sol concumbit Veneri

Epigramma XXIII

Res est mira, fidem fecit sed Graecia nobis
Ejus, apud Rhodios quae celebrata fuit.
Nubibus Aureolus, referunt, quod decidit imber,
Sol ubi erat Cypriae junctus amore Deae:
Tum quoque, cum Pallas cerebro Jovis excidit, aurum
Vase suo pluviae sic cadat instar aquae.

EMBLEMA XXIII DE LOS SECRETOS DE LA NATURALEZA

Llueve oro mientras Palas nace en Rodas y el Sol cohabita con Venus

Epigrama XXIII

Los naturales de Rodas se jactaban de un extraño prodigio,
del que son garantes los griegos.
Cuentan que una lluvia de oro cayó de las nubes
en el lugar en que el Sol y Cipris[59] se abrazaban
y cuando Palas salía del cerebro de Júpiter.
Que el oro descienda a su vaso como desciende el agua del cielo.

Sería locura afirmar, a menos que se entienda alegóricamente, que a veces ha llovido oro sobre la tierra. No hay en las nubes ríos auríferos ni cavidades que contengan mineral de oro de donde se pudiera suponer que se engendraba, y el oro no es lo bastante ligero para poder ser atraído con los vapores. Pero el lenguaje figurado admite y excusa todo esto. Si es cierto que Palas nació realmente de la cabeza de Júpiter y que el Sol se unió en adulterio con Venus, es exacto en el mismo grado que cayó igualmente una lluvia de oro. No es que nosotros dudemos de la realidad de esos dos acontecimientos, salvo para rechazar el sentido literal de lo que se está diciendo mediante la alegoría. Si, en efecto, nos atenemos a las palabras del emblema en su literalidad, nada es más absurdo, pero si consideramos su espíritu, nada es más verdadero.

Rodas es una isla primitivamente conocida por el nombre de Ofiosa a causa de la abundancia en serpientes, llamada luego Rodas por alusión a los rosales que en ella florecen, y finalmente Colossicola a causa del Coloso del Sol que allí se encontraba y que se contaba entre las siete maravillas del mundo. Por eso los filósofos antiguos sacaron ciertas parábolas de la isla de Rodas: su materia mercurial se conduce como una serpiente cuando está cruda, pero una vez preparada y cocida se reviste enseguida del color púrpura de la rosa. Por la misma razón le atribuyeron una lluvia de oro, porque el Sol o Apolo compartió el lecho de Venus. Esta historia proporcionó a los naturales de Rodas, orgullosos de que dioses tan grandes se hubieran ocupado de procrear hijos en su tierra, la ocasión de erigir una especie de ídolo del Sol de una grandeza y un coste inigualados. En efecto, según los historiadores, aquel Coloso de setenta codos estaba dispuesto de tal manera que los navíos podían pasar entre sus piernas con las velas desplegadas. Sus dedos igualaban a las estatuas ordinarias y pocos hombres eran capaces de abrazar su pulgar. El autor del coloso fue Cares de Lindos, discípulo de Lisipo, que lo realizó en doce años. Abatido por un temblor de tierra, cincuenta y seis años después, fue, incluso en el suelo, objeto de admiración. Se cuenta que el sultán de Egipto, habiendo ocupado Rodas, cargó 900 camellos con el bronce de aquella estatua.

Lo que es el Sol entre los planetas, dice el Filósofo, es el oro entre los metales. Y esta supremacía se atribuye al Sol en razón sobre todo de su calor, su color, su virtud y su esencia. Por eso debe caer necesariamente una lluvia de oro cuando el Sol engendra y Venus concibe pequeños soles. En efecto, Venus tiene el rostro color de rosa, y si éste se infunde a la semilla del Sol, el hijo que nace de ahí en verdad debe ser llamado

Rodas. Encantador, semejante a las rosas, es el hijo de los filósofos que seduce y atrae hacia sí todos los ojos y todos los espíritus. Merece el amor y nada tiene de sorprendente que en su nacimiento se produzcan maravillas, pues todas sus acciones estarán acompañadas de milagros y provocará una lluvia de oro. Es hermano de Augias, hijo del Sol, que obtiene, como herencia paterna, los bueyes cuyos excrementos limpió Hércules en un solo día. Es hermano de Aetes, que tenía el Vellocino de oro del que se apoderó Jasón.

De Palas, que salió sin madre del cerebro de Júpiter, se cuenta que nació junto al río Tritón y por esta razón se la llamó Tritonia. Se la representa como la diosa que preside la sabiduría y se la dice con justicia nacida del cerebro, donde se encuentra la sede de la sabiduría. El día de su nacimiento estuvo marcado en Rodas igualmente por una lluvia de oro, para que los hombres conservaran el recuerdo del día en que nació. En las fiestas y festejos públicos, como la coronación de un rey o el nacimiento de un heredero real, se lanzan a veces monedas al pueblo, como si fuera una lluvia de oro. Lo mismo sucede en el momento en que aparece Palas. Pues Palas es la Sabiduría o Sofía, que lleva la salud en la mano derecha y las riquezas en la mano izquierda, y vela por la salvación y el bienestar de los hombres. Perseo le llevó la cabeza de Medusa, petrificante, espantosa, con sus cabellos hechos de serpientes y de víboras. Ella la utilizó sobre su escudo contra sus enemigos, los pueblos bárbaros e incultos, transformándolos en piedras. Y, en verdad, la Sabiduría o Filosofía natural vuelve estúpidos y vacíos de inteligencia y de juicio a los incrédulos llenos de odio y de envidia, por medio de la misma substancia de la que nació Chrysaor, padre de Gerión de tres cuerpos, a saber, la sangre petrificante de la Gorgona que no es sino la tintura de la piedra filosófica.

Regem lupus voravit & vitae crematus reddidit

Fuga XXIV. in 5. seu 12. infrà.

Der Wolff den König gefressen hat/ vnd wie er verbrant/ wider gegeben.

Epigramma XXIV

Multivorum captare lupum tibi cura sit, illi
Projiciens Regis corpus, ut ingluviem
Hoc domet, hunc disponere rogo, Vulcanus ubi ignem
Exicet, in cineres belua quo redeat.
Illud agas iterum atque iterum, sic morte resurget
Rexque, Leonino corde superbus erit.

EMBLEMA XXIV DE LOS SECRETOS DE LA NATURALEZA

El lobo ha devorado al rey y, una vez quemado, lo ha devuelto a la vida

Epigrama XXIV

Esfuérzate por capturar el lobo voraz.
Aplaca su voracidad arrojando ante él el cuerpo del rey;
después, ponlo en una hoguera y el fuego de Vulcano
reducirá el animal a cenizas.
Haz esto repetidas veces y verás al rey resucitar de la muerte,
orgulloso de su corazón de león.

Discurso XXIV

Todo el mundo conoce el apetito y la voracidad del lobo. En efecto, cuando no tiene alimentos, el hambre le lleva a comer incluso tierra. Se dice también que, cuando va a atacar rebaños grandes, llena su vientre a fin de que, haciéndose más pesado, pueda oponer una resistencia mayor y ser más difícilmente repelido. Cuando entra en un establo, no se contenta con matar lo que su vientre pudiera necesitar, sino que, en su avidez extrema, ataca aquí y allá, al azar, a todos los animales del rebaño. Está consagrado a Apolo y también a Latona porque la asistió cuando ella daba a luz. Latona no habría podido parir sin la presencia del lobo. Por eso se piensa, con toda justicia, que el lobo es agradable a Apolo, a cuyo nacimiento contribuyó; y también porque sus ojos brillan en la noche y lanzan saetas de luz.

Ante este lobo atenazado por un hambre horrible se ha arrojado el cuerpo inanimado del rey, no para que lo devore enteramente y lo reduzca a la nada, sino para que, por su propia muerte, le restituya la vida y las fuerzas. Hay, en efecto, en la cola del lobo una potencia desconocida de amor que se infunde al rey moribundo, y éste, para alegría de todos, recupera su salud y belleza anteriores. Los hircanos alimentaban a los perros pensando en este uso, y les daban a devorar a aquellos cuya vida se había extinguido, según cuenta Cicerón. Del mismo modo, los masagetas entregan como presa a los perros a quienes mueren de enfermedad. Los filósofos, por su parte, echan a su rey al lobo. No han adoptado las costumbres de los sabeos, que tratan el cuerpo de los difuntos como basura, ni de los trogloditas, que ataban el cráneo del muerto a los pies, lo tiraban fuera y lo entregaban a la tierra, en cualquier parte. Por el contrario, los filósofos han preferido adoptar la costumbre de los magos, que no inhumaban los cadáveres de los suyos sin que antes hubiesen sido desgarrados por animales feroces. Siguieron igualmente la costumbre de los indios, que se hacían quemar vivos, adornados con coronas, mientras cantaban alabanzas a los dioses, para no ser sorprendidos por la vejez. Pero el destino final del hombre imponía estas costumbres a todos estos pueblos sin esperanza de resurrección, sin renovación de la vida. Los filósofos, sin embargo, han adoptado esta costumbre con un sentido muy distinto: saben, en efecto, de una forma cierta, que una vez muere el rey devorado por el lobo, reaparecerá vivo, joven y robusto, y que el lobo será quemado en el fuego en su lugar. Pues matar al lobo es cosa fácil cuando el vientre se le ha hecho pesado, y el rey, aunque muerto, posee el vigor de Marte o de Cygnus: no es posible herirle ni hacerle desaparecer.

Pero ¿dónde cazar a este lobo, y dónde coger al rey? Los filósofos responden que el lobo vaga de acá para allá por las montañas tratando de capturar una presa; será necesario, según ellos, hacerle salir de su cueva y reservarlo para este uso. El rey, procedente de Oriente, termina por sucumbir, abrumado por la fatiga de un largo viaje. Además, la pena acelera su muerte, pues los extranjeros no le rinden honores y le manifiestan escasa consideración, de modo que es vendido como esclavo por unas monedas de oro. Hay que hacerse con un lobo procedente de un país frío. Los lobos son más crueles cuando nacen en regiones frías, en comparación con los de África o Egipto, pues el frío exterior provoca en ellos un hambre mayor. El rey así devorado renace con corazón de león y puede entonces someter a todos los animales salvajes. Y aunque en medio de sus seis hermanos sea el de aspecto más vil, al ser el más joven de todos, llegará, tras muchas pruebas y tribulaciones, al más poderoso de los reinos. Por eso Graciano dice en el *Rosario*: «Hay en alquimia un cierto cuerpo noble al que se hace pasar de un maestro a otro. Hay, en su comienzo, miseria y vinagre, pero, a su término, gozo y alegría». Y Alano, en el mismo lugar: «Entre todas las cosas, hay que elegir una, de color lívido, que tiene apariencia metálica, límpida y líquida; es una cosa húmeda y caliente, acuosa y ardiente, es un aceite vivo y una tintura vívida, una piedra mineral y un agua de vida de eficacia admirable».

Los reyes no siempre están seguros cuando viajan más allá de las fronteras de su reino. Cuando son reconocidos, si quieren ocultarse, son tenidos por traidores por sus enemigos, que los encierran en prisión; si van al descubierto, sin ejército, son tratados de la misma deshonrosa manera. Un rey indio conoció una suerte semejante, o la habría conocido si no hubiera muerto antes. En esto consiste la primera operación de lavado, sublimación y ennoblecimiento que practican los filósofos para que la segunda y la tercera se realicen de forma más feliz. Pues, sin la primera, las otras no serán de ninguna utilidad, ya que el rey es todavía tímido y está somnoliento y enfermo. En efecto, primero le es necesario exigir a sus súbditos el impuesto y el tributo para poder procurarse los atuendos y los demás bienes necesarios, y así será lo bastante rico para proporcionar a su pueblo vestidos nuevos cuando quiera. Las grandes cosas, nacidas la mayor parte de las veces de humildes comienzos, pueden luego producir lo que es pequeño o incluso suprimir lo que es grande, si así lo quieren. Un ejemplo de ello lo proporcionan las grandes ciudades que, pequeñas en su origen, fueron gobernadas después por grandes reyes que transformaron las aldeas en ciudades vastas y pobladas.

EMBLEMA XXV DE SECRETIS NATURAE

Draco non moritur, nisi cum fratre & sorore sua interficiatur, qui sunt Sol & Luna

FUGA XXV. in 5. ſeu 12. infrà.

Der Drache ſtirbet nicht/ er werde dann von ſeinem Bruder vnd Schweſter getödtet/ welche ſeynd Sonn vnd Mond.

Epigramma XXV

Exiguae est non artis opus, stravisse Draconem
Funere, ne serpat mox redivivus humo.
Frater et ipsa soror juncti simul illius ora
Fuste premunt, nec res fert aliena necem.
Phoebus ei frater, soror est at Cynthia, Python
Illa, est Orion hac cecidere manu.

EMBLEMA XXV DE LOS SECRETOS DE LA NATURALEZA

El dragón no muere si no lo matan su hermano y su hermana,
que son el Sol y la Luna

Epigrama XXV

No es tarea fácil abatir al dragón
para que no reviva de inmediato y se arrastre por el suelo.
Que su hermano y su hermana le golpeen la cabeza con garrotes
es el único medio de lograrlo.
Febo es el hermano, y Cintia, la hermana.
Pitón murió a manos de él, y Orión, de ella.

Para hacerse con el Vellocino de Oro había que matar primero al dragón; pero muchos intentaron esta prueba sin éxito: derrotados por el dragón, fueron víctimas de su mortal veneno. La causa de la derrota fue la falta de protección contra el veneno y el no haber sido instruidos sobre la estratagema que habría que utilizar para acabar con el dragón. Pero Jasón (médico) no descuidó ningún tipo de remedio; recibió varios de Medea (consejo de la inteligencia), y, entre otros, las imágenes del Sol y de la Luna; supo servirse de ellas con ventura y así logró el triunfo y la recompensa, es decir, el VELLOCINO DE ORO. El dragón fue, pues, aniquilado por el Sol y la Luna, o sus imágenes, cosa que los filósofos enseñan en diversos lugares. Así, el autor del *Rosario* recoge las palabras de otros escritores, por ejemplo Hermes: «El dragón sólo muere si lo matan su hermano y su hermana; no uno de ellos solamente, sino los dos, que son el Sol y la Luna». O Aristóteles: «Mercurio no muere nunca si no se le mata con ayuda de su hermana, es decir, que hay que coagularlo con ayuda de la Luna o del Sol. Debes reparar en que el Dragón es la plata viva extraída de los cuerpos, tiene cuerpo, alma y espíritu, y de él se dice: "El Dragón sólo muere si se lo mata con ayuda de su hermano y de su hermana, a saber, el Sol y la Luna, o también del azufre que se le ha extraído y que posee la naturaleza húmeda y fría de la Luna. De este modo muere el Dragón, es decir, la plata viva extraída de los mismos cuerpos al principio; es el agua permanente que se obtiene después de la putrefacción y la separación de los elementos; a esta agua se la llama también con otro nombre: agua fétida"».[60] Y todos los demás filósofos están de acuerdo con éste, de modo que no es necesario alegar su autoridad con detalle.

Los egipcios veneraban un dragón en el templo de Apolo porque había matado a Pitón. El dragón testimonia enemistad y hostilidad innatas hacia el elefante, al que ataca en los ojos y la garganta, hasta que el elefante cae, y, al caer, mata al dragón aplastándolo bajo el peso de su cuerpo. De ahí procede la sangre del dragón que se trae a nuestras regiones. El dragón posee unos ojos que tienen el valor de gemas. Su mirada es muy brillante y penetrante. Por eso con frecuencia se le encarga la custodia de tesoros; vigila, por ejemplo, los frutos de las Hespérides, y, como se ha dicho, el Vellocino de Oro en Cólquida. Para los antiguos era también el jeroglífico de Esculapio.

Pero los químicos introducen el dragón en sus operaciones de manera alegórica y no material. En efecto, el dragón representa siempre a Mercurio, sea fijo o volátil. Por eso se ve siempre a Mercurio con dos dragones entrelazados en el caduceo (pues el dragón es una serpiente enorme). Saturno lleva otro que se devora la cola, lo mismo que Jano. La serpiente está dedicada a Esculapio, hijo de Apolo, inventor de la medicina (de la medicina filosófica). Se pretende que fue transportado desde Epidauro a Roma, y siempre fue venerado por haber terminado, se dice, con una epidemia de peste. El dragón filosófico está siempre muy vigilante y activo, y es difícilmente vulnerable tanto por el espesor de su piel como por el veneno con el que está armado. Pues, contrariamente a los dragones vulgares que, según se dice, no tienen veneno, éste no carece de él, y, si no se procede con precaución, lo lanza sobre cualquiera que se le acerque. Por eso rara vez se le puede vencer por la fuerza, si no se le añade la astucia de sus allegados, pues dice con razón el poeta: «Es un camino seguro y frecuentado fingir el nombre de amigo». En otros asuntos, este camino seguro y frecuentado no deja de ser merecedor de reproche, pero no en este caso. Se dice que los sacamuelas y los médicos ambulantes expulsan las lombrices de los niños tras haberlas matado valiéndose del polvo de otras lombrices semejantes, es decir, que matan a los hermanos con ayuda de los hermanos, a las hermanas con ayuda de las hermanas. Del mismo modo, se debe dar muerte al dragón con ayuda de su hermano y de su hermana, el Sol y la Luna. Se ve así que el dragón se cuenta igualmente entre los planetas. Como ya mostraba el *Rosario*, es el mercurio extraído de los cuerpos.

Algunos griegos cuentan que, bajo el reinado de Herodes, un dragón que amaba a una virgen núbil y hermosa se metió en su lecho, mientras otro se ocupaba de divertir al emperador Tiberio, que había adquirido la costumbre de alimentarlo con su mano. Así el dragón filosófico abandona igualmente su condición salvaje y se convierte en amigo del hombre, siempre que sea tratado convenientemente, pues, si no es así, le sigue siendo hostil. El historiador Xanthus, citado por Plinio, afirma que el hijo de un dragón fue devuelto a la vida por su madre gracias a una hierba llamada Balis. Pero yo veo ahí una alegoría filosófica más que una historia verdadera, pues es sólo en la Química donde el dragón revive y el dragón vivo muere, de forma sucesiva. Pero, se preguntará, ¿de qué manera hay que capturar al dragón? Los filósofos responden escuetamente en estos versos:

> Las montañas dan rebis y dragones;
> la tierra da fuentes.

A propósito de su captura, se puede ver en Tácito cuántos esfuerzos y artimañas debieron desplegar muchos hombres para apresar a un dragón que se había descubierto en África y llevárselo al emperador Tiberio. Cercaron el camino que el dragón se abría habitualmente entre las piedras y lo hicieron progresivamente más estrecho; allí lo inmovilizaron con ayuda de redes y lazos y terminaron por dominarlo a golpes de látigo y palos. Lo cargaron entonces en muchos carros y lo pusieron en una nave que lo trasladó a Roma.

Sapientiae humanae fructus Lignum vitae est

Epigramma XXVI

Major in humanis non est sapientia rebus,
Quam qua divitiae vitaque sana venit.
Dextra salubre tenet spaciosi temporis aevum,
Illius at cumulos laeva recondit opum.
Si quis ad hanc ratione manuque accesserit illi
Vitae fructus in hac arboris instar erit.

EMBLEMA XXVI DE LOS SECRETOS DE LA NATURALEZA

El fruto de la sabiduría humana es el Árbol de la Vida

Epigrama XXVI

No hay entre los humanos sabiduría mayor
que la que produce riqueza y salud.
En su mano derecha hay una vida larga y saludable,
y en la izquierda, montones de ocultos tesoros.
Si alguien, por inteligencia y fuerza, la alcanza,
será para él como el fruto del Árbol de la Vida.

Cicerón describió de forma admirable la diferencia esencial que distingue al hombre de otras especies animales con estas palabras: «El hombre ha nacido para razonar, como el pájaro para volar y el caballo para correr». En efecto, los leones, osos y tigres se ejercitan y se valoran por su ferocidad, los elefantes y los toros por su vigor, las águilas, halcones y gavilanes por la captura de otras aves y la agilidad de sus alas. Pero el hombre los supera, a ellos y a todos los demás animales, por su razón, por los procesos de su espíritu y su inteligencia. No existe entre los animales ferocidad, robustez, agilidad o cualquier otra propiedad que no pueda ser suavizada, domada o aventajada gracias a la razón. La razón no es en efecto algo humano, nacido del humus, sino, como dice el poeta, una parcela del hálito divino, enviada desde el cielo al cuerpo humano. Se la llama, bien memoria, bien facultad intelectual; si la costumbre o la experiencia se añaden a ella, nace la Sabiduría, que es el bien más preciado del hombre. Se dice que la costumbre es el padre, y la razón, o memoria, la madre de tan noble hijo, y de ahí el dicho popular: «La costumbre me engendró, pero fui parido por mi madre, la memoria». Pero ¿cuál es entonces la sabiduría verdadera y más digna de ser buscada por el hombre, dado que existe una infinidad de opiniones al respecto y que cada cual la refiere a sus propias imaginaciones? Hay que responder que la Sabiduría, exceptuando siempre las cosas divinas que se refieren a la salvación del alma,[61] no está hecha, en el ámbito de las cosas humanas, de las argucias de los sofistas, de palabras oratorias y floridas, de la sonoridad poética de los versos o de las sutilezas críticas de los gramáticos, y que no reside indiferentemente en el bien y en el mal, en las estratagemas y los perjurios, los engaños y las mentiras, la dureza de corazón y el sudor de los pobres, la habilidad para amontonar dinero y riquezas, sino que es simplemente el conocimiento verdadero de la Química unido a la práctica, que es la cosa más útil para el género humano.

Tal es la Sabiduría que domina todas las cosas, que penetra a la derecha hasta el Oriente, a la izquierda hasta Occidente, y abraza la Tierra entera. Salomón, en el *Libro de la Sabiduría*, habla de ella de forma especial:[62] «Los que son sus allegados viven eternamente, y los que son sus amigos poseen la voluptuosidad verdadera, y el que la busque con diligencia se hará poseedor de una gran alegría.[63] Pues no hay ningún disgusto en vivir con la Sabiduría; no hay lasitud en encontrarse con ella, sino alegría y gozo.[64] Sea cual sea el placer que la música y el vino pongan en el corazón del hombre, la Sabiduría es aún más agradable. Pues es un árbol de vida para todos aquellos que la comprenden y bienaventurados son quienes la retienen».[65] Lactancio la llama alimento del alma. «Los sabios serán honrados; quien tenga la Sabiduría por un bien preciado será exaltado y honrado por ella.[66] Pues la Sabiduría educa a sus hijos, y quien a ella se atiene con firmeza tendrá honor en el gozo.[67] Además, por ella se adquiere un nombre inmortal para la posteridad. Tiene más poder que cualquier otra cosa; fortalece al sabio más que diez poderosos que estén en la ciudad».

Se puede aplicar también a esta sabiduría universal lo que dice el profeta Baruc: «Aprende pues la verdadera sabiduría, aprende a conocer a aquella que da una larga vida, riquezas, alegría y paz».[68] Y se afirma en el *Libro de la Sabiduría* que la *Sabiduría* es una «habilidad secreta para penetrar en el conocimiento de Dios (*arcanum consilium in cognitione Dei*). La sabiduría procura todas las cosas, y riquezas infinitas salen del trabajo de sus manos. Más aún: todos los beneficios proceden de ella; las grandes riquezas y todos los bienes están entre sus manos, y quien se une a la sabiduría es elevado por ella con honor». Y dice el Eclesiástico: «En los tesoros de la Sabiduría está la inteligencia y la piedad de la ciencia». Y en otra parte la denomina «enseñanza de la prudencia o ciencia de la inteligencia». El filósofo Morieno dice de ella: «Pues esta ciencia saca a su dueño de la miseria de este mundo y le lleva a la ciencia de los bienes futuros». Es un don de Dios, según afirma con las siguientes palabras: «En efecto, Dios concede esta ciencia pura y divina a sus fieles y servidores, es decir, a aquellos a los que él ha decidido concederla en su fuerza admirable desde el origen de la naturaleza. Pues sólo tiene poder como don del Dios Altísimo, que la retira y la muestra según su voluntad a quien Él quiere de entre sus servidores y fieles. Conviene, pues, que éstos sean humildes en todo y se sometan al Dios todopoderoso». Y más adelante Morieno afirma: «Tienes que saber, oh rey, que este magisterio es una cosa oculta, el secreto de los secretos del gran Dios Altísimo. Él confió este secreto a sus profetas, es decir, a aquellos cuya alma ha puesto en su paraíso». Se la llama Árbol de la Vida, no porque lleve en sí la salvación eterna, sino porque muestra de alguna manera el camino que conduce a ella, pues da frutos útiles para esta vida, frutos que no pueden faltarle, como la salud y los bienes de la fortuna y del alma. En efecto, sin ellos el hombre, aunque todavía esté vivo, está muerto; apenas difiere del animal, aunque en su exterior esté representado aquel que debería ser en su parte superior y que no es.

Qui Rosarium intrare conatur Philosophicum absque clave,
assimilatur homini ambulare volenti absque pedibus

Epigramma XXVII

Luxuriat Sophiae diverso flore ROSETUM,
Semper at est firmis janua clausa seris:
Unica cui clavis res vilis habetur in orbe,
Hac sine, tu carpes, cruribus absque viam.
Parnassi in vanum conaris ad ardua, qui vix
In plano valeas te stabilire solo.

EMBLEMA XXVII DE LOS SECRETOS DE LA NATURALEZA

El que intenta entrar sin llave en la Rosaleda de los Filósofos es comparable a un hombre que quisiera caminar sin pies

Epigrama XXVII

La ROSALEDA de la Sabiduría se adorna con miles de flores,
pero fuertes cerrojos cierran siempre su puerta.
Su única llave es, para el mundo, cosa vil;
si no la tienes, es como si quieres correr sin piernas.
En vano afrontas las alturas del Parnaso,
tú, que apenas te mantienes en pie en terreno llano.

Está escrito de Erictonio que nació de la semilla derramada en tierra por Vulcano cuando fue despreciado por Palas, diosa de la Sabiduría, y que sus pies no eran de hombre, sino de sierpe. Parecidos a él son los que, sin el concurso de Palas y contando únicamente con la ayuda de Vulcano, engendran unos hijos que son meros abortos sin pies, que no pueden alimentarse ni ser útiles a otros. Es penoso ver a un hombre caminar a la manera de un cuadrúpedo, es decir, sirviéndose a la vez de pies y manos; pero es mucho más penoso todavía verle enteramente privado de piernas y utilizando, en su lugar, los brazos. Tal hombre parece haber degenerado y haber pasado al estado de gusano, pues avanza a la manera de gusanos y serpientes. En efecto, las dos piernas son miembros que forman parte del organismo humano, y sin ellas no se puede andar de forma verdadera, del mismo modo que no se puede ver sin ojos, o coger cosas tangibles sin manos. Igualmente la Medicina, como cualquier arte operativo, posee, se dice, dos piernas sobre las que se mantiene: la experiencia y el razonamiento; si le falta cualquiera de ellas, el arte está mutilado, patituerto, no es perfecto en sus tradiciones y sus preceptos y no alcanza su objetivo.

Por encima de todo, la Química encuentra su alegría en dos cosas (que hacen para ella las veces de piernas): una es la llave; la otra, la correa del cerrojo. Con ellas, la rosaleda filosófica, cerrada por todas partes, se abre, y ofrece el acceso a quienes entran de forma legítima. El que pretende entrar sin una de esas dos cosas es semejante a un hombre de pies lisiados que se esforzara por aventajar a una liebre en la carrera. Quien se introduce sin llave en el jardín, rodeado por todas partes por un cercado o seto, imita al ladrón que, llegando en la noche tenebrosa, no distingue lo que crece en la rosaleda y no puede gozar de los bienes que quería robar. La llave es, en efecto, una cosa muy vil que se llama piedra, conocida en los capítulos; es la raíz de Rodas sin la cual el germen no puede brotar, ni el brote crecer, ni la rosa florecer y desplegar sus mil pétalos. Pero, se dirá, ¿dónde hay que buscar esa llave? Respondo con el oráculo que se deberá buscar allí donde se dice que se encontraron los huesos de Orestes, allí donde se pueden encontrar a la vez LOS VIENTOS, LO QUE GOLPEA, LO QUE RECHAZA EL CHOQUE Y LA DESTRUCCIÓN DE LOS HOMBRES, es decir, como interpretó Lynchas, en el taller de un herrero.[69] En el lenguaje del oráculo, en efecto, los vientos representan los fuelles; lo que golpea, el martillo; lo que rechaza el choque, el yunque; y por la destrucción de los hombres entendía el hierro. El buscador encontrará verdaderamente esta llave en el hemisferio septentrional del Zodíaco, y la correa del cerrojo, en el hemisferio meridional, si sabe enumerar y distinguir los signos. Cuando haya tomado posesión de ella, le será fácil abrir la puerta y entrar. En la misma entrada verá a Venus con su amante Adonis, pues con la sangre de éste la diosa tiñe de púrpura las rosas blancas. Se ve allí al dragón, como en el Jardín de las Hespérides: encargado de la custodia de las rosas, vigila. El perfume de las rosas, se dice, se intensifica gracias a los ajos que se plantan en las proximidades, en virtud del grado excelente de calor que el ajo posee y que permite a las rosas resistir a los fríos venenos. En efecto, las rosas reclaman el calor del Sol y de la tierra antes de adquirir un color y un perfume agradables a los ojos y la nariz. Añadamos que los vapores del azufre común blanquean las rosas rojas en las partes a las que alcanzan y, a la inversa, el espíritu del vitriolo o agua fuerte les confiere un color rojo intenso y duradero. Pues el azufre común se opone al azufre filosófico, aunque sea impotente para destruirlo, pero el agua disolvente tiene amistad con él y conserva su color. La rosa está dedicada a Venus a causa de su gracia, por la que precede a todas las demás florecillas. Pues ella es una virgen a la que la naturaleza armó para evitar que sea violada impunemente y sin venganza. Las violetas están desprovistas de armas y se las pisotea. Las rosas escondidas entre espinas poseen una cabellera rubia por encima y un vestido verde por debajo. Ninguno, si no es sabio, podrá cogerlas separándolas de las espinas, y sus dedos probarán su aguijón. Igualmente nadie, salvo un hombre muy prudente, cogerá las flores de los filósofos si no quiere pasar por la experiencia de los dardos y las abejas en las colmenas, y de la hiel en la miel. La mayoría entró en la rosaleda con manos ávidas, pero nada se llevaron sino sufrimiento, es decir, que han perdido su aceite y su esfuerzo. Por eso dice Bacasser en la *Turba*: «Nuestros libros parecen causar un gran daño a quienes leen nuestros escritos una, dos o tres veces solamente, pues quedan frustrados de la inteligencia de dichos libros y de todo su cuidado y, lo que es peor, pierden los bienes, el trabajo y el tiempo que han consagrado a este arte». Y, un poco más adelante: «Aunque piense haber actuado y poseer el mundo, se encontrará con que no tiene nada en las manos».

EMBLEMA XXVIII DE SECRETIS NATURAE

Rex balneatur in Laconico sedens, atraque bile liberatur a Pharut

FUGA XXVIII. in 9. ſeu 12. ſuprà.

Der König badet im lüfftigen Bade/ vnd wirt der ſchwartzen Gallen entlediget durch Pharut.

Epigramma XXVIII

Rex Duenech (viridis cui fulgent arma Leonis)
Bile tumens rigidis moribus usus erat.
Hinc Pharut ad sese medicum vocat, ille salutem
Spondet et aerias fonte ministrat aquas:
His lavat et relavat, vitreo sub fornice, donec
Rore madenti omnis bilis abacta fuit.

EMBLEMA XXVIII DE LOS SECRETOS DE LA NATURALEZA

El rey se baña, sentado en el baño laconiense; es liberado
de su bilis por Farut

Epigrama XXVIII

El rey Duenech (brillando con las armas del león verde)
hinchado de bilis, era severo en sus costumbres.
Envía a buscar entonces al médico Farut
que le promete curación y le prescribe baños de vapor;
se baña una y otra vez bajo la bóveda de vidrio
y el rocío se lleva por fin toda su bilis.

Hay en el hombre tres cocciones: la primera en el ventrículo, la segunda en el hígado y la tercera en las venas. Hay, igualmente, un número igual de evacuaciones generales de excrementos que corresponden a las cocciones y por las que se expulsan cada día los elementos superfluos. La primera se realiza por el intestino y se corresponde con la primera cocción, la segunda se efectúa por la orina, y la tercera por la espiración de todo el cuerpo o transpiración. Estas dos últimas corresponden respectivamente a la segunda y la tercera cocción. En la primera de éstas se elabora el quilo, en la segunda el quimo, y en la tercera un rocío o substancia semejante al rocío que aparece en todas las partes del cuerpo. La primera de estas excreciones, llamadas heces, es espesa, biliosa, grasa. Las heces son expulsadas por el ano a través del intestino, y, cuando no circulan, se las expulsa ya sea con suavidad, con fuerza mediana, o incluso con violencia, con ayuda de purgantes o laxantes. Los excrementos de la segunda categoría son líquidos y de consistencia más sutil; son biliosos y salados. Salen de las venas por los riñones y la vejiga, por los que discurren a manera de acueductos. La substancia de esos órganos produce la orina. Las substancias superfluas de la última clase son todavía mucho más sutiles y, por esta razón, salen la mayor parte de las veces por sí mismas, mediante la espiración, por poros sumamente tenues, o son vehiculadas con los humores líquidos, como el sudor. Se las estimula por medio de sudoríficos, lo mismo que a las anteriores por diuréticos. Los griegos y romanos de la Antigüedad se preocuparon mucho de la evacuación de esta tercera categoría de humores. Por eso recurrieron a tantas clases de juegos y ejercicios, como la fricción matinal de todos los miembros, las unciones con aceite, la lucha, el arte del pugilato, las carreras, los juegos de frontón o de tenis, las lociones y los baños cotidianos en ríos o en establecimientos de baños. Para facilitar éstos se construyeron en Roma edificios magníficos que estamos más en condiciones de admirar que de imitar. Las termas de Diocleciano, de las que todavía subsisten restos importantes y que están, si no me equivoco, consagradas a los arcángeles, pueden atestiguar la grandeza, magnificencia y esplendor de aquellas obras.

La metalurgia implica formas de cocción casi idénticas a las que acabamos de citar. La primera se efectúa, según su modo, en el curso del Gran Año, es decir, en el curso de la revolución de la esfera superior, la segunda en el curso de la revolución de la esfera inferior y la tercera en la revolución de la esfera mediana. Gracias al concurso del arte, los filósofos encuentran igualmente medios variados para expulsar de forma cómoda el peso muerto y superfluo que constituyen esos excrementos. Tales son las abluciones, las purgas, los baños ordinarios y los baños laconienses, por medio de los cuales practican en la obra filosófica lo que los médicos realizan en el cuerpo humano. Por eso Duenech es introducido por Farut en el baño laconiense para que transpire y se libere por los poros de los excrementos de la tercera cocción. La disposición de este rey es melancólica y atrabiliaria, y, por esta razón, su autoridad y su valor son menos estimados que los de otros príncipes: se le imputa, en efecto, el carácter taciturno de Saturno y la cólera o el furor de Marte. Deseaba, pues, ser curado, si era posible, o, si no, morir. Se encontró un médico que aceptó que se le atribuyera esta provincia y le atrajeron con ruegos y ofrendas. Esta alegoría es muy frecuente en los escritos de los filósofos, como por ejemplo en Bernardo[70] y Alano, en el pequeño tratado de Duenech y en otros muchos textos. Por eso no añadiremos más circunstancias que se pueden encontrar en ellos. Basta con observar aquí cuál es la cocción con la que se expulsa el excremento por medio del baño, pues ahí se encuentra el elemento principal de todo el proceso. En las termas o baños calientes, el calor encerrado en el cuerpo vuelve a la superficie de la piel al mismo tiempo que la sangre, y de ello resulta un color agradable en el rostro y en todo el cuerpo. Cuando se presente tendremos el signo de que la negrura melancólica que afecta a la piel puede ser progresivamente evacuada, y de que todos los humores pueden ser rectificados, a fin de que enseguida se produzca una sangre rosada y excelente. Es necesario que todo el equilibrio de ese cuerpo sea corregido, resultado que se le pide a la buena sangre; el cuerpo es frío y seco, mientras que la sangre, por el contrario, es cálida y húmeda. Corresponde al médico saber y decidir de antemano, por su pronóstico, si es posible realizar la operación.

Hay buscadores que tuvieron a Cerdón por un gran príncipe o hijo de un rey, pero finalmente descubrieron, por ciertos signos, cuál era su origen y educación. El artista debe velar para evitar ese error y escoger ante todo al verdadero hijo regio, aunque no brille con adornos de oro, lleve una vestimenta pobre y humilde y tenga un tinte lívido y melancólico; no se debe, por esas razones, rechazarlo o poner a otro en su lugar. Pues, si se lava perfectamente, pronto aparecerá su naturaleza excelente y regia, como se ve en Ciro, Paris o Rómulo, que fueron criados por campesinos. Hay que tener cuidado de que el baño sea laconiense, es decir, vaporoso y sudorífico, y de que el agua no endurezca las carnes tiernas y obstruya los poros, lo que ocasionaría más daño que provecho e impediría el efecto que se quiere conseguir. Que nadie se inquiete por la vestimenta regia que el sujeto debe ponerse después del baño. Así como antaño la hija de Alcinoo ofreció ropas a Ulises, náufrago y desnudo, alguien habrá que le envíe unas valiosas vestiduras para que en él se pueda reconocer, como se merece, al hijo del Sol.

EMBLEMA XXIX DE SECRETIS NATURAE

Ut Salamandra vivit igne sic lapis

Epigramma XXIX

Degit in ardenti Salamandra potentior igne,
Nec Vulcane tuas aestimat illa minas:
Sic quoque non flammarum incendia saeva recusat,
Qui fuit assiduo natus in igne Lapis.
Illa rigens aestus extinguit, liberaque exit,
At calet hic, similis quem calor inde juvat.

EMBLEMA XXIX DE LOS SECRETOS DE LA NATURALEZA

Como la Salamandra, la Piedra vive en el fuego

Epigrama XXIX

La Salamandra vive más vigorosa en el corazón del fuego
y no teme tus amenazas, Vulcano.
Como ella, nacida de un fuego inextinguible, nuestra Piedra
no trata de huir de la llama implacable.
La Salamandra, fría, extingue el fuego y sale inmune.
La Piedra es caliente: le gusta, pues, un calor semejante.

Hay dos elementos en los que viven los animales: el agua y el aire, y otros dos en los que ningún ser animado puede subsistir: la tierra y el fuego. Los dos primeros poseen, en efecto, una naturaleza mediana y templada en lo que se refiere a las cualidades primeras y segundas, mientras que los dos últimos, por el contrario, tienen una naturaleza extrema: son cuerpos o bien demasiado espesos, o bien demasiado sutiles; su espesor hace imposible la presencia de otros cuerpos, mientras que su sutileza la hace posible, pero penetra esos cuerpos y los quema. Si hay hombres que viven en celdas y fosas subterráneas, ello se debe al aire que hasta allí desciende y llena esos lugares para que no estén vacíos de él. Pero aquí hablamos de cada uno de los elementos tomado en sí mismo. En el agua viven los peces, cuyo número, variedad y fecundidad son increíbles; es también ahí donde se encuentran los más grandes de todos los animales. El aire hace vivir a los hombres, los cuadrúpedos, los pájaros, los gusanos y los insectos. Todo lo que se dice de los espíritus que vagan por las partes ocultas de la tierra procede de un dominio diferente; pues ésos no son animales. En el fuego, se dice, vive sólo la salamandra. Es un gusano que repta; se parece bastante al lagarto, pero su paso es más lento, su cabeza más grande, y su color, diferente. Recuerdo haber visto un animal semejante en los Alpes, en el monte Splug. Después de las tormentas y las lluvias, salía de las cavernas rocosas y se paraba en el camino. Un campesino me dijo su nombre: *ein Molch*. Estaba envuelto en una humedad pegajosa y viscosa gracias a la cual se mueve por el fuego sin sufrir ningún daño.

Pero la salamandra filosófica es muy diferente de la otra, aunque se le asimile. Nace, en efecto, en el fuego; no sucede lo mismo con la otra, aunque si ésta cae en el fuego, su frialdad y humedad, abundantes e intensas, la libran de quedar abrasada al instante y le permiten atravesar impunemente la llama. Una es caliente y seca, la otra fría y húmeda. Todas las cosas recuerdan el calor del seno de la madre e imitan su lugar natural y su patria: el fuego no produce nada más que lo caliente y lo seco, es decir, lo semejante a sí mismo. Inversamente, de cavernas húmedas y frías, de rocas llenas de agua por las lluvias, sale este gusano frío. La primera salamandra disfruta en el fuego, en razón de su semejanza de naturaleza, la segunda lo apaga, pues es contraria a él y, durante algún tiempo, aleja de ella su acción. Se dice que de los hornos donde se trata el cobre de Chipre se puede ver salir una mariposa engendrada en el fuego. Pero nadie podría creer en la veracidad de tal hecho, sino de modo alegórico. Pues el fuego destruye y corrompe los cuerpos de todos los animales si se mantiene, ya que quema incluso la tierra y la transforma en vidrio, y reduce a cenizas las maderas resistentes así como todos los compuestos, salvo algunos, como las substancias mercuriales, que, o bien permanecen intactas, o bien salen indemnes del fuego, sin que se produzca en ellas ninguna separación de las partes.

Vulcano es un verdugo inflexible: convoca a todos los cuerpos compuestos por diversos elementos para probarlos y juzgarlos, exceptuando algunos de su competencia, como en virtud de un privilegio o indulto de la emperatriz Naturaleza. Sobre éstos no posee ningún derecho de jurisdicción, a menos de unir otros consejeros a su areópago; tales son las salamandras, que no temen su violencia. Avicena, en la Puerta, enumera diversos temperamentos de cuerpos que carecen de equilibrio y son, por consiguiente, susceptibles de ser corrompidos por el fuego y los demás ataques. Una sola cosa, según él, está perfectamente equilibrada, pues posee tanto de calor como de frío, tanto de húmedo como de seco, no en peso, sino en justicia, como dicen los médicos. Esa cosa es más pasiva que activa. Si el fuego se esfuerza por convertir el agua que le es contraria en aire que está próximo a él, la tierra no permite la conversión, pues está incorporada al agua. Y el fuego interno del compuesto manifiesta su acuerdo con el juicio de la tierra, pues tiene con ésta una íntima amistad. El juicio de Vulcano se mantiene, pues, en suspenso. El dios utiliza entonces otro subterfugio y trata de consumir la tierra y reducirla a cenizas, como hace habitualmente. Pero el agua que está unida a la tierra obtiene una excepción en su contra: muestra que está unida a la tierra, por una parte, y con el aire, por otra, mientras que la tierra está por su otro lado relacionada con el fuego. Por consiguiente, quien quisiera incinerar la tierra reduciría igualmente a cenizas a los otros elementos; y Vulcano, así desenmascarado, suspende su juicio para no ser el hazmerreír de todos.

Ese cuerpo es semejante a la verdadera salamandra, en la que los elementos están equilibrados por la violencia de las virtudes. El *Rosario* refiere al respecto las palabras de Geber: «Por otra parte, el filósofo quiere que esa substancia de mercurio sea mortificada, pero su mercurio está naturalmente en esa piedra venerable, como todos pueden ver. Por consiguiente, etc.». Además, este filósofo quiere que la substancia del mercurio sea fija, como es evidente, pues enseña el arte de fijar con precauciones y habilidad extremas, pero, ¿quién podría dudar que la substancia de esta piedra preciosa sea muy fija? Nadie, sin duda, entre quienes la conocen. De ello resulta que la Piedra debe ser llevada por la fijación a la naturaleza de la salamandra, es decir, al punto más alto de fijeza que no rechaza el fuego y no retrocede ante él. Pues la salamandra no puede existir hasta que ha aprendido a soportar el fuego con la mayor paciencia, lo que requiere obligatoriamente un lapso de tiempo prolongado. Se hablará más adelante, en el discurso del emblema XXXV, de Aquiles y Triptólemo, colocados por la noche entre cenizas ardientes hasta que llegan a ser capaces de soportar un calor muy intenso. También ellos adquieren la propiedad de la salamandra, mediante el hábito y la costumbre. El hábito es, en efecto, una segunda naturaleza; pero si esta naturaleza no ha comunicado su poder y, actuando como maestra, no ha realizado la transformación, el hábito no será operativo, o sólo lo será muy escasamente. Por esta razón el fuego no puede solidificar el hielo, pero puede solidificar el cristal, porque aquí la naturaleza ha comenzado la operación. Se debe pensar igualmente, a propósito del mercurio acuoso y volátil, que su naturaleza no permite la solidificación si no es gracias al abrazo del azufre que se ha casado con él. Este azufre es la tintura filosófica y fija todos los espíritus que vuelan.

EMBLEMA XXX DE SECRETIS NATURAE

Sol indiget Luna, ut gallus gallina

Epigramma XXX

O Sol, solus agis nil si non viribus adsim,
Ut sine gallinae est gallus inanis ope.
Auxiliumque tuum praesens ego Luna vicissim
Postulo, gallinae gallus ut expetitur.
Quae natura simul conjungi flagitat, ille est
Mentis inops, vinclis qui religare velit.

EMBLEMA XXX DE LOS SECRETOS DE LA NATURALEZA

El Sol necesita de la Luna como el gallo de la gallina

Epigrama XXX

Sol, no haces nada si mi fuerza no te ayuda,
como es impotente el gallo sin la gallina.
Y yo, Luna, a gritos invoco tu ayuda,
como se oye a la gallina reclamar al gallo.
Loco sería quien quisiera liberar de sus lazos
lo que la naturaleza ha querido unir.

Avicena, en el *Libro del Alma*, advierte varias veces de que sólo se deben utilizar en el arte los huevos de gallinas que hayan sido cubiertas por el gallo. Esto quiere decir que el sujeto femenino no tiene ningún valor sin la virtud masculina, y que, a la inversa, el gallo es inútil sin la gallina. Los dos sexos, en efecto, deben ser unidos en el recinto filosófico para se produzca la multiplicación. Los filósofos utilizan la comparación del gallo porque esta ave se corresponde perfectamente con la potencia del azufre, más que ningún otro macho entre las aves, pues un solo gallo puede tener muchas gallinas y no soporta fácilmente la presencia de un rival en el mismo corral, considerando que él es compañero conveniente y suficiente para todas. Es el ave de Marte y proviene de la metamorfosis del niño Galo, que debió mirar al Sol para no ver el adulterio de Marte y Venus, como cuentan los poetas. Es sumamente marcial en el combate, en el que no ceja hasta la muerte de su adversario. En la obra filosófica, representa al Sol como la gallina representa a la Luna. Por eso tan necesario es unir el Sol con la Luna como unir el gallo con la gallina. El gallo está igualmente consagrado al Sol: se levanta cuando aparece y se duerme al mismo tiempo que él. Mira constantemente al cielo y levanta hacia lo alto su cola de plumas, curva como una guadaña. Lucha por las gallinas contra las serpientes. Es heraldo de la luz y Latona le quiere porque la asistió en sus partos. Latona trajo al mundo al Sol y a la Luna,[71] y por tanto el gallo es apropiado para la madre y el hijo.

Pero el Sol, la Luna y Latona armonizan con los sujetos químicos. Sucede igual con el gallo y la gallina. Éstos han salido de un huevo y producen a su vez huevos de los que nacerán pequeños polluelos. De la misma manera, los filósofos poseen huevos que se transforman en aves de la misma especie, a condición de que se les proporcione un calor moderado de forma continua, semejante al de la gallina que incuba. Entre las demás aves también el macho se pone sobre los huevos, pero el gallo, por el contrario, se considera exento de ese deber, de esa carga. Así, las atenciones y el esfuerzo para hacer que se abra el huevo y cuidar a los polluelos incumben íntegramente a la gallina. Se puede observar la diligencia y solicitud que en esta tarea manifiesta, la rapidez con la que come, bebe y aligera su vientre para correr apresuradamente hacia sus huevos antes de que puedan enfriarse. Es igualmente una obra de la naturaleza digna de admiración la fuerza y el impulso con que defiende a sus polluelos; la ternura con que los recoge y los protege bajo sus alas mientras están desnudos; la voz, semejante a una campana, con que los convoca y los retiene; el cuidado que pone en romper para ellos las migajas o los granos demasiado duros, sirviéndose de su pico a modo de cuchillo. Y todo esto, para que los huevos y los pollos no falten a la alimentación de los hombres.

De la misma manera, el filósofo o el artista procede en todas sus operaciones con un cuidado y una prudencia extremas. Va a coger los huevos allí donde están, donde se encuentra el gallo, los examina con cuidado asegurándose de que sean frescos, luego los limpia, los prepara y los dispone en sus vasos como si éstos fueran nidos y les administra el calor conveniente. Por efecto del calor, los sujetos mezclados entre sí ejercitan y sufren cada día sus influencias recíprocas hasta que, después de un largo período de tiempo, pasando por colores diversos, llegan a adquirir un color y una esencia únicas. En esta obra, se llevan a cabo la solución, la coagulación, la sublimación, el ascenso, el descenso, la destilación, la calcinación y la fijación como operaciones intermedias. Lo que es duro y compacto no puede ser alterado; por eso es necesario disolverlo previamente para que se vuelva líquido y blando. En cuanto se tiene un cuerpo disuelto, conviene coagularlo para llevarlo no a la dureza primitiva, sino a un estado en el que es flexible como la miel. La sublimación separa lo puro de lo impuro, ennoblece lo que es vil, eleva lo que es bajo. Por lo tanto, debe estar igualmente presente, y será, de alguna manera, señora y maestra de todas las operaciones. Durante la sublimación, algunas partes suben bastante alto, es el ascenso, y otras descienden, y de este modo se efectúa el descenso. Después, la destilación, a menudo efectuada en el intervalo, clarifica el todo, y lo que queda en el fondo se quema. Los dos se hacen fijos, y así se termina la obra. Si alguien agrupa todas esas operaciones particulares bajo la idea de la operación general que es la COCCIÓN, no se alejará de su propósito. En efecto, del mismo modo que todos los polluelos que corretean de aquí para allá se reúnen bajo las alas de una única gallina, su madre y nodriza, así también tantos modos de operación, tantos caminos diversos, se reúnen en esa obra propia de mujeres que es la cocción.

La causa de todo esto es la Luna, que debe ser exaltada al grado sublime del Sol, lo que significa que se trata de realizar un matrimonio duradero entre el Sol y la Luna; cuando haya tenido lugar, todas las embajadas, las promesas, los abrazos pasajeros y las incertidumbres llegarán a su fin. En adelante habrá para ambos un solo lecho y una sola carne, un amor mutuo y constante, una paz eterna y una alianza indisoluble. El Sol vale poco sin la Luna, y la Luna sin el Sol es de condición despreciable y de origen vil. Pero el Sol confiere a su esposa esplendor, dignidad y fuerza, es decir, firmeza de alma y de cuerpo. La Luna, por su parte, asegura al Sol la multiplicación de sus hijos y la multiplicación de su raza. De ahí las palabras del Jardinero en el *Rosario*: «Si sólo uno de ellos se encontrara en nuestra Piedra, la medicina nunca fluiría fácilmente y no daría tintura; y si la diera, no teñiría, aparte del color ya presente, y el mercurio se escaparía como humo, pues no habría en él receptáculo para la tintura». Y Geber reconoce, en el *Libro de las Pruebas*, que si se incorpora con arte, juntos, al Sol y la Luna, no se los separa fácilmente.

Rex natans in mari, clamans alta voce: Qui me eripiet, ingens praemium habebit

Epigramma XXXI

Rex Diadema caput cui praegravat, aequore vasto
Innatat, atque altis vocibus usus ait:
Cur non fertis opem? Cur non accurritis omnes,
Quos ereptus aquis sorte beare queo?
In mea, si sapitis, me regnare reducite, nec vos
Pauperies premet aut corporis ulla lues.

EMBLEMA XXXI DE LOS SECRETOS DE LA NATURALEZA

El rey que nada en el mar grita con voz fuerte: Quien me salve obtendrá una gran recompensa

Epigrama XXXI

Abrumado por la pesada diadema, el Rey
nada en el mar inmenso, y grita con voz fuerte:
¿Por qué no me ayudáis? ¿Por qué no acudís
cuando, liberado de las aguas, puedo haceros felices?
Devolvedme, por vuestra sabiduría, a mi reino,
y ya no temeréis sufrimiento ni pobreza.

Discurso xxxi

Aprender a nadar y reconocer las letras, tales eran, en la Antigüedad, los primeros elementos de toda instrucción. Por eso se decía habitualmente de un hombre inculto y sin educación: «No sabe nadar ni leer». Los antiguos consideraban que la natación podía servir frecuentemente para salvar el cuerpo y arrancarlo a los peligros del agua, y la ciencia para poner el alma al abrigo de los vaivenes de la fortuna. Añadamos que la natación se revelaba sobre todo útil a quien estaba en el ejército, en tiempo de guerra, y el conocimiento de las letras a quien estaba en su casa, en tiempo de paz. Observamos que los animales tienen prestas las armas que la naturaleza les concede; sin embargo, el hombre ha recibido, para defenderse de la violencia exterior, las manos y el espíritu inventivo, al que corresponde imaginar y descubrir sus armas, mientras los animales producen las suyas y disfrutan de ellas. De manera semejante, la facultad de nadar es innata en los animales, pero no en el hombre. Los primeros, aun siendo muy jóvenes, se salvan del agua nadando, mientras que el hombre, aunque sea adulto o muy robusto, perece ahogado en ella. Fue por tanto necesario disponer que los niños se ejercitaran en la natación, que puede revelarse útil en cualquier momento, para que la práctica del arte reemplazara lo que la naturaleza no les había proporcionado. Los grandes, los príncipes y los reyes han utilizado el mismo ejercicio para salvaguardar su cuerpo. Pues no han nacido en un lugar diferente y enteramente libres de los azares de la fortuna, sino que están expuestos a ellos como los demás hombres. Si Dionisio no hubiera sabido nadar y leer cuando fue expulsado del reino de Sicilia por tirano, habría perecido entre las olas del mar cuando naufragó en el golfo de Corinto. Pero habiéndose sustraído al peligro a nado, se dirigió a Corinto, donde abrió una escuela para los niños en la que enseñó literatura; convertido en maestro de escuela, de rey que era, manejó la férula en lugar del cetro, y de ahí el dicho: «Dionisio en Corinto».

Igualmente, si el hijo real de los filósofos no supiera nadar, nadie escucharía sus gritos y no se le prestaría ayuda antes de ser tragado por las aguas. La natación es por tanto necesaria y útil al hombre de toda condición. Ciertamente, no libera de inmediato al hombre de las olas del mar inmenso, pero le procura un plazo que le permite ser liberado por otros. El rey del que hablamos se mantiene a nado durante mucho tiempo; no deja de gritar, aunque pocos le oyen y le ven, pues el mar es inmenso y él está lejos, distanciado de la orilla. Por suerte, alcanza a nado una roca o una piedra muy grande a la que consigue agarrarse cuando las olas se hacen demasiado fuertes. ¿Se quiere saber qué mar es ése? Respondo que se trata del mar Eritreo o mar Rojo, situado bajo el trópico de Cáncer. El fondo de ese mar contiene piedras magnéticas en abundancia, de modo que su travesía será peligrosa para los navíos cuyo armazón se haya ensamblado por medio de hierro, o vayan cargados con este metal, pues fácilmente podrían ser arrastrados al fondo por el poder del imán. El citado rey lo ignoraba. Por eso su navío zozobró y todos los tripulantes perecieron. Sólo él escapó a nado. Le queda su corona, en la que lucen rubíes admirables. Gracias a ella, puede ser reconocido fácilmente y devuelto a su reino. ¿Y cuáles son los bienes que ese hijo de un rey puede y quiere entregar a quien lo lleve a su reino? No se parecen en nada, sin duda, a los que Ptolomeo, último rey de Egipto, reservó a Pompeyo, por quien su padre había sido restablecido en el trono: no son la traición y la muerte, sino la salud, la curación de las enfermedades, la preservación del mal, el disfrute de cosas necesarias, el cuerno de la abundancia, el honor y el amor. No son ésos bienes mediocres y vulgares, sino los auxiliares más valiosos y los ornamentos más bellos de esta vida: ¿quién, pues, si no es de plomo, no trataría de procurárselos?, ¿quién no nadaría en ayuda de ese náufrago?, ¿quién no le echaría una mano para ayudarle a subir a una barca? Pero hay que tener cuidado, cuando se le está prestando auxilio, de que la corona no caiga al mar, ya que, si así ocurriera, el rey difícilmente podría ser reconocido, y sus súbditos no lo acogerían; pues el *pyropus*[72] venerado por todos habría perecido, la piedra bezoar[73] que promete a todos la salud se habría desvanecido. Por eso, en el *Rosario*, el Jardinero cita a Aristóteles en estos términos: «Escoge como piedra aquella que los reyes ponen en sus coronas y con la que los médicos tienen poder de curar a sus enfermos, pues está cerca del fuego». En efecto, sin virtud medicinal la corona no tendría ningún valor. ¿Y qué se le debe hacer al rey una vez ha sido rescatado? Hay que librarlo de las aguas que ha bebido con sudoríficos; del frío, con el calor del fuego; del entumecimiento de sus miembros, mediante baños moderadamente calientes; del hambre y del ayuno, administrándole un régimen conveniente; de los males externos, finalmente, por medio de los remedios saludables que son sus contrarios. Luego habrá que ocuparse de las bodas reales; de éstas nacerá en su momento un hijo muy deseado, cubierto de gracias a los ojos de todos, lleno de belleza y muy fecundo, que superará a sus antecesores por su poder, sus reinos, su opulencia, sus posesiones, sus riquezas; someterá a sus enemigos no por la guerra, sino por su humanidad, no por la tiranía, sino por la clemencia que le es propia y natural.

Corallus sub aquis ut crescit & aere induratur, sic lapis

Epigramma XXXII

Planta maris vegetans Siculi sub fluctibus uda
Ramos sub tepidis multiplicavit aquis.
Illa, CORALLUS, *habet nomen sibi durior exit,*
Cum Boreas rigido mittit ab axe gelu:
Fit lapis, et rubeum multa cum fronte colorem
Possidet: haec Physicae est apta figura Petrae.

EMBLEMA XXXII DE LOS SECRETOS DE LA NATURALEZA

Como el coral, que crece bajo las aguas y se endurece al aire,
así ocurre con la Piedra

Epigrama XXXII

Bajo el mar, junto a Sicilia, crece una planta blanda,
cuyas ramas se multiplican en la tibieza de las aguas.
CORAL es su nombre; se endurece
cuando Bóreas, desde el polo desapacible, envía hielo.
Transformada en piedra, roja y de ramas abundantes,
es semejante a la Piedra Física.

Los filósofos dan a su piedra el epíteto de vegetal, pues vegeta, crece, aumenta y se multiplica a la manera de una planta. Esto parece extraño a los ignorantes y alejado de la verdad, pues es evidente que las piedras no vegetan ni crecen de esta forma y en nada se parecen a los metales licuables. Pero se equivocan al juzgar así: piensan que lo que ellos ignoran no existe en la naturaleza, reduciendo la inmensidad del universo a su particular capacidad. ¿Quién habría creído nunca que una piedra pudiera desarrollarse bajo las aguas o que una planta engendrada en tal lugar pudiera petrificarse, si la experiencia y el testimonio constante de los escritores no estuviera ahí para confirmarlo? ¿Dónde se encuentra, pues, esa fuerza petrificante, esa fuerza colorante que endurece y tiñe el coral? ¿En las aguas, en el aire o en la tierra? Es probable que se trate, como afirman, de una planta blanda y flexible mientras está en el agua, y que, sin embargo, siendo de naturaleza terrestre, se vuelva quebradiza como una piedra cuando se la corta y se la expone a los vientos fríos. En efecto, el aire seco y frío seca las abundantes partes acuosas (pues los vientos del norte traen sequedad con ellos), y el resto del cuerpo, que es terrestre, se coagula por las cualidades terrestres de esos vientos: el frío y la sequedad. En el dominio de las virtudes propias de cada elemento, sólo la tierra posee el poder de coagular, que no reside ni en el agua ni en el aire.

El mar da además, en otros lugares, tres piedras medicinales que provienen en parte del género vegetal, en parte del género animal, o que, más bien, son extraídas de los dominios secretos de la naturaleza. Son las perlas, el ámbar amarillo y el ámbar gris. El origen y el modo de recogida de las perlas nos son conocidos, pero no los de las otras dos piedras. Se recoge el ámbar amarillo en las costas de Suecia, después de que el Circius o Corus haya soplado con violencia. Surge sin duda en el mar procedente de las venas de la tierra, a la manera de burbujas, y el mar lo arrastra y lo lanza por medio de las olas a la orilla tras haberlo lavado, pues hemos visto minerales de hierro y plata adheridos al ámbar, lo que sólo ha podido ocurrir en tierra. En cuanto a la presencia de moscas, moscardones, arañas, mariposas, ranas y serpientes en ciertos trozos, provienen de la influencia y la virtud imaginativa del cielo, como hemos demostrado en otra parte. Así, hemos tenido en nuestro poder ciento veinte pequeñas burbujas de ámbar talladas, cada una de las cuales contenía cierto número de moscas, moscardones, arañas y mariposas; un trozo contenía incluso nueve, lo que no dejaba de constituir un notable prodigio de la naturaleza. Es un hecho innegable que el ámbar gris se encuentra igualmente en las riberas de la India Oriental y Occidental. Algunos lo relacionan con la savia de los árboles y con la goma (como el ámbar amarillo o succino, del que ya hemos hablado), pero quienes piensan que procede de las venas de la tierra juzgan con más verosimilitud. Pues en ninguna parte se han visto árboles que produzcan ámbar amarillo o ámbar gris y, sin embargo, es muy seguro que esos árboles, si existe alguno, crecen fuera del agua en lugares soleados. Remitiremos, pues, un ámbar y otro a venas subterráneas o a piedras, lo mismo que las perlas a los zoófitos y el coral a los vegetales.

La Piedra de los filósofos se asemeja a estas piedras, y, en primer lugar, al coral. En efecto, lo mismo que éste crece en el agua y toma su alimento de la tierra, la piedra filosófica se ha coagulado a partir del agua mercurial y ha tomado todo lo que en ella se encuentra de terrestre para su crecimiento, rechazando, por una especie de transpiración, la humedad superflua. La coagulación procura al coral el color rojo que en la Antigüedad se llamaba tintura coralina; de la misma manera sucede en la piedra física, que, en el curso de su última coagulación, enrojece y aparece con el aspecto del coral más rojo, lo que constituye la tintura. Si el coral exige, para endurecer, lo frío y lo seco, la piedra reclama lo cálido y lo seco. Si se incrementan esas cualidades, la piedra se licua de nuevo, contrariamente a la naturaleza de las otras piedras que, sin duda, se licuan, pero se transforman inmediatamente en vidrio, lo que de ninguna manera conviene a ésta. Y así como el coral sirve para preparar diversos remedios de gran eficacia, también el coral de los filósofos ha absorbido las virtudes de todas las hierbas y, por esta razón, posee por sí solo tanto poder como todos los remedios extraídos de todos los vegetales. Pues el Sol celeste, que infunde a los vegetales su virtud y eficacia medicinales, confiere a su hijo y vicario terrestre más poder que a todos los demás. Ése es el coral filosófico vegetal, animal y mineral, que se esconde en el inmenso mar, donde no se le puede ver, a fin de no estar expuesto a las miradas de los ignorantes ni al alcance de sus manos. Pero habrá que cortarlo bajo las aguas con la mayor prudencia, para evitar que pierda su jugo y su sangre, y no quede de él nada más que un caos terrestre sin su forma verdadera. En esto reside toda la dificultad de apoderarse del coral. Sin embargo, tal vez haya otra: me refiero a la humedad superflua que mata a la piedra si no se la separa, pues no deja aparecer el rojo coralino y, en tanto está presente, no permite la coagulación.

Hermaphroditus mortuo similis, in tenebris jacens, igne indiget

Epigramma XXXIII

Ille biceps gemini sexus, en funeris instar
Apparet, postquam est humiditatis inops:
Nocte tenebrosa si conditur, indiget igne,
Hunc illi praestes, et modo vita redit.
Omnis in igne latet lapidis vis omnis in auro
Sulfuris, argento Mercurii vigor est.

EMBLEMA XXXIII DE LOS SECRETOS DE LA NATURALEZA

El Hermafrodita, como un muerto, yacente en las tinieblas, necesita fuego

Epigrama XXXIII

Este ser bicéfalo de doble sexo,[74] imagen
fúnebre, tiene este aspecto cuando la humedad le falta.
Oculto en la noche sombría, reclama el fuego.
Si se lo procuras, revivirá de inmediato.
Todo el poder de la piedra está oculto en el fuego;
todo el poder del azufre, en el oro; el del mercurio, en la plata.

Es uno de los secretos de la naturaleza que cuando el frío del invierno impera, las ranas y las golondrinas yacen como muertas, sumergidas por las aguas, mientras que con la llegada de la primavera recuperan el sentido y el movimiento, realizando las operaciones de la vida sensitiva; y si, incluso en plena estación de las nieblas, se coloca al aire caliente o junto a una estufa a las que se haya podido encontrar en el agua, se verá que pronto se reaniman, como si fuera verano. Esto prueba que no les falta sino el calor externo que puede estimular y actualizar el calor encerrado en su interior. Los filósofos hablan de la misma manera de su Hermafrodita, que, yaciendo en las tinieblas, ofrece la apariencia de la muerte y necesita el calor del fuego. Se dice que yace en las tinieblas porque está abandonado en una noche de invierno opaca y fría, es decir, que permanece en el Negro, que es el signo del frío; de ahí debe ser llevado al Blanco gracias a un fuego de mayor intensidad, y, mediante un incremento de éste, al Rojo. En efecto, como dice Bodillus en la *Turba*: «Nada se engendra sin calor; un baño de un calor intenso hace perecer, pero si se vuelve frío, hace huir; por el contrario, si está templado, conviene al cuerpo y le es agradable». Bonellus dice en el mismo lugar: «Todos los seres que viven también mueren: tal es la voluntad de Dios. Por eso, aquella naturaleza a la que le ha sido sustraída la humedad, cuando es abandonada en la noche, se asemeja a un muerto. Esa naturaleza necesita entonces fuego, hasta que su cuerpo y su espíritu son transformados en tierra y se vuelven entonces semejantes a un muerto en su sepulcro. Una vez realizado esto, Dios le devuelve el espíritu y el alma; liberada de toda enfermedad, nuestra naturaleza se siente fortalecida y purificada. Hay entonces que quemar sin miedo esta cosa, etc.». Por consiguiente, el fuego que destruye todas las cosas construye ésta. A todo lo demás lleva la muerte, y a ésta, la vida. Éste es el único Fénix que es restaurado por el fuego, renovado por las llamas, que sale de las cenizas devuelto a una vida nueva. Quemado y revivido, es conocido solamente por los filósofos, sean cuales fuesen las ilusiones que otros alimenten sobre no sé qué ave que no existe en ninguna parte y jamás ha sido vista por nadie, si no es de manera fabulosa.

El *Hermafrodita* de que hablan los filósofos posee una naturaleza mixta, masculina y femenina; una se transforma en otra bajo la influencia del calor. En efecto, de mujer se transforma en hombre, lo que, en la obra de los filósofos, no debe parecer tan sorprendente, pues, si hay que creer a los historiadores, se ha visto a muchos personajes cambiar de sexo. Los poetas recuerdan los nombres de Cenea, Ifis y Tiresias, como, por ejemplo, dice Pontano en *Las estrellas*:

Que deploren sin embargo su sexo, y que deseen
devenir Cenea, o bien mujer completa.

Y Ausonio: «Devuelto a su antigua figura, Ceneo se siente desolado». Así, bajo el consulado de Licinio Craso y de C. Casio Longino, una muchacha se convirtió en muchacho, en Cassinum; y Licinio Mutiano cuenta, según Plinio, que vio en Argos a Aristón, que antes se llamaba Aristusa. Se había casado como mujer, pero pronto le creció la barba y la virilidad, y tomó esposa. El propio Plinio dice haber visto en África a L. Cosicio, ciudadana de Tisdritanum, transformada en varón el día de su boda, y dice que esos hechos se podrían confirmar si hubiera necesidad de ello. Bajo la acción de un calor creciente, los miembros genitales o viriles emergen al exterior del cuerpo. La mujer es mucho más fría que el hombre y guarda oculto en su interior lo que el varón lleva en el exterior, como dicen los médicos; por eso la naturaleza incierta, no sabiendo si iba a engendrar una mujer o un hombre, produjo exteriormente una mujer, aunque hubiera decidido hacer interiormente un hombre. Al aumentar el calor con la edad, y añadiéndose a ello el movimiento, los miembros antes ocultos aparecieron al exterior y se mostraron a la vista de todos. También entre los filósofos la mujer se vuelve varón bajo el efecto del calor creciente, lo que significa que el Hermafrodita pierde el sexo femenino y se convierte en un hombre robusto y grave que no posee nada de la blandura y la ligereza de la mujer. Es así como hemos visto un día a un niño hermafrodita de noble familia que pasó, o más bien fue promovido, al estado de varón perfecto y apto para engendrar descendientes (tal era la esperanza que se tenía) gracias al célebre médico boloñés Casp. Tagliacozzo y a la habilidad de su arte quirúrgico. Se hizo un orificio nuevo en el miembro viril (que estaba desprovisto de él) y se cerró el orificio inferior similar al de una mujer.

Los filósofos no tienen necesidad de todas esas operaciones manuales. En efecto, mientras el frío y la humedad de la Luna están presentes, llaman a su sujeto mujer, y cuando son el calor y la sequedad del Sol los que están presentes, lo llaman varón. Cuando esas cuatro cualidades se encuentran presentes a la vez, le dan el nombre de Rebis o Hermafrodita. Así, será fácil convertir a la mujer, es decir, el frío y la humedad, en hombre, lo que se realiza por el solo calor del fuego, como ya se ha dicho. En efecto, el calor aleja y separa lo superfluo de las humedades y pone en el sujeto su idea, que es la tintura.

EMBLEMA XXXIV DE SECRETIS NATURAE

In balneis concipitur, & in aere nascitur, rubeus vero factus graditur super aquas

Epigramma XXXIV

Balnea conceptu pueri, natalibus aer
Splendet et hinc rubeus sub pede cernit aquas.
Fitque super montana cacumina candidus ille,
Qui remanet doctis unica cura viris.
Est lapis et non est, coeli quod nobile Donum,
Dante DEO foelix, si quis habebis, erit.

EMBLEMA XXXIV DE LOS SECRETOS DE LA NATURALEZA

Es concebido en los baños, nace en el aire y, habiéndose tornado rojo, camina sobre las aguas

Epigrama XXXIV

Niño concebido en los baños, al nacer brilla en el aire,
después ve las aguas bajo sus pies, rutilante.
En la cima de los montes, se viste de blanco
aquel que de los sabios es preocupación única.
Es piedra sin serlo y, noble don del Cielo,
hace dichoso al hombre a quien DIOS lo otorga.

La opinión o la adulación de los hombres atribuyen a ciertos mortales nacimientos particularmente maravillosos, pero sin duda imaginarios. Así, Alejandro Magno sería hijo no de Filipo de Macedonia, sino de Júpiter Amón; Remo y Rómulo habrían nacido de Marte, y Platón de la virgen Perictione seducida por una aparición de Apolo. Es así como los paganos han querido demostrar su origen divino, lo mismo que Tesalo, hijo del médico Hipócrates, se esfuerza por hacer creer a los atenienses, entre otros, que desciende de Apolo. Pero nosotros somos escépticos al respecto, pues sabemos que aquellos a quienes pretenden remontar su estirpe no han existido ni como hombres ni como dioses. Y si se trata de héroes que pudieron aparecer entre los mortales como seres divinos, nos damos cuenta de que tales relatos fueron inventados como adulación por sus súbditos, sus discípulos y todos aquellos que han alabado sus hazañas en el mundo, y que han sido inducidos a participar de las creencias del vulgo por escritos que falseaban la verdad. Pero es en condiciones completamente diferentes como los filósofos atribuyen a su hijo una concepción y un nacimiento no habituales. Por relación a todos los demás seres nacidos en el mundo, éste posee, en efecto, una particularidad: que su concepción tuvo lugar en los baños y su nacimiento en el aire.

Las mujeres estériles por exceso de frío y sequedad pueden, como sabemos, sacar gran provecho de los baños calientes y llegar a ser capaces de concebir, pero que esta última operación deba producirse o se produzca durante el baño no lo he oído nunca. Ésta parece una característica única de este hijo en razón de la muy particular capacidad de una naturaleza admirable. Se dice en otra parte que su concepción tuvo lugar en el fondo del vaso y su nacimiento en el alambique. Esta afirmación ofrece mayor claridad. En efecto, las aguas del baño, si las hay, se encontrarán no en lo alto o en el centro, sino en el fondo del vaso, mientras que, en el alambique, los vapores son aéreos. En cuanto la concepción tiene lugar, sube por tanto al alambique y nace en el color blanco. En el fondo es el negro el que domina; el *Rosario* habla de ello en estos términos: «La concepción se produce cuando la tierra se convierte en polvo negro y comienza a retener una pequeña cantidad de mercurio. Entonces, en efecto, el macho actúa sobre la hembra, es decir, el azogue sobre la tierra». Y poco después: «La concepción y los esponsales tienen lugar en la podredumbre en el fondo del vaso, y los hijos son engendrados en el aire, es decir, en la parte superior del vaso o alambique». Y la concepción en los baños no es otra cosa que la putrefacción en el estiércol. En efecto, el *Rosario* continúa así: «El cuerpo no hace nada si no se pudre, y no se puede pudrir si no es con ayuda del mercurio. Y es necesario que la putrefacción se haga sin retraso por medio de un fuego muy lento de estiércol caliente y húmedo, con exclusión de cualquier otro fuego, de manera que nada suba». Pues si algo subiera, se produciría una separación de las partes, lo que hay que evitar hasta que el macho y la hembra estén perfectamente unidos; uno recibe al otro y el signo de ello es el negro de la solución perfecta que aparece en la superficie. Su nacimiento es blanco; tiene lugar en la cima de las montañas, es decir, en el aire o en el alambique. Lo que Rosino explica a Euticia de este modo: «El Sabio ha dicho: Coged las materias extraídas de sus minas; hacedlas subir a los lugares más elevados y enviadlas desde la cima de sus montañas para llevarlas de nuevo a sus raíces». Y más adelante: «Por "montañas", entiende las cucúrbitas, y por "cimas de las montañas", los alambiques. Pues en el lenguaje de las imágenes, "enviar" significa recibir su agua, a través del alambique, en el recipiente; "llevar a las raíces" es llevarlas allí de donde salen. Y ha llamado a las cucúrbitas "montañas" porque en las montañas se encuentran el Sol y la Luna. Igualmente, en esas montañas que son las cucúrbitas son engendrados su Sol y su Luna». Éstas son sus palabras.

Luego se vuelve rojo y comienza a caminar sobre las aguas, es decir, sobre los metales licuados en el fuego, que se presentan a la manera del agua mercurial. Este niño es, en efecto, el señor de las aguas, y sobre ellas ejerce su imperio, como Neptuno; es rey de los mares y señor de las montañas. Se cuenta de Jerjes, rey de los persas, que, cuando se preparaba para dirigir una expedición a Grecia, envió una embajada al mar y al monte Athos para que no le causaran ningún daño, uno con sus olas, el otro por la violencia de sus llamas, declarando que, si fuera de otro modo, se vengaría de ambos. Pero este cuento estaba dirigido a sordos: el mar se tragó varias de sus naves, y el monte Athos hizo perecer a un número importante de sus hombres en un incendio. El rey, irritado, actuando como señor del mar y las montañas, mandó azotar al mar con un número determinado de latigazos e hizo que gran parte de la montaña se precipitara en las aguas. Pero todo esto demuestra más la audacia que la prudencia de un rey tan grande. Aquel del que hablamos purifica todas las aguas de sus obstáculos e impurezas, no por un decreto, sino por un acto, y camina libremente sobre ellas. Además, las coagula (lo que es más) a fin de que sean lo bastante duras como para que esas aguas, que antes llevaron navíos, lleven ahora su carro. Pone las montañas al mismo nivel que las llanuras y no teme las llamas del fuego y, así, se dirige libremente a donde quiere, de las columnas de Hércules a las de Dioniso, hasta los confines más alejados de la India.

EMBLEMA XXXV DE SECRETIS NATURAE

Ceres Triptolemum, Thetis Achillem, ut sub igne morari assuefecit, sic artifex lapidem

Epigramma XXXV

Respice Triptolemum, durumque in praelio Achillem,
Matre docente, aestus ut didicere graves.
Illum Diva Ceres, Thetis hunc durabat in igne
Noctu, lacte ferens ubera plena die:
Haud secus assuescat medicina beata Sophorum,
Quam puer ad mammas, ut queat igne frui.

EMBLEMA XXXV DE LOS SECRETOS DE LA NATURALEZA

Como Ceres acostumbró a Triptólemo, y Tetis a Aquiles, a permanecer en el fuego, así el artista actúa con la Piedra

Epigrama XXXV

Mira cómo Aquiles, duro en el combate, y Triptólemo
desafían los ardores del fuego gracias a sus madres.
La divina Ceres y Tetis los endurecían en el fuego por la noche
y por el día les ofrecían la leche de sus pechos generosos.
Que la bienaventurada medicina de los sabios les enseñe
a disfrutar del fuego como el niño disfruta del pecho materno.

Licurgo, el famoso legislador de los espartanos, mostró al pueblo convocado en asamblea, mediante un ejemplo visual, la importancia de la práctica y el hábito, sean buenos o malos. Tomó dos pequeños perros procedentes de la misma camada y puso ante ellos un plato con comida y un conejo. Viendo la comida y el conejo, uno de los cachorros dejó la primera y corrió en persecución del segundo, porque había sido adiestrado para hacerlo, mientras que el otro, desdeñando el conejo, vació el plato como era su costumbre. Entonces, Licurgo dijo: «Ved aquí la importancia de la educación y los hábitos formados desde la edad más temprana, incluso en aquellos a los que la naturaleza ha hecho iguales y semejantes en todo. Conviene, pues, enmendar la naturaleza de este modo y dirigirla hacia lo mejor, pues es como de cera y fácilmente se puede inclinar hacia el vicio o hacia la virtud».

Esta ley, cuya verdad demostró Licurgo en el ámbito de la ciudad, se verifica igualmente en física. Tanto entre los hombres como entre los animales irracionales, ejemplos cotidianos manifiestan en todas partes la importancia del hábito. También entre los vegetales se encuentran en gran número hechos de similar naturaleza. Es más raro constatarlos entre minerales y metales. A pesar de ello, los filósofos fijan su piedra acostumbrándola al fuego que le conviene, como indican en numerosos lugares. En efecto, hay que alimentarla de fuego, como el niño se alimenta de leche en el seno materno. Por eso Emiganus[75] dice: «Mirad al niño que la madre amamanta, y no se lo impidáis». Y Bodillus:[76] «El embrión que ha salido (de su madre) se alimenta sólo de leche y de fuego, por sí mismo y progresivamente, mientras es un niño pequeño, y, cuanto más completamente se consume, más se fortalecen sus huesos y llega así al estado juvenil; cuando llega a ese punto, ya tiene bastante». Y Arnau en el *Rosario* (libro 2, cap. 7): «Es importante, sin embargo, que la propia medicina sea asada bastante tiempo sobre el fuego y alimentada como un niño en el pecho».

Los filósofos más antiguos quisieron demostrar las mismas verdades con las alegorías de Triptólemo y Aquiles, que fueron habituados a permanecer tendidos en el fuego para endurecerse y que no designan otra cosa que el sujeto filosófico, pues, de lo contrario, eso no sería sino una fábula absurda, indigna de adaptarse a las realidades morales y ser llevada a los oídos de hombres instruidos. Ceres, desempeñando el papel de nodriza, alimentaba a Triptólemo con leche durante el día y lo ponía en las llamas por la noche.[77] El niño estaba así alimentado de forma perfecta, pero un día su padre Eleusinio observó la escena. Ceres entonces dio muerte a Eleusinio y ofreció al joven Triptólemo un carro tirado por serpientes, con el que se dirigió por el aire a todas las regiones del mundo y enseñó a los mortales el cultivo de los cereales. Pero Triptólemo es la tintura filosófica alimentada de esta manera en el fuego; conducida por serpientes, es decir, por Mercurio, ha enseñado a los mortales cómo deben ser arrojadas a su tierra las semillas filosóficas. Se atribuye lo mismo a Osiris, que por esta razón recorrió el universo, como hemos expuesto en otra parte, y a Dioniso, que viajó a través del mundo enseñando a los hombres el uso del vino. Los tres, Triptólemo, Osiris y Dioniso, tienen el mismo significado y la misma función; es más, son una única realidad. Y lo mismo Aquiles, que, tras convertirse en un hombre muy robusto, había de ser enviado a la guerra de Troya. Su padre es Peleo, es decir, la tierra o el monte Peleo, y su madre Tetis, diosa del mar o de las aguas. De ellos nació Aquiles. Pero a sus bodas se llevó la manzana de oro de Eris, causa primera de la guerra de Troya; así, el nacido de esa unión fue protagonista de aquella guerra. Se dice que Aquiles fue endurecido por su madre de la misma manera que Triptólemo, del que ya hemos hablado, lo había sido por Ceres. Pero ya hemos dicho bastante sobre este punto en el sexto capítulo del *Libro de los jeroglíficos*,[78] y consideramos superfluo repetirlo aquí.

La piedra tiene, pues, el fuego como alimento, pero no es por ese medio como aumenta en longitud, anchura y profundidad, como algunos podrían creer de forma equivocada; pues no obtiene del fuego más que su virtud, su maduración y su color, y lleva todo lo demás con ella, a la manera de provisiones y dinero para el viaje. Cuando todas sus partes procedentes de lugares diversos han sido reunidas, purificadas y ensambladas, posee en sí misma todo lo que necesita. De ahí las palabras del Filósofo en el *Rosario*: «Esta agua contiene en sí misma todo lo que el feto necesita». Y no se le añade nada extraño desde el principio hasta el final, a menos que se haga homogéneo; nada se separa de ella, salvo las partes heterogéneas. Conviene, por lo demás, estar atento para reconocer los dragones que deben ser uncidos al carro de Triptólemo antes de emprender cualquier cosa; son alados y volátiles. Si deseas conocerlos, los encontrarás en el estiércol filosófico. Son estiércol y engendrados del estiércol; son ese vaso del que María dice que no es de nigromante, sino el régimen de tu fuego, sin el que nada podrás realizar. Yo te he descubierto la verdad que he extraído, al precio de un ingente esfuerzo y tras consagrar a ello gran número de años, de los monumentos dejados por los antiguos.

EMBLEMA XXXVI DE SECRETIS NATURAE

Lapis projectus est in terras, & in montibus exaltatus, & in aere habitat, & in flumine pascitur, id est, Mercurius

Epigramma XXXVI

Vile recrementum fertur LAPIS *atque jacere*
Forte viis, sibi ut hinc dives inopsque parent.
Montibus in summis alii statuere, per auras
Aeris, at pasci per fluvios alii.
Omnia vera suo sunt sensu, postulo sed te
Munera montanis quaerere tanta locis.

EMBLEMA XXXVI DE LOS SECRETOS DE LA NATURALEZA

La Piedra ha sido tirada a tierra y exaltada sobre las montañas; habita en el aire y se alimenta en un río que es el mercurio

Epigrama XXXVI

La PIEDRA, vil desecho, yace, se dice, en los caminos
a disposición de ricos y pobres.
Otros dicen que se encuentra en la cima de las montañas,
en la brisa del aire, o bebiendo en los ríos.
Todo eso es cierto en un sentido, pero yo te aconsejo
que busques esos presentes en lugares montañosos.

Todos los que han oído hablar, aunque fuera una sola vez, del nombre y el poder de la Piedra, a no ser que sean absolutamente incrédulos, acostumbran a preguntar dónde se la puede encontrar para correr a buscarla por la vía más rápida. Los filósofos responden de dos maneras: dicen primero que Adán la llevó con él al salir del Paraíso, que está en ti, en mí y en todo hombre, y que los pájaros la traen volando de lugares alejados. Afirman por otra parte que se la encuentra en la tierra, las montañas, el aire y los ríos. ¿Por cuál, pues, de esas dos vías hay que buscarla? Por una y por otra, pero de la manera que conviene a cada una. La segunda, sin embargo, nos agrada más y nos parece más segura.

Se dice que la piedra ha sido tirada a tierra, porque el elemento tierra es el primero en aparecer en el cuerpo oscuro y negro; luego porque es cosa vil y de escaso precio, pisoteada en el camino por los viajeros, y que puede estar incluso en el estiércol. Por eso el *Rosario* dice: «Si yo la llamara por su nombre propio, los necios no creerían que se trata de ella». Y Morieno responde a Calid, que quiere saber si se la encuentra en mucha cantidad: «No falta, como dice el Sabio, ni al rico ni al pobre, ni al hombre generoso ni al avaro, ni al que anda ni al que está sentado. Pues se tira en los caminos y se la pisotea en el estercolero; muchos son los que en el pasado han hurgado en el estiércol para extraerla, pero fracasaron en su empresa». Mundo dice también en la *Turba*: «Si los comerciantes la conociesen, no la venderían a tan bajo precio». Y Arnau dice que se puede conseguir la piedra por nada, en cantidad tan grande como se quiera y que no es necesario preguntar a nadie al respecto. Y todo esto es cierto. En efecto, ¿quién que sea humano negará la tierra y el agua a quien se la pide? Como los antiguos cimbrios habían pedido tal presente a los romanos y no pudieron obtenerlo, desplegaron sus tropas, entraron en Italia y mataron a miles de romanos con sus cónsules, como atestigua la historia. Pues la tierra es lo más valioso en tanto que madre y lo más vil en tanto que materia última de las cosas putrefactas. Nada más vil que el limo o el fango, y, sin embargo, no es otra cosa que tierra mezclada con agua. ¿Qué hay más común que una pella de tierra? Y, sin embargo, Eurípilo, hijo de Neptuno, la ofreció como presente de hospitalidad a los héroes argonautas. Aceptada con un corazón agradecido, y luego disuelta en agua, fue para Medea ocasión de numerosas profecías. En efecto, hay que disolver la tierra en agua, pues de lo contrario una y otra carecen de poder.

Así pues, la piedra es tirada a la tierra; sin embargo, no se queda allí despreciada, sino que es exaltada sobre las montañas, el Athos, el Vesubio, el Etna y sus iguales, que vomitan llamas, y que se ven en gran número en diversas partes del globo. En ellos arde un fuego perpetuo que sublima la piedra y la lleva a la dignidad suprema. Igual que su crecimiento tiene lugar en las montañas bajo una forma tosca, a partir del azufre y la plata viva, también madura y se perfecciona en la cumbre de los montes, donde crece igualmente una hierba sin la que el fuego no puede ser controlado. Si esa planta húmeda y fría se arroja al fuego, la violencia de éste es atenuada por su contrario. La piedra pasa de las montañas al aire, donde encuentra una morada. En efecto, el aire se convierte para ella en una casa que la envuelve, lo que corresponde ni más ni menos al hecho de ser llevada en el vientre del viento y nacer en el aire, expresiones de las que ya hemos hablado.[79]

Finalmente, se alimenta en los ríos, es decir, que Mercurio se alimenta en las aguas. Por eso los griegos practicaban hidroforias en su honor, pues la materia de la Piedra de los filósofos es el agua, como dice el *Rosario*, y esto debe entenderse del agua de los tres. Por esta razón Mercurio es igualmente llamado tricéfalo, a saber, marino, celeste y terrestre, porque está presente en el agua, la tierra y el aire. Se dice que fue educado por Vulcano y que tiene una inclinación pronunciada por los hurtos, porque Mercurio, que es volátil, aprende a soportar el fuego y se lleva consigo aquello con lo que está mezclado. Dictó antaño sus leyes y enseñanzas a los egipcios, y también la religión a los sacerdotes de Tebas y a una gran parte del mundo, pues fue según el modelo de las realidades químicas como los egipcios organizaron su política y su culto, igual que los griegos y los romanos, y lo mismo hicieron también muchas otras naciones, como se ha expuesto más ampliamente en otro lugar. Mercurio mató a Argos con una piedra y transformó a Battus en un mojón indicador de piedra. ¿Para qué extenderme? Los libros de los autores químicos no hablan sino de Mercurio, y confirman suficientemente su poder mediante estas palabras:

Mercurio contiene todo lo que buscan los sabios.

Habrá, pues, que buscarlo hasta que se lo encuentre, en cualquier lugar donde resida: en el aire, el fuego, el agua o la tierra. Pues él es vagabundo, tan pronto corre aquí como allá, al servicio de los dioses químicos, como si fuera su auxiliar, y este papel que es el suyo queda subrayado por el hecho de que algunos le dan como hija a Angelia.

EMBLEMA XXXVII DE SECRETIS NATURAE

Tria sufficiunt ad magisterium, fumus albus, hoc est, aqua, leo viridis, id est, aes Hermetis, & aqua foetida

Epigramma XXXVII

Terna magisterii sunt semina, foetida Lympha,
Et niveus vapor, ac pelle LEO *viridi:*
Unda parens peperit, restant quae elementa, Sophisque,
Ut lapidem faciant, ultima primaque ea est.
Aes Hermetis at est viridis LEO, *petraque nota*
Librorum capitulis, Fumus et albus aqua.

EMBLEMA XXXVII DE LOS SECRETOS DE LA NATURALEZA

Tres cosas bastan para el magisterio: el humo blanco, es decir, el agua, el León verde o bronce de Hermes y el agua fétida

Epigrama XXXVII

Para nuestro magisterio necesitamos tres simientes:
el agua fétida, el vapor níveo y el LEÓN de piel verde.
Los demás elementos salen del agua: los sabios
sacan de ahí su Piedra; ella es principio y término.
El bronce de Hermes es el LEÓN verde, la Piedra conocida
por los capítulos de los libros es el agua y el humo.

Discurso xxxvii

La construcción de todo edificio requiere tres cosas esenciales; si una de ellas falta, la obra no puede de ninguna manera ser perfecta; son los cimientos, los muros y el tejado. Se necesitan otras tantas partes para completar el compuesto filosófico, y aquí se las designa por su nombre. El autor de la *Aurora* dice en el capítulo 20 al hablar de la separación de los elementos: «La tierra se deja en este lugar para que los otros tres elementos puedan enraizar en ella; si no estuviera, los elementos carecerían de los cimientos necesarios para construir encima una nueva casa de los tesoros».[80] Ese cimiento se denomina aquí agua fétida; ésta es la madre de todos los elementos, como dice el *Rosario*, y a partir de ella los filósofos lo preparan, me refiero al Elixir, al comienzo y al final. Se la llama fétida porque desprende una hediondez sulfurosa y un olor a sepulcro. Es la célebre agua que Pegaso hizo nacer al golpear el Parnaso con su casco, la que la montaña de Nonacris en Arcadia hizo brotar de la roca, la que no se puede conservar más que en un casco de caballo, a causa de su inmensa fuerza. Es el agua del dragón, como la llama el *Rosario*, que debe ser realizada en el alambique sin añadirle nada, y cuya fabricación está acompañada de una fetidez extrema. Algunos, habiendo escuchado estas palabras, se han dedicado a destilar excrementos humanos o animales: han padecido, ciertamente, una fetidez extrema en la operación, pero sólo han encontrado excrementos en los excrementos. Mas no se piense que los filósofos son como escarabajos que operan en los excrementos. Debes saber que la fetidez, si existe, se transforma pronto en un intenso perfume, como atestigua Llull de su quintaesencia, a la que atribuye un olor tan suave, cuando se ha confeccionado según las reglas, que, puesta en la parte superior de la casa, detiene en su vuelo a las águilas y las atrae hacia sí. Él pone su quintaesencia en el estiércol, cuyo calor suave provoca el desprendimiento del citado perfume. Algunos han intentado conseguirlo con vino muy fuerte, pero sin éxito, y, a resultas de ello, han acusado a Llull de mentir, cuando ellos mismos deberían ser tachados de necedad, ellos, que jamás gustaron el vino de Llull. Pero el excelente poeta de oro[81] ha comprendido mejor a Llull, al que canta así en el Libro I de la *Chrysopoeia*:

> Pero aquél no entendió ni siquiera lo que el autor parecía decir
> a primera vista; y de los vinos que gotean
> no supo luego realizar la mezcla, etc.

Después del agua fétida aparece el León verde.[82] El *Rosario* dice de él: «Has preguntado qué era el verde, pensando que el bronce era un cuerpo leproso a causa del verde que posee. Por eso te digo que todo lo que existe de perfecto en el bronce es ese verde que está en él; pues ese verde es transformado de inmediato por nuestro magisterio en nuestro oro muy verdadero, tal como hemos experimentado. Pero no podrás de ninguna manera preparar la piedra sin el duenech verde y líquido que parece nacer en nuestras minas. ¡Oh verde bendito que engendras todas las cosas!». Sabe pues que ningún vegetal, ningún fruto germina sin que el color verde esté presente. Sabe, igualmente, que la generación de esta cosa es verde, y que por esta razón los filósofos la han denominado «germen». Dice el *Rosario*: «Es el oro y el bronce de los filósofos, la Piedra conocida en los capítulos, el humo, el vapor y el agua, la saliva de la Luna que está unida a la luz del sol». Este León verde lucha con el dragón; pero es vencido por él y, con el tiempo, devorado. Cuando el león ha comenzado a pudrirse, se espera que de su boca salga dulzura (como de la boca del león al que Sansón dio muerte). El dragón, mostrándose superior, se atiborra de la carne del león, de modo que en poco tiempo revienta y muere. Se podrá hacer de él una medicina muy eficaz y muy útil para todo género de afecciones, dado que en sí misma la grasa de león, utilizada todos los días, sirve de remedio contra la fiebre y procura gracia y favor ante los reyes y los pueblos a todos los que con ella son ungidos.

En tercer lugar viene el humo blanco. Si se lo coagula, se convierte en agua y sirve como agua para lavar, disolver y quitar las manchas a la manera del jabón. Es el fuego contra natura que debes esforzarte en descubrir. Se lo denomina así porque es contrario a la naturaleza, deshaciendo y destruyendo lo que ésta había compuesto con atento cuidado. No se alimenta este fuego con el espíritu del vino o del aceite, sino con la ayuda de una materia incombustible, de duración y calor constantes; es un fuego sin luz, cuya combustión posee gran virtud y eficacia; encontrarlo en las tinieblas no es empresa sencilla, puesto que no luce; aplicarlo a la obra de manera conveniente es mucho más difícil todavía. En diversos lugares hemos descrito de forma suficiente sus particularidades y sus propiedades.

Rebis, ut Hermaphroditus, nascitur ex duobus montibus, Mercurii & Veneris

Epigramma XXXVIII

Rem geminam REBIS *veteres dixere, quod uno*
Corpore sit mas haec foeminaque, Androgyna.
Natus enim binis in montibus HERMAPHRODITUS
Dicitur, Hermeti quem tulit alma Venus.
Ancipitem sexum ne spernas, nam tibi Regem
Mas idem, mulierque una eademque dabit.

EMBLEMA XXXVIII DE LOS SECRETOS DE LA NATURALEZA

El Rebis, como Hermafrodita, nace de dos montañas:
la de Mercurio y la de Venus

Epigrama XXXVIII

Los antiguos relatos hacen de REBIS un ser doble:
andrógino, macho y hembra en un solo cuerpo.
Es, nacido en la montaña doble, HERMAFRODITA,
a quien la nutricia Venus dio nacimiento para Hermes.
No le desprecies por su sexo ambiguo:
este hombre-mujer un día te dará el rey.

Cuando le preguntaron por su patria, Sócrates respondió que era cosmopolita o ciudadano del mundo. Quería indicar así que, aunque su cuerpo hubiera nacido en Atenas, recorría libremente, por su espíritu, el mundo entero y todo lo que contiene, puesto que el sabio tiene por patria la tierra entera, y puede vivir a su gusto en toda ella. Si se pregunta a los filósofos cuál es la patria de su Hermafrodita, responden que es cósmico, visible en todos los rincones del mundo, allí donde se encuentren los elementos; es el hijo de los sabios y posee con ellos una patria común. Sin embargo, no sucede que se nazca dos o más veces, nadie hace su entrada en este mundo en dos sitios distintos, sino en uno solo; y como Sócrates es tenido por ateniense, así el Rebis es considerado habitante de dos montes, los de Hermes y Venus, de donde procede el nombre de Hermafrodita que se le atribuye, a causa de sus dos padres.[83] Sus dioses de la tierra están también en las montañas, su patria es excelsa y él desciende, pues, de una elevada estirpe. Sin duda no es un factor sin importancia, si se quieren realizar grandes gestas, una patria noble y poderosa, en la que los ciudadanos sean preferidos a los extranjeros y se les destine a cargos públicos, de modo que no vivan en la oscuridad –como sucede en los lugares modestos–, y se refleje en ellos algo del brillo de su patria; pero es más grande aún distinguirse por las propias virtudes, aunque se tenga un origen humilde, y procurar luz al país de origen. Así sucede con esas montañas que, ignoradas por muchos, adquieren renombre gracias al Hermafrodita, a sus ilustres hazañas y a su nombre célebre en toda la tierra. ¿Quién, en efecto, por poco que conozca los libros de los filósofos, no conoce el Rebis? ¿Quién no ha visto o tenido noticia del andrógino de dos cabezas? Ciertamente, se ha hecho conocer hasta en las Indias, y su celebridad ha llegado más lejos que la del rey Alejandro.

Muchos son los que parten a regiones lejanas para ver e interrogar a algún sabio u hombre célebre por su competencia en el dominio militar, el arte o la ciencia. Pero mucho más numerosos son los que se dirigen a esos montes del Rebis, por poco que sepan en qué lugar se encuentran. Morieno cuenta en su libro[84] con qué celo y cuidado, después de haber dejado Roma, buscó a Adfar de Alejandría, al que terminó por encontrar. Por esta razón debe ser tenido por afortunado y amado de Dios, pues aprendió de un preceptor vivo y no de un libro mudo, y pudo ver frente a él el lugar natal del Rebis. Una perseverancia y un celo no menores deben testimoniar quienes, instruidos por la razón y las indicaciones de los libros, buscan solos la patria del Rebis. Pues, aunque los libros parezcan a veces contener claridad, ésta está rodeada y velada por todas partes por una gran oscuridad, hasta el punto de que apenas se llega a reconocer y distinguir una de otra. Por eso hay que avanzar con precaución, para no utilizar como veneno lo que ha sido preparado como remedio. Los libros de los filósofos constituyen un inmenso océano. Cuando se recorre ese océano, los navegantes experimentados pueden conocer la latitud, que es la elevación del Ecuador por encima del horizonte, por medio de sus instrumentos astronómicos, pues la aguja imantada señala el polo septentrional, pero les es imposible saber la longitud, es decir, el número de grados que los separa del meridiano de origen situado muy cerca de las Islas Afortunadas. Por eso ignoran en qué lugar se encuentran entre el poniente y el levante. ¿Qué se debe hacer en ese caso? Lo que hacen de ordinario los navegantes, ayudando a la experiencia con la razón, es aprender a regular un largo viaje por medio de signos particulares, promontorios, islas y demás, para no tropezar por imprudencia con bancos de arena o con escollos. Si no se avanza, el peligro de navegar en la obra de los filósofos es menor que en la navegación común, pues en ésta se puede perder la vida y los bienes en una hora; pero si se avanza se encuentra un provecho mayor.

La montaña del Mercurio filosófico no es la montaña de Nonacris ni de Atlas, donde a veces se dice que nació, sino el Parnaso de dos cumbres, una de las cuales es residencia de Hermes, y la otra, de Venus. Allí se encuentran también Apolo con las Musas y la fuente de Pegaso, y el Hipocrene con el laurel siempre verde. Este monte posee un nombre único, pero en realidad es doble, igual que el Hermafrodita que tiene dos cabezas y dos miembros en un solo cuerpo. Pero ¿hay uno entre mil que persevere en el intento de llegar a la cima de este monte? ¿Quién no queda pegado a las raíces, trabado por no sé qué rémoras? ¿Cuántos alcanzan el centro de su ombligo?

> Pues la ascensión no es fácil para quien quiere ganar las alturas escarpadas;
> un sudor abundante le destruye; sin sueño, privado del olivo nocturno,[85]
> se debilita, y deplora todo lo que hasta entonces había alabado en sí mismo,
> él, que desea recibir el honor de los laureles eternos.

Por eso no es sorprendente que, de diez mil, sólo uno lleve a término estos trabajos de Hércules, plante sus pies en la cima del monte y reciba la recompensa inmortal del laurel. Que todos aquellos que estén abiertos a la enseñanza, entregados a la virtud y a las letras, y que posean un espíritu bueno obtengan la recompensa a sus esfuerzos, y que los cerdos y los perros se vean privados de ella, tal debe ser nuestro único anhelo.

Oedypus Sphynge superata & trucidato Lajo patre matrem ducit in uxorem

Epigramma XXXIX

Sphyngem aenigmatico Thebis sermone timendam
Oedypus ad propriam torserat arte necem:
Quaesitum est cui mane pedes sint bis duo, luce
Sed media bini, tres ubi vesper adest.
Victor abhinc Lajum nolentem cedere caedit,
Ducit et uxorem quae sibi mater erat.

EMBLEMA XXXIX DE LOS SECRETOS DE LA NATURALEZA

Edipo, tras vencer a la esfinge y matar a su padre Layo,
hizo de su madre su esposa

Epigrama XXXIX

La esfinge, que atemorizaba a Tebas con sus enigmas,
fue obligada por Edipo a darse muerte.
Edipo debía averiguar cuál es el ser que por la mañana
tiene cuatro pies, dos a mediodía y tres por la tarde.
Vencedor, mata a Layo, que no quiere cederle el paso,
y de su madre hace su esposa.

Discurso xxxix

El filósofo Bacasser dice en la *Turba*: «Lo que buscáis no es de escaso valor. Buscáis el mayor de los tesoros, el presente más excelente de Dios. Y reconoced, oh buscadores, lo que los filósofos han indicado siempre diciendo: lo que es recto no se distingue sin error, y nada engendra más sufrimiento en el corazón que el error en este arte y en esta obra; pues si uno cree haberlo realizado y poseer el mundo, se encontrará con las manos vacías». Los filósofos antiguos quisieron mostrar las mismas verdades proponiendo la imagen de la Esfinge, que representa la oscuridad y las complicaciones de la obra. Por eso, en los misterios isíacos que los egipcios celebraban en honor de Osiris, unos sacerdotes mitrados, con la cabeza y todo el cuerpo rasurados, con túnica blanca y vestimenta de lino, levantaban sobre la parte delantera del altar una estatua del Silencio denominada Sigalión, para que esos misterios quedasen ocultos y se mantuviesen ignorados por el pueblo; los asistentes recibían el mandato de callarse y volver los ojos hacia aquella imagen. Con el mismo propósito colocaban en las esquinas del altar unas estatuas de la Esfinge que significaban el conocimiento secreto de las cosas sagradas, como pone de manifiesto Boissard[86] a partir de escritos antiguos. En efecto, la esfinge es una especie de monstruo muy oscuro que propone enigmas no sólo a los tebanos, sino también a los egipcios antes que a ellos, y a todos los que aspiran a este arte después de ellos, y monta guardia en los libros de los filósofos como ante las puertas de Tebas. Si alguien huye de ese monstruo, éste no le causará ningún mal, pero el hombre que apoyándose en la audacia de su valor o su talento intenta resolver sus enigmas prepara, si fracasa, su propia muerte, es decir, dolor para su corazón y daño para sus bienes, por haberse equivocado en esta obra. Quien aplica esas alegorías a la historia posee un champiñón en lugar de cerebro y un melón en lugar de corazón, como dice el cómico, y no juzga más sanamente que el que se extravía cuando está en el camino correcto. Esas cosas son pueriles y propias de viejas si se las toma al pie de la letra; comprendidas de otro modo son testimonios y señales de una doctrina profunda. Se dice, es verdad, que existen en África animales monstruosos llamados esfinges, pero no es de ellos de los que aquí se trata, aunque su origen y su nombre parecen haber sido tomados de los que nos ocupan. La esfinge filosófica comprendía y utilizaba un lenguaje humano, la lengua griega, y proponía jeroglíficos sutiles y preguntas enigmáticas en las que se percibe la extremada finura de un saber y una doctrina notable que evita exhibir ante el primero que llega (pues los seres sin razón están muy alejados de todo esto). Ésas son las enseñanzas filosóficas: sólo aquellos que se han entregado a su estudio las comprenderán fácilmente. Pues allí donde se dice una cosa y se comprende otra, el equívoco engendra el error; a los filósofos, sin embargo, no sólo les está permitido actuar así, sino que se les ordena que lo hagan.

La ciudad de Tebas, que había estado atormentada durante mucho tiempo por los enigmas de la esfinge, encontró a un hombre llamado Edipo que respondió a las preguntas planteadas, de modo que la esfinge fue obligada a precipitarse desde lo alto de una roca. Pero ¿quién era Edipo? Era el hijo del rey de los tebanos. Habiendo predicho un oráculo a su padre que su hijo le mataría, el rey ordenó dar muerte a Edipo. Fue colgado de un árbol con una cuerda pasada por unos agujeros practicados en sus pies. Así le abandonaron, pero fue liberado y criado por un campesino. Cuando creció tenía, cierto es, los pies hinchados, pero manifestó de forma clara la vivacidad superior de su inteligencia resolviendo el enigma propuesto por la esfinge. Se dice que los enigmas de la esfinge eran muy numerosos, pero que el principal era éste, que fue planteado a Edipo: «Por la mañana tiene cuatro pies; a mediodía, dos; por la tarde, tres. ¿Quién es?». Se ignora lo que Edipo respondió; algunos han pensado que se trata de las edades del hombre, pero se equivocan en su interpretación. En efecto, se debe considerar primero el cuadrado o los cuatro elementos de todas las cosas; de ahí se llega al hemisferio (que tiene dos líneas, una recta, otra curva), es decir, la luna blanca; después se pasa al triángulo, que se compone del cuerpo, el espíritu y el alma, o del Sol, la Luna y Mercurio. Por eso dice Rhazes en su *Epístola*: «La Piedra es un triángulo en su ser, un cuadrado en sus cualidades». Éste es también el tema del emblema XXI y de su explicación.

Edipo es acusado de parricidio y de incesto, los dos crímenes más horribles que cabe imaginar, y que sin embargo le llevaron al trono (trono que, por otra parte, le correspondía por otros motivos). En efecto, mató a su padre, que no le quería ceder el paso, y se casó con su propia madre, la reina, esposa de Layo. Sin embargo, esto no se escribió como historia o ejemplo que se deba imitar, sino que los filósofos lo inventaron y presentaron de manera alegórica para expresar los secretos de su doctrina. Los dos crímenes referidos se encuentran, efectivamente, en esta obra; pues el primer agente, o padre, es derribado y abatido por su efecto, o hijo; después, ese mismo efecto se une a la causa segunda hasta devenir una sola cosa con ella; así, el hijo se une en matrimonio con su madre y se apodera del reino de su padre como en virtud del triple derecho de las armas, la alianza y la sucesión. Tiene los pies hinchados y, en consecuencia, no puede correr, se parece a un oso, como dice *El secreto supremo*, o a un sapo, por su lento caminar. Siendo fijo, fija a los demás cuerpos; no huye ni teme el fuego. Los filósofos tienen necesidad de este medio, aunque sea vil.

EMBLEMA XL DE SECRETIS NATURAE

Ex duabus aquis, fac unam, & erit aqua sanctitatis

FUGA XL. in 6. infrà.

Auß zweyen Waſſern mach eins/vnd es wirt ſeyn das Waſſer der Geſundheit.

Epigramma XL

Sunt bini liquido salientes gurgite fontes,
Hinc Pueri calidam suggerit unus aquam:
Alter habet gelidam, quae Virginis unda vocatur,
Hanc illi jungas, sint aquae unda duae:
Rivus & hic mixtas vires utriusque tenebit,
Ceu Jovis Hammonii fons calet atque riget.

EMBLEMA XL DE LOS SECRETOS DE LA NATURALEZA

De dos aguas haz una sola: ésa será el agua de santidad

Epigrama XL

Hay dos fuentes de las que manan sendos chorros;
el agua de una de ellas, la del niño, es tibia,
pero el agua de la otra es fresca: se la llama fuente de la Virgen.
Dales un mismo curso juntando sus aguas:
esa corriente reunirá las virtudes de las dos fuentes.
Como la fuente de Júpiter Amón, es a la vez caliente y fría.

Tan grandes y numerosos son los prodigios realizados por las aguas, que un grueso volumen apenas podría contenerlos; diversos autores han tratado de ellos en distintos lugares. Pero, por encima de todo lo demás, se celebra a las dos aguas filosóficas, afirmando de ellas que no sólo igualan, sino que superan a todas por sus propiedades y poderes. El Síbaris y el Axio de Macedonia, el Melas de Beocia, son ríos que vuelven negros a los rebaños que beben de sus aguas. En cambio, el Crathis, el Clitumne de Mevania y el Cefiso los hacen pasar del negro al blanco. Las aguas de Sinuessa, en Campania, ponen fin a la esterilidad de uno y otro sexo. El río Afrodisio hace estériles a las mujeres. La fuente Cabura, en Mesopotamia, posee un agua de olor agradable. El agua de Anigro, en el Peloponeso, desprende una fuerte hediondez. La fuente de Júpiter Amón se vuelve a veces fría por el día, caliente por la noche, tibia por la mañana y la tarde. Sin detenernos en las otras, digamos que las aguas de los filósofos procuran todos los efectos, incluso los que son más opuestos entre sí. Llull habla de ellos en el *Libro de la quintaesencia* (3ª distinción: la preparación de la cera): «Así, hay en el arte –dice– una doble consideración: hay que realizar, a partir de la naturaleza de un solo metal, dos líquidos de composición opuesta; uno tendrá una virtud que fija, coagula y endurece, el otro será volátil, inestable y blando. Este segundo líquido es endurecido, fijado y coagulado por el primero. De esos dos líquidos sale una piedra coagulada, fija y dura, que posee el poder de coagular lo que no lo está, de endurecer lo que es blando y ablandar lo que es duro». De aquí se deduce la naturaleza de esas dos aguas y por qué hay que reducirlas a una sola. La piedra es denominada agua porque funde. Y, a la inversa, el agua es llamada piedra porque muele. Esas aguas son traídas de diversos lugares, a veces siguiendo un largo trayecto, como se puede ver en Roma, en los alrededores de la Fuente de la Virgen y de otras fuentes artificiales, y luego es necesario hacerlas confluir y mezclarlas para que, de dos, se hagan una sola. Si, en efecto, una es caliente y la otra fría, adquirirán virtudes mixtas cuando se las mezcle, y sus poderes se temperarán de forma admirable. De ahí nacerán aguas medicinales y termales muy eficaces que combatirán las enfermedades y las afecciones de todo tipo y proporcionarán al hombre una salud vigorosa.

Mediante su arte secreto de las composiciones, la naturaleza combina y mezcla en el seno de la tierra, es cierto, gran número de aguas con las virtudes de diversos minerales; esas aguas procuran así la salud a muchos enfermos; pero la composición será mucho más eficaz si, además, intervienen el arte y el régimen conveniente, si se procede previamente a las evacuaciones y a lo demás, y si se mezclan entre sí las substancias que hay que mezclar. Aunque artificial en apariencia, esta composición es puramente natural, pues es una cosa única, simple, homogénea, hecha a partir de elementos diversos, imposible de realizar por el arte. Sin la ayuda de la naturaleza, a decir verdad, el arte no produce más que mezcla desordenada y confusión, pero no una unión verdadera y natural, que sólo la naturaleza puede realizar. La triaca comprende la mezcla artificial de diversas substancias simples; se obtiene triturando y haciendo fermentar, pero nadie afirmará sin temeridad que es una composición natural y todavía menos un medicamento homogéneo. Se asegura que, si se mezclan substancias artificiales, no penetran unas en otras por sus partes más tenues, aunque la industria humana no pueda distinguirlas y separarlas de nuevo. Pero se quiere examinar, a propósito de la mezcla de todas las cualidades, si las primeras triacas de todas las substancias simples han sido transformadas en una sola quintaesencia o si permanecen todavía en sus polvos o sus substancias, como los accidentes en el sujeto o el color en la pared; y a continuación lo que hay que decir de las cualidades segundas, terceras y cuartas. Es probable que todas las cualidades sigan adhiriéndose a sus sujetos propios y que no entren en composición entre ellas según una mezcla natural. Si fuera de otro modo, las cualidades abandonarían su cuerpo, las quintaesencias serían cuatro en todo compuesto artificial, correspondiendo así al número de las clases de cualidades, primeras, segundas, etc.; estarían entonces sin su cuerpo y serían separables; pero no sucede así.

Los autores escriben, a propósito del coágulo de la liebre, que en el caso de que haya un flujo debido a que la sangre es muy tenue, lo detiene y, de alguna forma, la coagula. En cambio, cuando hay coagulación y presencia de piedras, abre la vía a la sangre y la hace fluir. Así el vinagre, el plomo y otros muchos cuerpos pueden actuar de formas opuestas según la diversidad de los usos, pues la naturaleza ha realizado mezclas admirables. Así, igualmente, el agua filosófica posee virtudes variadas y opuestas, pues la naturaleza ha realizado su mezcla a partir de opuestos, con la ayuda del arte, y ha hecho de ella una substancia indivisible que no es otra cosa que la quintaesencia en relación a las otras substancias que se deben mezclar con ella.

EMBLEMA XLI DE SECRETIS NATURAE

Adonis ab apro occiditur, cui Venus accurrens tinxit Rosas sanguine

Epigramma XLI

Ex patre, Myrrha, suo pulchrum suscepit Adonim,
Delitias Cypriae, quem nece stravit aper.
Accurrit Venus et pede laesa cruore ruborem
Contulit ipsa rosae, quae prius alba fuit.
Flet Dea (flent Syri, luctus communis in orbe est)
Illum lactucis mollibus et posuit.

EMBLEMA XLI DE LOS SECRETOS DE LA NATURALEZA

Adonis es matado por un jabalí; Venus corre hacia él
y tiñe las rosas con su sangre

Epigrama XLI

De su propio padre, Mirra trajo al mundo a Adonis,
amado de Cipris,[87] al que un jabalí mató.
Venus corre; un rosal hiere su hermosa pierna;
la rosa blanca con su sangre se vuelve roja.
Los sirios y el universo entero lloran con la diosa.
Entre tiernas lechugas coloca Venus el cadáver de Adonis.

Hemos expuesto y refutado suficientemente en otras partes la forma particularmente impropia en que ciertos mitólogos explican la alegoría de Adonis, bien relacionando a este personaje con el Sol y al jabalí que le hizo perecer con el invierno penetrante, bien relacionándolo con las semillas de los cereales, que permanecen seis meses bajo la tierra con Proserpina y un tiempo igual con Venus. Proclamamos aquí, con la unanimidad de todos los filósofos, que por Adonis se entiende el Sol filosófico. De ahí estos versos:

> Y todo no es sino una misma cosa,
> Dioniso, Sol, Adonis.

Y Orfeo dice:

> Tú que disfrutas de nombres diversos, Adonis,
> Padre de los gérmenes, a la vez muchacho y muchacha.

Todo esto no se debe entender de ninguna manera del Sol celeste, sino del Sol filosófico. En efecto, éste es la expresión de uno y otro sexo, pero no aquél. Así, los filósofos atribuyen a Dioniso y al Sol las mismas propiedades que a Adonis, y a la inversa, lo mismo que a Osiris. Adonis es matado por un jabalí, es decir, por el vinagre muy agrio o agua disolvente cuyos dientes feroces y terribles hacen presa en Adonis. El Sol filosófico es, en efecto, herido de muerte por ese jabalí, se divide en pedazos y se disuelve. Pero Venus se esfuerza por socorrer a su amante, y, una vez muerto, lo coloca cuidadosamente entre lechugas. Igualmente Tifón da muerte a Osiris y lo corta en diversos pedazos que Isis, esposa de Osiris, recoge y entierra después de haberlos reunido. El mismo duelo que en Egipto seguía a la muerte de Osiris seguía a la de Adonis en Siria y en los reinos vecinos. Durante varios días se oían lamentos y gemidos, seguidos a continuación por danzas y manifestaciones de alegría, pues, se pensaba, el que estuvo muerto había vuelto de nuevo a la vida y era transportado al cielo. De ahí nace la vanidad de su religión o superstición pagana que conoció un inmenso desarrollo, proporcionándole el diablo la ocasión y procurándole falsos milagros.

Adonis nació (según la fábula) de Cinyras, rey de Chipre, y de su hija Mirra,[88] incesto criminal si se considera la historia, pero acto no ilícito, sino necesario, si se piensa en la alegoría. Pues nada se realiza en este arte si no es por la conjunción de la madre y el hijo, o la del padre y la hija, y si de ella no resulta un nacimiento. Aquí, en efecto, cuanto más cerca están los cónyuges por la sangre en primer o segundo grado de consanguinidad, más fecundos son, mientras que, a la inversa, cuanto más alejados están, más infecundos resultan, lo que sería inaceptable aplicado al matrimonio humano. Por eso Edipo se casó con su madre, Júpiter con su hermana, y lo mismo Osiris, Saturno, el Sol, el servidor rojo, Gabricio. En la metáfora de Belino citada por el *Rosario*, el Sol habla de Adonis (es decir, de sí mismo) de la manera siguiente: «Sabed que mi padre el Sol me ha dado autoridad sobre toda potencia y me ha cubierto con vestiduras de gloria». Y poco después: «Pues soy único y semejante a mi padre [...]. Yo saco a mis servidores de sus posibilidades y su naturaleza y los revisto en todas sus obras con mi esplendor y con la hermosa luz que mi padre me ha dado. Pues soy excelente, exalto todas las cosas y las abajo, y ninguno de mis servidores tiene poder sobre mí salvo uno, a quien se le ha dado por ser mi contrario. Y ése me destruye, pero no destruye mi naturaleza. Se trata de Saturno, que separa todos mis miembros. Después de esto, voy a mi madre, que reúne mis miembros divididos y separados. Yo soy aquel que ilumina todo lo que está en mí, y hago aparecer en el camino, al descubierto, la luz de mi padre Saturno, y también de mi madre que se muestra mi enemiga». Estas palabras son tan claras que, incluso para quien no esté sino escasamente versado en la lectura de los filósofos, pueden alejar las tinieblas de los ojos de su inteligencia y manifestar la luz solar, abundantemente percibida en las concordancias entre las realidades y los personajes. En efecto, las nociones verdaderas, aunque recubiertas por el velo de la alegoría, concuerdan entre sí en un concierto admirable, mientras que las nociones falsas se combaten entre sí y parten en direcciones diversas.

EMBLEMA XLII DE SECRETIS NATURAE

In Chymicis versanti Natura, Ratio, Experientia & lectio, sint Dux, scipio, perspicilia & lampas

Epigramma XLII

Dux Natura tibi, tuque arte pedissequus illi
Esto lubens, erras, ni comes ipsa viae est.
Det ratio scipionis opem, Experientia firmet
Lumina, quo possit cernere posta procul.
Lectio sit lampas tenebris dilucida, rerum
Verborumque strues providus ut caveas.

EMBLEMA XLII DE LOS SECRETOS DE LA NATURALEZA

Que la naturaleza, la razón, la experiencia y la lectura sirvan de guía, bastón, gafas y lámpara a quien está versado en la Química

Epigrama XLII

Que la naturaleza sea tu guía, que tu arte
la siga paso a paso, pues si te apartas de ella te extravías.
Que la razón sea tu bastón; fortaleciendo tus ojos,
la experiencia te hará ver a lo lejos.
La lectura, lámpara que brilla en las tinieblas,
te iluminará frente a la acumulación de palabras y materia.

Los accidentes que pueden sobrevenir a los viajeros son innumerables, sobre todo si éstos deciden hacer el camino a pie, por la noche, y a través de lugares resbaladizos y peligrosos. Para esa empresa cuatro cosas son absolutamente necesarias, sin hablar del dinero indispensable y un cuerpo robusto. Se necesita, en primer lugar, un compañero o guía que conozca los lugares que hay que atravesar. Pues si un ignorante conduce a otro ignorante les sucede lo mismo que a los ciegos, y si ambos no se precipitan en el foso, se extravían, al menos, en errores y caminos que les alejan de su objetivo. En segundo lugar, se precisa un bastón o cayado con el que ayudarse en el camino resbaladizo, para que no sea causa de ningún daño. En tercer lugar, ojos sanos; los viajes de este género son, en efecto, muy peligrosos para los ciegos o para quienes tienen alguna enfermedad en los ojos. Cuarto, una lámpara o antorcha encendida, para poder distinguir los lugares inciertos del camino.

De la misma manera, si alguien emprende un viaje difícil para buscar la Medicina de los Sabios, querrá tener consigo, además de los recursos y el vigor corporal, cuatro cosas paralelas a las mencionadas anteriormente, que son, respectivamente, la naturaleza, la razón, la experiencia y la lectura. Si una de ellas falta, el resto no podrá ser sino una ayuda mediocre o nula. Pues son como las cuatro ruedas del carro filosófico que le permiten avanzar: no puede faltarle ninguna, pues en tal caso de nada sirve el carro. La naturaleza presupone los cuerpos naturales y los espíritus, sujetos previamente proporcionados por la naturaleza, sobre los que el arte actúa luego preparándolos, purificándolos y manejándolos hábilmente de modo que se pueda conseguir lo que el arte se propone como meta. Así, el alfarero toma agua y tierra; el vidriero, cenizas y arena; el que prepara los metales, hierro, cobre, estaño, plomo, plata u oro; el curtidor, pieles animales, etc. Del mismo modo, el artista químico pone los ojos en sus materiales; unos conocen perfectamente los suyos el primer día; otros, cuando empiezan, permanecen a menudo ignorantes durante muchos años, por no decir durante toda la vida. Sin duda la naturaleza señala con el dedo las materias, pero muchas son las cosas que oscurecen la impresión de la naturaleza, de modo que no se las puede reconocer. El primer paso es, por tanto, contemplar detenidamente la manera en que procede la naturaleza en sus operaciones para poder obtener los sujetos químicos naturales, sin carencia ni superfluidad. Por eso la naturaleza debe ser la guía y compañera de tan importante viaje, y es necesario seguir la huella de sus pasos.

En segundo lugar, la razón debe ser como un bastón que hace firme el paso y asegura los pies para que no tropiecen. Sin ella se correrá el riesgo de caer en el error. Por eso los filósofos dicen: «A propósito de todo lo que oyes, razona para saber si puede ser así o no». En efecto, a nadie se induce a creer o realizar cosas imposibles, salvo si, dotado de una memoria débil, de un espíritu obtuso y de una imaginación estúpida, se impone esta tarea tomando lo falso por verdadero y rechazando lo verdadero como falso. Los filósofos afirman también que, digan lo que digan, no hay que preocuparse de las palabras, sino solamente de las cosas y de lo que debe ser comprendido; las palabras, dicen, están al servicio de las cosas, y no las cosas al servicio de las palabras. Si se dice, por ejemplo, que el vidrio se vuelve maleable por la tintura filosófica, ¿por qué no lo creeré, con tal de que me lo dicte la razón? En tercer lugar, la experiencia proporcionará unas gafas que permiten ver cosas lejanas. Son instrumentos ópticos que corrigen la debilidad de los ojos humanos y les sirven de ayuda y que han sido inventados y fabricados por el arte. Los experimentos con materias minerales vistos o verdaderamente oídos son muy parecidos. Cuanto más numerosos sean en la memoria, más podrá sacar de ellos la razón, para compararlos entre sí y con otros, y discernir lo que es verdadero de lo que no lo es. En cuarto lugar, la lectura debe brillar en la inteligencia como una lámpara luminosa, sin la cual habrá tinieblas y nubes densas por todas partes. La lectura de los buenos autores debe ser renovada con frecuencia, de otro modo no servirá de nada. De ahí lo que dice Bacasser en la *Turba*: «Por consiguiente, aquel que sea paciente y de buen corazón, avanzará por el justo sendero de este arte; pero si alguien piensa poder captar rápidamente el fruto de nuestros libros, se equivoca, y más le hubiera valido no haberles puesto los ojos encima, sino a la inversa». Así como la continuación de este pasaje.

EMBLEMA XLIII DE SECRETIS NATURAE

Audi loquacem vulturem, qui ne utiquam te decipit

Epigramma XLIII

Montis in excelso consistit vertice vultur
Assidue clamans; Albus ego atque niger,
Citrinus, rubeusque feror, nil mentior. Idem est
Corvus, qui pennis absque volare solet
Nocte tenebrosa mediaque in luce diei,
Namque artis caput est ille vel iste tuae.

EMBLEMA XLIII DE LOS SECRETOS DE LA NATURALEZA

Escucha al buitre que habla: no te engaña en absoluto

Epigrama XLIII

En la cima de una elevada montaña
un buitre grita sin cesar: Se dice que soy blanco y negro;
soy también amarillo y rojo y no miento.
Lo mismo el cuervo, que sabe volar sin alas
en la noche tenebrosa y en plena luz del día.
Uno u otro será lo principal de tu obra.

Diariamente oímos hablar, aquí y allá, de pájaros dotados del don de la palabra o que rivalizan con la voz humana: loros, cuervos, chovas, urracas. Así, Plinio escribe que en su época, cuando publicó su *Historia*, Agripina, mujer del emperador Claudio, poseía un tordo que imitaba las palabras de los hombres. Los jóvenes césares tenían por su parte un estornino y unos ruiseñores ejercitados en las lenguas latina y griega, que continuamente decían cosas nuevas y pronunciaban incluso largas series de palabras. No es raro encontrar pájaros así, y ahora parecen menos dignos de admiración, dado que el entrenamiento y el ejercicio pueden hacer hablar y charlar a todos los pájaros dotados de una lengua bastante larga. Sin embargo, ese buitre del que los filósofos hacen mención no aprendió ejercitándose en las palabras que puede pronunciar, sino que por su propia naturaleza las expresa tácitamente. Los filósofos dicen que grita sin cesar y que proclama con voz fuerte quién es y qué es. Imita en esto a los grandes príncipes, que tienen siempre que anunciar sus títulos y su linaje al principio de sus proclamaciones, no por un rasgo de orgullo, sino a causa de los demás. De este modo hacen saber a todos la autoridad en virtud de la cual gobiernan y el derecho de herencia que reivindican.

Igualmente es importante conocer los colores –marcas, de alguna manera, de sus armas y sus títulos– de que goza el pájaro filosófico, y por los que supera a todos los demás. «Yo soy –dice, según una cita de Hermes en el *Rosario*–, el negro del blanco y el amarillo del rojo, y con seguridad soy verídico y no mentiroso.» Se declara negro, blanco, amarillo y rojo, y lo es verdaderamente, pues aunque todavía no posea los tres últimos colores de forma actual, espera su herencia. Por eso dice Rosino en el *Libro de las interpretaciones divinas*: «Coge la piedra que es negra, blanca, roja, amarilla, el pájaro maravilloso que vuela sin alas en la negrura de la noche y en la claridad del día. Pues del amargor que está en su boca se saca una coloración, y de su sangre se saca un agua pura». Y dice Alejandro: «Coge la Piedra de cuatro colores, hijo mío». Los libros de los filósofos repiten hasta la saciedad que todos esos colores, que son los principales, se encuentran en la piedra en orden sucesivo.

No estará fuera de lugar decir por qué se denomina buitre al sujeto filosófico. Entre los buitres, dominan los negros, pero su vuelo es lento debido al volumen de su cuerpo. Se dice que esta ave concibe sin simiente masculina y sin unión, y que sus crías viven mucho tiempo, hasta cien años. Hacen sus nidos en rocas elevadas y nadie puede llegar a ellos. Sus crías son habitualmente dos, y son una defensa contra las serpientes.

Conciben del Euro.[89] Cuando han comenzado a producir huevos, traen del país indio una especie de nuez que tiene en su interior algo que se mueve y produce continuamente un sonido. Cuando la ponen en su nido, vienen al mundo muchas crías, pero solo una viva, que se denomina IMMUSULUS. Hermodoro Fóntico atestigua, según Celio, que los buitres son los más inofensivos de todos los animales, pues no tocan absolutamente nada de lo que los hombres siembran, plantan o cultivan. Además, no matan a ningún animal. Protegen también a los pájaros muertos, en los que reconocen de cierta forma a sus congéneres. Por eso eran muy apreciados en las sesiones de adivinación, como lo muestran los orígenes de la ciudad de Roma. El pájaro filosófico manifiesta casi todas las cualidades de los buitres y es justo, por tanto, que Hermes y los demás le llamen buitre, pues su vuelo es lento y su color negro. Concibe de sí mismo. En efecto, el *Rosario* dice hacia el final: «Es el dragón que se casa consigo mismo, se fecunda a sí mismo y pare en su momento [...]». Y Rosino dice a Sarratanta: «Y es la serpiente que se hace gozar a sí misma, se fecunda y pare en un solo día [...]». Vive mucho tiempo y se multiplica. Lo que escribe Virgilio del ave fénix le conviene igualmente (pues se trata del mismo animal):

> El cuervo vence tres veces al ciervo de pies alados;
> El fénix que renace, nueve veces lo multiplica.[90]

Alcanzar sus nidos es cosa muy difícil. Lucha con la serpiente mercurial y la vence, lo que significa que el Sol lucha con la Luna. Es concebido por el viento, llevado en su vientre, y nace en el aire.[91] Muchos le dan simplemente el nombre de piedra aetita,[92] que posee en su interior una piedra sonora. No se encuentra más que un solo *immusulus* en el nido filosófico. Es un pájaro completamente inofensivo, pues no hace daño a nadie, es beneficioso para aquellos que saben y se revela excelente en los presagios. Pero ¿por qué hace su nido sobre una montaña y por qué, allí posado, grita de ese modo? Rosino responde según Rhazes y dice: «Considera las altísimas montañas que están a derecha e izquierda y asciende a ellas. Es allí donde se encuentra nuestra piedra; está también sobre otra montaña que tiene toda clase de plantas aromáticas, y los espíritus o especies». Morieno dice: «Escalad las altas montañas plantadas de árboles, pues allí se encuentra nuestra piedra y allí está escondida». Y Hermes: «Coged la piedra bendita, triturad y lavad la piedra roja de donde se la extrae. Se la encuentra en las montañas, y a veces, sobre todo, en las cloacas antiguas».

EMBLEMA XLIV DE SECRETIS NATURAE

Dolo Typhon Osyridem trucidat, artusque illius hinc inde dissipat, sed hos collegit Isis inclyta

Epigramma XLIV

Syria Adonidem habet, Dionysum Graecia, Osirim
Aegyptus, qui sunt nil nisi SOL *Sophiae:*
ISIS *adest soror et conjunx ac mater Osiris,*
Cujus membra Typhon dissecat, illa ligat.
Defluit at pudibunda mari pars, sparsa per undas,
Sulphur enim, SULPHUR *quod generavit, abest.*

EMBLEMA XLIV DE LOS SECRETOS DE LA NATURALEZA

Tifón mata a Osiris a traición y dispersa sus miembros,
pero la augusta Isis los reúne

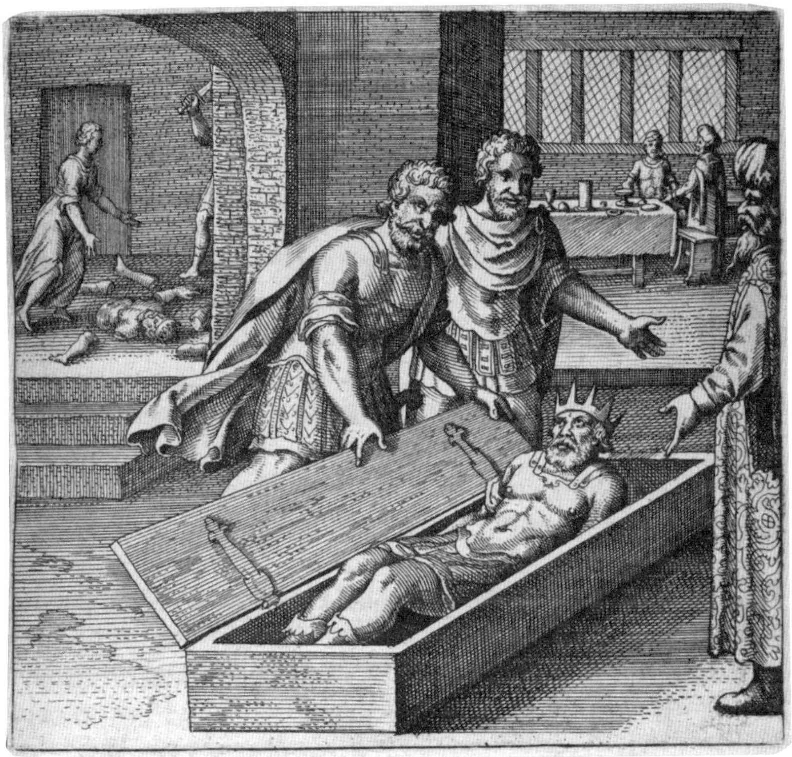

Epigrama XLIV

Dioniso en Grecia, en Siria, Adonis,
en Egipto, Osiris, son el SOL de los Sabios.
ISIS, esposa, hermana y madre de Osiris,
junta sus miembros santos desgarrados por Tifón.
Pero el falo se pierde arrastrado por las olas;
el azufre que generó el AZUFRE ya no está allí.

La alegoría de Osiris ha sido devuelta por nosotros a su verdadero origen, que es químico, y ha sido explicada de forma completa en otro lugar, a saber, el primer *Libro de los jeroglíficos*.[93] Por eso consideramos inútil repetir aquí las mismas cosas (aunque sea preciso decir las mismas cosas a propósito de las mismas cosas). Desarrollaremos no obstante, aquí, un discurso paralelo que se mantendrá siempre dentro de los límites de la Química antigua (que ha sido celebrada y representada íntegramente por los poetas). ¿Me convencerás tú de que Osiris es un dios o un rey egipcio? No lo creería, aunque me convencieras para que lo creyera. Como dice el proverbio, una cosa es el olor de los perros, y otra, el de los cerdos. Niego absolutamente, pues, que Osiris sea un dios, y tú serás de la misma opinión, a menos que seas un pagano o tengas un criterio desviado de la recta razón. Tampoco fue un rey: todas las circunstancias expuestas en otra parte lo demuestran. Él es el Sol, pero el Sol filosófico, y ese nombre que se le atribuye aquí y allá en los libros ha sido interpretado por el vulgo, que no conoce otra luz que la de este mundo, como si se refiriera al Sol exterior.

El Sol de los filósofos obtiene su nombre del Sol del mundo porque contiene las propiedades naturales que convienen al Sol celeste o proceden de él. El Sol es, pues, Osiris, Dioniso, Baco, Júpiter, Marte, Adonis, Edipo, Perseo, Aquiles, Triptólemo, Pélope, Hipómenes, Pólux. La Luna, por su parte, es Isis, Juno, Venus, la madre de Edipo, Danae, Deidamía, Atalanta, Helena, y también Latona, Sémele, Europa, Leda, Antíope, Talía. Ésas son las partes del compuesto que antes de la operación se llama piedra y, con el nombre de todos los metales, magnesia. Después de la operación su nombre es Orco, Pirro, Apolo, Esculapio. El artista es Hércules, Ulises, Jasón, Teseo, Pirítoo. Innumerables son los trabajos y los peligros con que estos artistas agotaron la copa. Ved los trabajos de Hércules, las navegaciones erráticas de Ulises, los peligros de Jasón, las empresas de Teseo y la retención de Pirítoo. Hay ahí un volumen considerable de materia y de enseñanza donde se ve, página tras página, ir y venir a Vulcano, Mercurio y Saturno, este último como padre y causa de todos, Mercurio como materia y forma, Vulcano como agente.

El Sol toma por esposa a la Luna, su hermana; Júpiter se casa con Juno, como Saturno toma a Rea y Osiris a Isis. Dioniso es salvado del cuerpo de su madre Sémele, consumida por Júpiter, para ser colocado en el muslo de su padre Júpiter, para que llegue allí a la madurez. Igualmente Esculapio, es arrancado a su madre Corónide. Dioniso, ya adulto, muestra a los hombres el nuevo brebaje del vino y emprende una expedición hasta la India. Osiris y Triptólemo enseñan la manera de sembrar y utilizar los cereales; Esculapio, la de administrar la medicina. Dioniso, llamado así por los griegos, es Baco para los romanos, Osiris para los egipcios, Adonis para los sirios. Edipo mata a su padre y se casa con su madre; Perseo mata a su abuelo; Tifón, a su hermano Osiris; un jabalí, a Adonis. Ceres, nodriza de Triptólemo, mata a su padre Eleusinio. Hipómenes derrota a Atalanta gracias a una manzana de oro; Tántalo, padre de Pélope, obtiene la mano de Hipodamía después de un concurso de carros. Osiris fue cortado en pedazos, y fue recompuesto por Isis, su madre, hermana y esposa.

De niño, Pélope había sido cocido y hervido, y Ceres se había comido su hombro, pero fue devuelto a la vida merced a la incorporación de un hombro de marfil. Aquiles y Triptólemo fueron puestos entre carbones por la noche y alimentados con leche durante el día, uno por su nodriza Ceres, el otro por su madre Tetis. Aquiles y Helena fueron causa de la guerra de Troya, una como causa determinante, el otro como causa eficiente. Helena nació de un huevo, y la manzana de Eris, causa primera del rapto de Helena, fue lanzada en las bodas de Peleo y Tetis, de donde nació Aquiles. Pólux era uno de los argonautas, que se supone vivieron (si es que vivieron) cincuenta años antes del comienzo de la guerra de Troya, y Helena salió del mismo huevo que Pólux. Helena era, pues, una anciana cuando Paris se la llevó. Aquiles se casó, en los Campos Elíseos, con Medea, que por aquel entonces debía de ser una vieja desdentada, a menos que se devolviera la juventud a sí misma, como había hecho con Esón, padre de Jasón, y como hizo Ceres con Pélope, llamado por esta razón dos veces púber. Perseo recibió un caballo alado de Palas y le llevó en agradecimiento la cabeza de Medusa, mientras que Mercurio le entregaba una espada, y el resto de los dioses, otras armas. Triptólemo recibió de Ceres un carro tirado por dragones alados. Mientras Palas nacía del cerebro de Júpiter, llovió oro en Rodas, igual que cuando el Sol se unió a Venus. Y Júpiter se convirtió en oro para seducir a Danae, en cisne para Leda, en cuco para su hermana Juno, en toro para Europa, en sátiro para Antíope, y de este modo todas las cosas concuerdan.

Sol & ejus umbra perficiunt opus

Epigramma XLV

SOL, ſax clara poli, non corpora densa penetrat,
Hinc illi adversis partibus umbra manet:
Vilior haec rebus quamvis est omnibus, usu
Attamen Astronomis commoda multa tulit:
Plura Sophis sed dona dedit SOL, ejus et umbra,
Auriferae quoniam perficit artis opus.

EMBLEMA XLV DE LOS SECRETOS DE LA NATURALEZA

El Sol y su sombra completan la obra

Epigrama XLV

El Sol, clara antorcha del polo, no puede penetrar
los cuerpos densos: hay siempre una sombra en el lado opuesto.
La sombra es la más vil de las cosas,
pero el astrónomo obtiene de ella numerosos beneficios.
El SOL con su sombra hace a los Sabios
un don mayor: completa la obra del oro.

En un palacio redondo o de forma esférica, un fuego encendido en un punto se proyecta hacia el conjunto de los muros e ilumina a su alrededor las partes superiores e inferiores, con excepción de aquellas en las que una mesa, interponiéndose, detiene la luz y provoca una sombra tenebrosa; del mismo modo, el Sol, colocado en el hermoso palacio del cielo o teatro cincelado, ilumina con sus rayos toda la concavidad del cielo con los cuerpos diáfanos y capaces de recibir la luz que están contenidos en él, es decir, todas las estrellas errantes y fijas, salvo el lugar en que la densidad de la tierra interpuesta se lo impide. Allí, en efecto, la sombra negra y tenebrosa que se denomina noche persiste hasta que la presencia del Sol la pone en fuga y la luz se derrama y es visible en su lugar. Por consiguiente, la sombra y la noche son la privación o ausencia de luz solar, y el día es, por el contrario, su irradiación y su expansión por todas partes. La sombra no puede soportar la vista del Sol, y por esta razón huye y se oculta ora en una parte de la Tierra, ora en otra, de modo que el Sol quede en el lado contrario. El Sol y la sombra no se ven nunca, aunque esto podría suceder en cualquier momento, si la naturaleza lo admitiera. Pero el Sol, como si hubiera oído decir que la sombra es su enemiga, la persigue constantemente en su huida sin atraparla nunca, pues ella no se cansa jamás, como ha cantado Buchanan en su *Poema esférico*.

A imitación y ejemplo de este gran Sol y de su sombra, los filósofos han observado que también su Sol posee una sombra negra, nebulosa y fugitiva. Por eso Hermes dice: «Hijo mío, extrae del rayo su sombra»; es decir: vigila para que tu Sol gire por medio del primer móvil sobre el que rige Vulcano, para que también esta parte de la Tierra, que ahora está recubierta por la sombra y la noche, goce de la clara luz del Sol. En efecto, si el movimiento primero no hiciera describir una vuelta al firmamento entero del cielo con todo lo que contiene en cada día natural, es decir, en veinticuatro horas, y si el Sol no fuera movido más que por su movimiento propio, secundario y anual, los antípodas que se encuentran por debajo de nosotros tendrían en el espacio de seis meses una sola noche y nosotros un solo día y luego, a la inversa, ellos tendrían el día y nosotros la noche; el año entero se compondría entonces de un único día y una única noche, como ahora sucede en un polo y en otro, según nos demuestran la razón y la experiencia. Pero plugo a la Providencia divina actuar de manera muy distinta. Ha ordenado, pues, un doble movimiento a los planetas, uno primario y otro secundario, y de este modo ha distribuido el año en gran número de días. La sombra y el Sol juntos hacen el día y la noche, lo que el Sol no podría hacer por sí solo, puesto que su propiedad es iluminar todos los lugares y los cuerpos que se le oponen, y no hacer sombra, si no es de manera accesoria cuando está ausente.

Igualmente también el Sol filosófico, con su sombra, hace el día, es decir, la luz, y la noche o Latona o magnesia, cuya sombra debe ser destruida y quemada por un remedio ígneo, según las palabras de Demócrito, como se lee al principio del tercer libro de *La mesa de oro*.[94] La utilidad de las sombras en astronomía es tan grande que sin ellas esta ciencia difícilmente podría completarse. Los químicos dicen igualmente que deben a sus sombras el llevar su arte a la perfección. En efecto, ¿qué sería el Sol sin su sombra? Lo que es el badajo sin la campana. Ciertamente, es el badajo el que efectúa el primer movimiento para que el sonido se oiga, pero es la campana la que lo produce. Él es el plectro, ella el instrumento; él es la lengua, ella la gran boca. La sombra es algo muy vil, próxima al no ser; igualmente la sombra de los filósofos es algo negro, más negro que el negro, como ellos dicen, más vil incluso que el alga, no en sí misma, sino respecto de la opinión y la estima de los hombres. ¿Qué hay más útil que el fuego, más valioso que el agua, más amable que la tierra que da flores y todo lo que hay de amable? ¿Qué más agradable que el aire, puesto que todas las cosas dejan de ser agradables si se le impide llegar? Y, sin embargo, como están a disposición de los hombres en sus amplios dominios, son tenidas por cosas muy viles, debido a la falta de imaginación. La sombra común y la sombra filosófica son juzgadas, por su parte, de la misma manera. Aquellos que permanecen mucho tiempo en las sombras subterráneas, si son sacados súbitamente a la clara luz del Sol, pierden la visión y el vigor de los ojos. Igualmente, los que están y trabajan en la sombra filosófica y no le añaden el Sol quedan privados de juicio y de los ojos del espíritu y no alcanzan su objetivo. A mediodía, cuando el Sol celeste está en lo alto, el calor es mayor y la sombra está menos extendida. Aquí, igualmente, la sombra disminuye cuando aumenta el calor, y a la inversa. Por lo tanto, se debe comenzar cuando el Sol está en Capricornio y, a partir del lado meridional, vuelve de nuevo hacia nuestro polo. Y la primera operación se realizará hasta Aries. Entonces comienza la obra de las mujeres hasta Leo; después, un trabajo sale del otro hasta que el año se sujeta la cola con la cabeza como una serpiente, es decir, hasta que se completa.

EMBLEMA XLVI DE SECRETIS NATURAE

Aquilae duae, una ab ortu, altera ab occasu conveniunt

Epigramma XLVI

Jupiter e DELPHIS aquilas misisse gemellas
Fertur ad Eoas Occiduasque plagas:
Dum medium explorare locum desiderat Orbis,
(Fama ut habet) Delphos hae rediere simul.
Ast ille lapides bini sunt, unus ab ortu,
Alter ab occasu, qui bene conveniunt.

EMBLEMA XLVI DE LOS SECRETOS DE LA NATURALEZA

Dos águilas se encuentran; una viene de Oriente, la otra, de Occidente

Epigrama XLVI

Desde DELFOS un día Júpiter envió dos águilas
a las playas de Levante y de Poniente.
Como quería escrutar aquel lugar, centro del mundo,
la fábula dice que a Delfos volvieron las dos al mismo tiempo.
Allí están las dos piedras: la de Oriente
y la de Poniente, que quieren unirse.

Cuenta Cicerón, en el libro *Sobre la naturaleza de los dioses*, que un Apolo muy anciano, nacido de Vulcano, era el guardián de Atenas. Y sin duda esta opinión es muy verídica si, como se debe hacer, se la traslada al dominio de la alegoría, pues Vulcano produce el Sol filosófico que es Apolo. Pero ha prevalecido la opinión de que Apolo nació de Júpiter. Cuando Latona llevaba en su seno a los gemelos Apolo y Diana, concebidos por ella de Júpiter, Juno, celosa, envió a Pitón, serpiente horrible y de tamaño monstruoso, para hostigar y atormentar a la futura madre. La pobre mujer, tras haber andado errante durante mucho tiempo, fue finalmente llevada por su barca a la isla de Ortigia, a casa de su hermana Asteria, que allí reinaba. Y aunque esta isla estuviera casi enteramente inundada por el mar, ofreció cobijo a Latona, que estaba de parto, y por este motivo fue llamada Delos (visible), mientras que antes era Adelos (oscura). Allí Latona dio a luz a sus hijos. Diana fue la primera en salir de su seno, y se ofreció como comadrona a su madre cuando estaba alumbrando a su hermano Apolo. Por esta razón las mujeres embarazadas invocaban su poder divino cuando parían, y la llamaron Lucina o Ilitía, porque mostraba la luz a los recién nacidos después de haberles abierto los ojos. Apolo nació y, ya adulto, mató con sus flechas a Pitón, que había atormentado a su madre; mató a los Cíclopes porque habían fabricado para Júpiter un rayo destinado a causar la muerte de su hijo Esculapio: éste, fulminado por el rayo de Júpiter, fue precipitado por él en los infiernos, por haber devuelto la vida a Hipólito, que había sido despedazado por sus caballos.

Hemos demostrado en muchos lugares el carácter puramente químico de estos relatos. En efecto, Latona, Cintia, Apolo y Pitón son los componentes requeridos por el arte, que se comportan de esta manera unos respecto de otros, como ya se ha dicho. Como estas cosas habían sido divulgadas por escritos de poetas antiguos como Orfeo, Lino, Museo u Homero, proporcionaron ocasión a los ignorantes de rendir culto a Apolo y venerarlo. De este modo, Apolo fue honrado en muchos lugares de Europa y de Asia, y se erigieron innumerables templos en su honor. Delfos, en particular, poseía un templo venerable, objeto de un culto antiguo, donde reyes y príncipes habían hecho depositar estatuas de oro macizo y de plata, muy pesadas y labradas, así como otros dones muy valiosos que, por razones religiosas, estaban ocultos a los ojos de los hombres de toda condición, entre los demás tesoros. Pausanias cuenta que un esqueleto de bronce de un arte admirable fue suspendido de la bóveda del templo por Hipócrates. El famoso trípode fue igualmente consagrado a Apolo por Pélope en el momento de su matrimonio con Hipodamía, hija del rey de Élide, Enómao; Mulcíber[95] había fabricado ese trípode y lo había regalado a Pélope. Se había colocado en el centro del templo y la Pitia, sentada en él, recibía el soplo del Demonio que se proyectaba hacia fuera desde una profunda cavidad. Embargada por esta inspiración, profetizaba y daba respuestas a quienes querían conocer el desarrollo de cosas futuras.

Delfos estaba situado en Beocia, en las raíces del Parnaso. Cerca del templo se encontraba una fuente profética, llamada Casiotis. Si se acercaba a ella una antorcha encendida, se apagaba; si se la alejaba, se encendía de repente apareciendo de nuevo las llamas. El agua de esta fuente procuraba, cuando se la bebía, el poder de predecir el futuro. Pero la vida de quienes bebían de ella se acortaba. Como por esas razones se acudía al oráculo de Delfos desde todas partes de Europa y de Asia, los poetas atribuían a ese lugar la condición de centro de la Tierra, y aducían el ejemplo de Júpiter, que lo habría comprobado soltando dos águilas en direcciones opuestas. Aunque esta fábula no se apoye en los hechos de la historia, no es sin embargo ajeno a la verdad atribuirla a las realidades químicas, en particular porque Apolo mismo, como se ha dicho, es de origen químico, aunque enseguida un demonio, con ese mismo nombre, haya confirmado la superstición y haya ofrecido sus oráculos. Las dos águilas son las dos piedras, una de las cuales viene de oriente, y la otra de occidente, lo que los filósofos han mostrado de muchas formas. Júpiter las lanzó como portadoras de sus armas. El águila parece ser amiga de Apolo o del Sol, puesto que somete a sus crías a la prueba del Sol y las hace perecer como seres inferiores si no son capaces de mantener la vista fija en él. Se dice que sus plumas mezcladas con otras cosas no se pudren, que el águila devora las plumas de otras aves y que admiten fácilmente el dorado. El águila no muere ni de vejez ni por enfermedad, sino de hambre. En efecto, la curvatura de la parte superior del pico le impide, al crecer, tomar alimento. Tras deshacerse de él, se sumerge tres veces en una fuente, y de esta manera vuelve a la juventud. De ahí que diga el salmista: «Tu juventud se renovará como la del águila». Es la única de entre las aves que nunca es alcanzada por el rayo. Combate con el dragón, que, por esta razón, persigue sus huevos. Todos estos presentes de la naturaleza darán motivo a los filósofos para celebrar al águila en sus obras y asimilarla a la piedra. Como de ello hay en sus libros innumerables ejemplos, no añadiremos nada más aquí.

EMBLEMA XLVII DE SECRETIS NATURAE

Lupus ab Oriente & Canis ab Occidente venientes se invicem momorderunt

Epigramma XLVII

Hinc, ubi Sol oritur, Lupus advenit, ast ubi Ponto
Mergitur, inde canis, qui duo bile tument:
Hunc is, et hic illum, stimulante furore momordit,
Et rabidus rictu visus uterque fuit.
Sunt gemini hi lapides, gratis qui dantur ubique
Omnibus atque omni tempore, quos teneas.

EMBLEMA XLVII DE LOS SECRETOS DE LA NATURALEZA

El lobo de Oriente y el perro de Occidente se han mordido mutuamente

Epigrama XLVII

Del lugar por el que el Sol se alza aparece el lobo.
El perro surge del punto por el que en el mar se hunde.
Los dos, enfurecidos, se muerden mutuamente,
la rabia y su rictus se dibujan en sus caras.
Se dan a todos en todas partes y siempre, por nada;
son las dos piedras gemelas que debes poseer.

Los filósofos mencionan en muchos lugares dos piedras que se dan por nada; por ejemplo, Isaac, Arnau y otros. Entre éstos, Avicena dice que yacen rechazadas en el estiércol, despreciadas por la multitud, y que, si se las une, realizan la obra. Algunos ponderan el mercurio occidental que se pone por encima del oro y lo vence. Pero, de todos, es el autor del *Consejo del matrimonio del Sol y la Luna* quien mejor describe estas dos piedras, citando la epístola de Aristóteles. Dice que «hay en este arte dos piedras principales, una blanca y otra roja, de naturaleza admirable. La blanca comienza a mostrarse en la superficie de las aguas al ponerse el Sol, tendiendo a ocultarse hasta la medianoche, y después se sumerge en las profundidades. La roja actúa por su parte de manera inversa: comienza a subir sobre las aguas al salir el Sol y sigue subiendo hasta mediodía, para luego descender al fondo». Estas piedras son por tanto las águilas de las que ya se ha tratado, que fueron soltadas por Júpiter en Delfos.

Son también el lobo y el perro que proceden de regiones diferentes u opuestas de la Tierra. Uno ha mordido al otro y los dos se han encolerizado, como afirma Rhazes en su epístola. Estas piedras son el verdadero bezoar; la más excelente es enviada por la India Oriental y se saca del vientre de animales feroces; la otra, de eficacia menor, es producida por la India Occidental, peruana; se la obtiene de los animales domesticados. Así, el Oriente da un lobo muy feroz que mata al perro domesticado de los hombres, lo que quiere decir que el azufre viene de la Aurora, y el mercurio, del país de Hesperies; éste es blando y fácil de manejar, aquél, colérico e iracundo. Estas dos piedras, desde el momento en que chocan una con otra, comienzan a infligirse mordiscos recíprocamente. El perro, notable por su gran tamaño, obtiene la primera victoria, derribando al lobo y dejándolo medio muerto. Pero después, el lobo, recuperando sus fuerzas, tumba al perro en tierra y, con éste tendido en el suelo, lo acosa hasta la muerte. Sin embargo, las heridas recibidas del perro no son menos graves ni menos mortales que las que él le ha infligido, y finalmente los dos mueren por sus respectivas dentelladas. Del lobo, dice Rosino a Euticia: «Es el soldado vencedor de dos, robusto, de gran precio y de gran fuerza, que atraviesa los cuerpos cuando se encuentra frente a ellos; es blanco en su aparición y rojo en la experiencia. Es el macho que se casa con la Luna; algunos piensan que es el oro de una conjunción muy valiosa, cuya coagulación no se disuelve jamás y cuyas huellas no son nunca destruidas, que Dios ha concedido a los santos filósofos y a los elegidos. Sabe que la naturaleza ha tomado a su igual como enemigo». Y, algo más adelante, añade: «El azufre es muy robusto y combate contra el fuego al que contiene y en el que está contenido. Pues de su unión sale un color muy valioso, y el azufre, que es fugitivo por naturaleza, ya no puede huir, porque el alma lo ha traspasado; de la misma manera, la tintura del alma ha traspasado el cuerpo y se ha mezclado con él, y el cuerpo ha contenido al alma y ha impedido que lo natural huya». Y a quien le pregunta luego cuál de las dos piedras es más fuerte, le responde: «La piedra que no es piedra es más fuerte que la otra, que es su enemiga. Pero la roja es más fuerte que ella porque ha fortificado a sus compañeros con su vigor».

Por lo tanto, el lobo oriental es más fuerte que el perro occidental, aunque no disfrute de la victoria, pues cae al mismo tiempo que su enemigo. Sin embargo, de los dos se hace un veneno que tiñe. La diferencia entre el lobo y el perro es escasa, puesto que el moloso o perro enorme presenta la forma y el aspecto de un lobo, hasta el punto de que parece haber sido en su origen un lobo que fue domesticado en el curso de una larga serie de generaciones. De la misma manera el azufre y el mercurio difieren poco entre sí, puesto que el segundo procede del primero, o el primero del segundo. Sin duda el mercurio ha engendrado al azufre, pero el azufre ha purificado el mercurio y lo ha hecho tal. Cuando Euticia pregunta: «¿De dónde viene su color?», Rosino responde: «De su intensa amargura». Y ella pregunta de nuevo: «¿De dónde vienen su amargura y su intensidad?», a lo que él responde: «De la impureza de su metal». «¿No aparece nunca en la superficie su color rojo?», pregunta Euticia; y Rosino responde: «Sí». «¿No es nunca más caliente que el fuego?», dice ella. «El fuego es, por relación a él, como es el agua por relación al fuego», contesta él. Y de nuevo pregunta Euticia: «¿Es más fuerte que el fuego?». Y Rosino responde: «No». «¿Por qué afirmas, pues, que es más fuerte que el fuego?», dice ella. «Porque si encuentra fuegos frente a él, uno se come al otro», contesta Rosino. Es por tanto evidente que uno se convierte en alimento y sustento del otro, y que uno crece en la misma medida en que el otro decrece, hasta que prevalece el que crece y el dragón ha devorado a la serpiente. En las grandes batallas ocurre a menudo que aquellos que han sufrido las mayores pérdidas se aseguran la posesión del territorio y la victoria. Así el perro, aunque muy dañado, no ha caído enteramente vencido, puesto que mantiene a su enemigo a raya de forma tan estrecha que aquél no puede vivir sin éste, ni éste morir sin aquél.

Rex ab aquis potatis morbum, a medicis curatus sanitatem obtinet

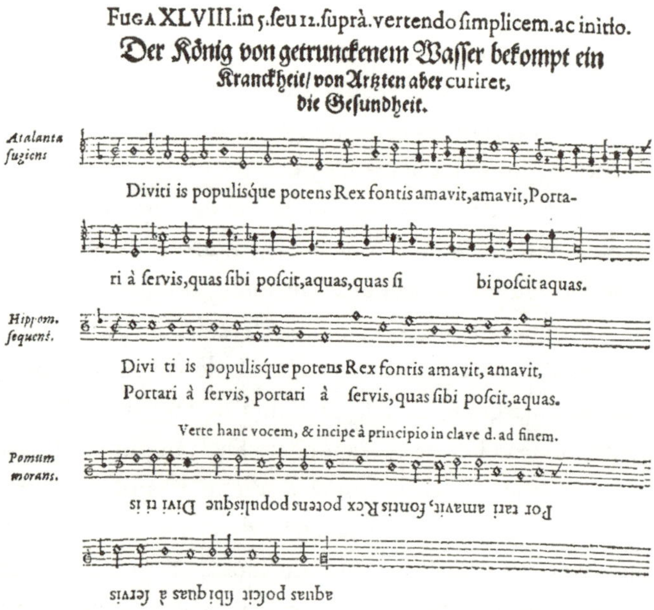

Epigramma XLVIII

Divitiis populisque potens Rex fontis amavit,
Portari a servis quas sibi poscit, aquas:
Has bibit et rebibit, venas mox inde repletus
Discolor a claris suscipitur medicis;
A quibus ut purgatus erat, sudoribus, alvo,
Oreque, mox tincta est utraque mala rosis.

EMBLEMA XLVIII DE LOS SECRETOS DE LA NATURALEZA

El rey, tras beber de las aguas, ha contraído un mal;
cuidado por los médicos, obtiene la salud

Epigrama XLVIII

Rico en pueblos y en bienes, a un rey le gustaba una fuente,
y ordenó que le llevaran de sus aguas.
Las bebió en abundancia; sus venas quedaron repletas de agua.
Pálido, fue asistido por médicos eminentes.
Tras ser purgado por el sudor, el vientre
y la boca, se ve cómo sus mejillas se tiñen de rosa.

Cuando Jerjes, el célebre y poderoso rey de Persia, conducía su ejército a través de lugares secos y áridos bajo un ardiente calor, un soldado le ofreció unas gotas de agua turbia que Jerjes no despreció, sino que bebió con mucho agrado, recompensando con un magnífico regalo a quien le había llevado aquella ofrenda. Y sin duda, si alguien de nuestra época (como atestiguan historias muy recientes) viaja a los confines de Persia, no le será fácil, se dice, encontrar fuentes de agua dulce, pues las aguas estancadas son allí saladas y el suelo mismo presenta gran abundancia de substancias saladas en su superficie. Del mismo modo, el rey del que hablan los filósofos está atormentado por la sed; ha dado orden de que se le prepare gran cantidad de agua dulce, y, cuando se la llevan, bebe hasta la saciedad, como todo el mundo puede ver según la alegoría de Merlín. La curación del rey enfermo y que había perdido su color corre a cargo de diversos médicos. Primero, los médicos egipcios expulsaron los humores todavía crudos haciéndole tomar sus medicinas, humores de los que afirma Hipócrates que se deben purgar cuando han sufrido una cocción, a menos que sean fluidos y móviles. Entonces, en efecto, hay que hacerlos salir rápidamente para evitar que ataquen y deterioren las partes o las vísceras más nobles. Por eso sobrevinieron al rey síntomas peligrosos, como la lipotimia y el síncope. Los médicos alejandrinos, que llegaron los últimos, encontrándose con un mal que se había hecho crónico, fueron considerados los mejores pues devolvieron al rey su perdida salud.

Prodigar cuidados a rey tan eminente parece cosa necesaria, puesto que, una vez curado, el rey ofrece a su médico una mano benevolente y un rostro sereno. Leemos que muchas curaciones fueron recompensadas por diversos reyes de forma magnífica. Así, Demócrito recibió dos talentos de Polícrates, tirano de Samos; Erasístrato (que, según Plinio, fue discípulo de Crisipo y tuvo por madre a la hija de Aristóteles), por haber curado al rey Antíoco, al que hizo enfermar el amor a su suegra Estratonice, obtuvo cien talentos de su hijo Ptolomeo; Jacques Coctier, médico de Luis II, rey de Francia, recibió de éste, como honorarios, una pensión mensual de cuatro mil coronas; y no mencionaremos otros casos más recientes. Pero la curación de nuestro rey es recompensada por un presente y un precio mucho mayores. Hermes y Geber dicen, en efecto, en el *Rosario*: «Aquel que hubiera realizado una sola vez este arte, aunque viviera mil años y debiera alimentar todos los días a cuatro mil hombres, no estaría en necesidad». Y Senior lo confirma diciendo: «Aquel que posee la piedra de la que se saca el elixir es tan rico como el que posee el fuego. Puede dar fuego a quien quiera, cuando quiera y tanto como quiera, sin peligro de que le falte». El padre de Demócrito era tan rico que dio un banquete al ejército de Jerjes, y un tal Pitio ofreció al mismo rey el sueldo y el avituallamiento de su ejército para cinco meses, a condición de que no obligara a su hijo menor, único consuelo en su vejez, a entrar en el ejército del rey y le permitiera quedarse en su casa. Pero el rey bárbaro, acogiendo de forma indignada la petición de Pitio, ordenó que su hijo fuera cortado en dos partes y fijado en dos estacas a cada lado del camino real por el que debía pasar el ejército, como señala Sabélico en el Libro II de la *Enéada* III.

Con todo, las riquezas de los hombres son nada en comparación con los bienes de este rey, que son sin medida y sin número. Cuando fue curado y liberado de las aguas, todos los reyes y poderosos de otros países le honraron y temieron. Y cuando querían ver uno de sus milagros, ponían en el crisol una onza de mercurio muy lavado y proyectaban encima una cantidad semejante a un grano de mijo de sus uñas, cabellos o sangre, lo calentaban ligeramente con carbones, dejaban que el mercurio se enfriara con los demás cuerpos, y encontraban la piedra que yo sé. Es el rey del que dice el conde Bernardo[96] que da a seis de sus consejeros tanto de su reino como lo que él mismo posee, con tal de que ellos esperen hasta que haya recobrado la juventud en el baño y haya sido adornado con vestidos variados, a saber, una coraza negra, una túnica blanca y un manto rojo púrpura. Pues promete entonces dar a cada uno de su sangre y hacerles partícipes de sus riquezas.

Infans Philosophicus tres agnoscit patres, ut Orion

Epigramma XLIX

Fabula narratur, Phoebus, Vulcanus et Hermes
In pellem bubulam semina quod suerint;
Tresque Patres fuerint magni simul ORIONIS:
Quin Sobolem Sophiae sic tripatrem esse ferunt:
SOL *etenim primus, Vulcanus at esse secundus*
Dicitur, huic praestans tertius arte pater.

EMBLEMA XLIX DE LOS SECRETOS DE LA NATURALEZA

El hijo de los filósofos reconoce tres padres, como Orión

Epigrama XLIX

La fábula nos enseña que Hermes, Vulcano y Febo
en una piel de buey arrojaron su esperma,
y los tres fueron a la vez los padres del gran ORIÓN.
De tres padres también nace el hijo de la Sabiduría:
el SOL es el primero, y Vulcano, el segundo;
el hombre diestro en su arte es el tercero.

Las mujeres que se prostituyen con diferentes hombres raramente conciben hijos viables a causa de la mezcla de los diversos espermas. Pues, en la generación del hombre y de los animales, la naturaleza no admite sino muy rara vez la superfetación. Por eso toda progenitura, se componga de uno o varios sujetos, nace de un padre y una madre únicos, como se deduce de las historias y el destino de aquellos que lo consideran de otra manera, en particular de esa famosa Margarita, mujer de Hermann, conde de Henneberg, que, el año 1276, trajo al mundo 365 hijos. Todos los niños recibieron en el bautismo el nombre de Juan, y todas las niñas, el de Isabel. Murieron a continuación y todavía se puede ver su tumba, así como la pila de cobre en la que fueron bautizados y la inscripción que cuenta la historia, en la iglesia de Lausdun, a una milla de distancia de La Haya, en dirección al mar, en Holanda. Se dice que la causa de este prodigio fue la siguiente: la condesa, viendo a una mujer pobre que llevaba en sus brazos dos niños gemelos, la llamó adúltera, teniendo por imposible que varios niños concebidos a la vez tuvieran un solo padre, y considerando que necesariamente debían tener más de uno. La pobre, que se sabía inocente de aquella falta, le lanzó entonces una imprecación, y concibió en un solo momento y de un solo hombre tantas veces como días hay en el año.

Sin duda se trata de un milagro que tiene como causa la venganza divina; pero lo que en otras circunstancias es contrario a la naturaleza se admite fácilmente en la obra filosófica bajo el manto de la alegoría. Aquí, en efecto, se dice que un hijo único tiene tres padres, o dos, y otras tantas madres. Por eso Ramon, que cita el *Rosario*, afirma: «Nuestro hijo tiene dos padres y dos madres, porque es amorosamente alimentado en el fuego de toda la substancia, y por esta razón no muere nunca». Igualmente, Dioniso es denominado «Bimater» (con dos madres), pues Júpiter lo sacó, antes de que hubiera llegado el momento del nacimiento, del vientre de su madre consumida para coserlo en su muslo, de manera que su padre se convirtió en su madre.

Pero esta enseñanza aparece con mayor claridad en la concepción de Orión, que nació, se dice, de las semillas de Apolo, Vulcano y Mercurio mezcladas y envueltas en una piel de buey durante diez meses. Esto sería propiamente monstruoso, y no simplemente fabuloso, si tras esta historia no estuviera oculto un secreto de la naturaleza que no es accesible a todos. Llull, en la Teórica de su *Testamento*, atribuye a este mismo hijo filosófico un número igual de padres, y aproximadamente los mismos. El primero es el Sol, es decir, Apolo, lo que quiere decir que el Sol celeste es el primer autor de esta generación, pues, por su virtud indecible y secreta o astral, opera sobre cierta materia conocida por los filósofos como si fuera la matriz de una mujer, y produce en ella un hijo o niño semejante a él mismo, al que en virtud de sus derechos paternos traspasa y deja luego sus armas y las insignias de sus poderes: la facultad de hacer madurar lo que no está maduro, y de teñir y purgar lo que no está ni teñido ni purgado. En efecto, lo que el Sol realiza en mil años, lo realizará su hijo en media hora. Por eso, para que nazca en él su poder mil veces mayor que el del Sol, su padre lo entrega a Vulcano para que lo eduque y, al mismo tiempo, al artista, para que cultiven su natural generoso y reciba de ellos un aumento de vigor. Aquiles, Jasón y Hércules fueron confiados a Quirón con el mismo propósito, a fin de que los instruyera. En efecto, Milón de Crotona, que, siendo niño, podía cargar con un becerro, cargaba con un buey, una vez crecido, gracias a este aprendizaje. No carece de motivo que además del Sol, Vulcano y el artista sean llamados padres de este niño, pues el primero le dio el ser, pero los otros le dieron su cualidad y su grandeza. Y no se puede atribuir a los maestros, por su enseñanza, un salario proporcionado, lo mismo que no se puede dar a los padres una recompensa equitativa por la obra de la generación. Éstos modelan los cuerpos; aquéllos, el espíritu. Si el espíritu es más valioso que el cuerpo, no hay motivo para testimoniar menos reconocimiento a los primeros que a los segundos. Cuando tuvo lugar el nacimiento de Orión, Mercurio proporcionó la materia; Apolo, la forma, y Vulcano, el calor o causa eficiente externa. Lo mismo también en la obra filosófica: conviene hacer que tres padres parezcan haber actuado conjuntamente para realizar un hijo único en el que los Filósofos encuentren sus delicias.

EMBLEMA L DE SECRETIS NATURAE

Draco mulierem, & haec illum interimit, simulque sanguine perfunduntur

Epigramma L

Alta venenoso fodiatur tumba Draconi,
Cui mulier nexu sit bene vincta suo:
Ille maritalis dum carpit gaudia lecti,
Haec moritur, cum qua sit Draco tectus humo.
Illius corpus morti datur, atque cruore
Tingitur: Haec operis semita vera tui est.

EMBLEMA L DE LOS SECRETOS DE LA NATURALEZA

El dragón mata a la mujer, y la mujer al dragón;
los dos están bañados en sangre

Epigrama L

Cava profunda una tumba para el dragón venenoso,
con el que la mujer debe estar estrechamente abrazada.
Mientras el esposo disfruta las alegrías del lecho, ella muere,
y la tierra a los dos recubre.
El dragón a su vez es entregado a la muerte;
su cuerpo se tiñe de sangre: ése es el verdadero camino de tu obra.

La morada de los dragones se encuentra en las cavernas de la tierra, pero la de los hombres está sobre la tierra y en el aire que está próximo a ella: son esos dos elementos opuestos los que los filósofos ordenan unir, para que uno actúe sobre el otro. Otros entienden esto de la mujer, como Basilio en la Clave II:[97] «No es útil –dice– que el águila ponga su nido en los Alpes, pues el frío de las nieves haría morir a sus crías en la cumbre de las montañas. Pero si añades al águila el dragón frío que ha tenido durante mucho tiempo su morada en las rocas y que sale reptando de las cavernas de la tierra, y pones a los dos en el asiento infernal, Plutón hará que sople el viento, y que brote del dragón frío un espíritu ígneo volátil que, por su gran calor, quemará las alas del águila y provocará el baño sudorífico hasta el punto de que la nieve se fundirá en las cumbres y se convertirá en agua. Prepárese con esta agua el baño mineral que debe procurar al rey fortuna y salud». Sin duda es extraño que el dragón frío emita un espíritu ígneo. Sin embargo, la experiencia atestigua la veracidad de este hecho cuando se quema una serpiente, pues emite una llama envenenada que alcanza a los que están cerca. Y no carece de razón que a los dragones, guardianes de los tesoros químicos, se les represente vomitando llamas, como el del Vellocino de Oro, el del Jardín de las Hespérides, el de Cadmo y aquellos que se les parecen. Este dragón habita en cavidades subterráneas; hay que cogerle allí y juntarlo con un águila o una mujer, con ésta en un sepulcro, con aquélla, si lo prefieres, en su nido: pues la naturaleza del dragón es, en otras circunstancias, atacar los huevos del águila y librar con el águila una batalla homicida.

Según cuentan los escritores griegos, sucedió que un dragón se enamoró de una joven y compartió con ella su lecho. ¿Qué hay entonces de asombroso en que los filósofos pretendan que su dragón sea encerrado con una mujer en una caverna? Greverus junta dragones rojos y negros en el fondo del abismo de la montaña, los quema con fuego y, pereciendo los negros, dice al guardián de la montaña que los reúna de todas partes y los lleve a la montaña. Merlín, en su Visión (a menos que sea una ficción), habla de un dragón blanco y un dragón rojo. Esos dragones, sean cuales sean, se trate de una mujer o un dragón hembra, actúan uno sobre el otro hasta que los dos mueren y la sangre brota de sus heridas, cubriendo sus cuerpos. Se entiende aquí por dragón los elementos de la tierra y el fuego, y por mujer los del aire y el agua. Por eso *El sonido de la trompeta* dice «que el dragón es la materia que permanece en el fondo después de que el agua haya sido separada de ella por la destilación». Y, citando palabras de

Hermes: «El agua del aire que existe entre el cielo y la tierra es la vida de todas las cosas. En efecto, el agua disuelve el cuerpo haciéndolo espíritu, transforma el cuerpo muerto en vivo y realiza el matrimonio del hombre y la mujer. En efecto, realiza todo el beneficio del arte». Y habla igualmente de la tierra en estos términos: «Y comprende también que esta tierra que pisamos no es el verdadero elemento, sino que se origina tan sólo del verdadero quinto elemento; y la quinta substancia elemental no se separa de su cuerpo formado de elementos, del que se ha formado la tierra». Y poco después añade: «Pero en el centro de la tierra están la virgen y el elemento verdadero que el fuego no podrá quemar. Es el dragón del que hablamos, que llega hasta el centro de la tierra. Como allí el calor es grande, concibe en él un ardor ígneo por el que quema a la mujer o al águila».

La mujer o el águila es el agua aérea; algunos la llaman águila blanca o celeste y se afanan en realizarla por medio del mercurio vulgar o sales sublimadas, siguiendo en esto la guía de algunos que son ciegos en este arte y se las dan de linces. «Pero yo te digo en verdad –dice el conde Bernardo en su Epístola– que ningún agua disuelve la especie metálica por reducción natural, si no es la que permanece en materia y en forma, y que los metales pueden coagular de nuevo.» Y poco después: «El agua no conviene a los cuerpos en las soluciones cuando no permanece en ellas en las coagulaciones». Y un poco más adelante: «Te digo, en verdad, que el aceite que transforma en cera y une naturalmente las naturalezas e introduce naturalmente la medicina en los otros cuerpos que deben ser teñidos, no se elabora a partir de una substancia extraña, sino solamente de las entrañas del cuerpo que se va a disolver». Por lo tanto, una vez que se ha comprendido esto, se comprende el águila y la mujer, como también el dragón y los secretos del arte casi en su totalidad, secretos que nosotros, abriendo tal vez en exceso el seno de la naturaleza, hemos expuesto y manifestado en estas páginas a los hijos de la enseñanza para que, de este modo,

ALABADO SEA DIOS.

ÍNDICE DE EMBLEMAS

I. El viento lo llevó en su vientre.

II. La Tierra es su nodriza.

III. Ve a buscar a la mujer que lava la ropa y haz como ella.

IV. Une al hermano con la hermana y dales a beber una poción de amor.

V. Pon un sapo en los pechos de la mujer, para que ella lo amamante y muera, y el sapo engorde con su leche.

VI. Sembrad vuestro oro en la tierra blanca laminada.

VII. El polluelo sale volando de su nido y vuelve a caer en él.

VIII. Coge el huevo y golpéalo con una espada de fuego.

IX. Encierra al árbol y al viejo en una casa llena de rocío; tras comer el fruto del árbol, se volverá joven.

X. Da fuego al fuego, Mercurio a Mercurio; esto te basta.

XI. Blanquead a Latona y romped los libros.

XII. La piedra que Saturno devoró creyendo que era su hijo Júpiter, y que luego vomitó, fue puesta sobre el Helicón, como recuerdo para los mortales.

XIII. El bronce de los filósofos es hidrópico, y precisa ser lavado siete veces en el río, como Naamán el leproso en el Jordán.

XIV. Éste es el dragón que se muerde la cola.

XV. Que la obra del alfarero, que se compone de lo seco y lo húmedo, te instruya.

XVI. Las plumas de que carece uno de estos leones, las tiene el otro.

XVII. Un cuádruple globo rige esta obra del fuego.

XVIII. Al fuego le gusta arder, no hacer oro, como al oro.

XIX. Si de los cuatro matas a uno, todos morirán de inmediato.

XX. La naturaleza enseña a la naturaleza a combatir el fuego.

XXI. Desde el macho y la hembra traza un círculo, después, un cuadrado, y luego, un triángulo; haz un círculo y tendrás la Piedra de los Filósofos.

XXII. Tras haberte procurado el plomo blanco, realiza la obra de las mujeres, es decir, CUECE.

XXIII. Llueve oro mientras Palas nace en Rodas y el Sol cohabita con Venus.

XXIV. El lobo ha devorado al rey y, una vez quemado, lo ha devuelto a la vida.

XXV. El dragón no muere si no lo matan su hermano y su hermana, que son el Sol y la Luna.

XXVI. El fruto de la sabiduría humana es el Árbol de la Vida.

XXVII. El que intenta entrar sin llave en la Rosaleda de los Filósofos es comparable a un hombre que quisiera caminar sin pies.

XXVIII. El rey se baña, sentado en el baño laconiense; es liberado de su bilis por Farut.

XXIX. Como la salamandra, la Piedra vive en el fuego.

XXX. El Sol necesita de la Luna como el gallo de la gallina.

XXXI. El rey que nada en el mar grita con voz fuerte: Quien me salve obtendrá una gran recompensa.

XXXII. Como el coral, que crece bajo las aguas y se endurece al aire, así ocurre con la Piedra.

XXXIII. El hermafrodita, como un muerto, yacente en las tinieblas, necesita fuego.

XXXIV. Es concebido en los baños, nace en el aire y, habiéndose tornado rojo, camina sobre las aguas.

XXXV. Como Ceres acostumbró a Triptólemo, y Tetis a Aquiles, a permanecer en el fuego, así el artista actúa con la Piedra.

XXXVI. La Piedra ha sido tirada a tierra y exaltada sobre las montañas; habita en el aire y se alimenta en un río que es el mercurio.

XXXVII. Tres cosas bastan para el magisterio: el humo blanco, es decir, el agua, el León verde o bronce de Hermes y el agua fétida.

XXXVIII. El Rebis, como Hermafrodita, nace de dos montañas: la de Mercurio y la de Venus.

XXXIX. Edipo, tras vencer a la esfinge y matar a su padre Layo, hizo de su madre su esposa.

XL. De dos aguas haz una sola: ésa será el agua de santidad.

XLI. Adonis es matado por un jabalí; Venus corre hacia él y tiñe las rosas con su sangre.

XLII. Que la naturaleza, la razón, la experiencia y la lectura sirvan de guía, bastón, gafas y lámpara a quien está versado en la Química.

XLIII. Escucha al buitre que habla: no te engaña en absoluto.

XLIV. Tifón mata a Osiris a traición y dispersa sus miembros, pero la augusta Isis los reúne.

XLV. El Sol y su sombra completan la obra.

XLVI. Dos águilas se encuentran; una viene de Oriente, la otra, de Occidente.

XLVII. El lobo de Oriente y el perro de Occidente se han mordido mutuamente.

XLVIII. El rey, tras beber de las aguas, ha contraído un mal; cuidado por los médicos, obtiene la salud.

XLIX. El hijo de los filósofos reconoce tres padres, como Orión.

L. El dragón mata a la mujer, y la mujer al dragón; los dos están bañados en sangre.

NOTAS

1. «El viento lo lleva en su vientre, es decir, el azufre es llevado en la plata viva.» Y en el capítulo 47: «La piedra es un fuego llevado en el vientre del viento». (*Nota del autor.*)

2. En su edición de *Atalanta Fugiens* (*Atalante fugitive*, París, 1969, 1997), Étienne Perrot señala que Asclepio, hijo de Apolo y Coronis, fue sacado por Mercurio del vientre de su madre, a la que Diana había matado y arrojado a una hoguera. (*N. de los T.*)

3. Según É. Perrot, Zetes y Calais estarían relacionados respectivamente con el calor y el frío y corresponderían a la doble fuente que aparece en el emblema XL. Por su parte, H. M. E. de Jong señala en su edición de *Atalanta Fugiens* (*Atalanta Fugiens: Sources of an Alchemical Book of Emblems*, York Beach, 2002) que el simbolismo de los colores rojo y blanco reaparece en varios lugares de la obra, por ejemplo en los emblemas VI, IX, XI, XXII, XXIII y XLI. (*N. de los T.*)

4. Referencia a la obra de Basilio Valentín, *Las doce claves de la filosofía*. (*N. de los T.*)

5. Referencia a la obra de George Ripley, *Las doce puertas*. (*N. de los T.*)

6. Según É. Perrot, se trataría probablemente del título de un tratado médico. (*N. de los T.*)

7. Cf. los emblemas XLVI y XLVII. (*N. de los T.*)

8. Referencia al alquimista conocido como Isaac el Holandés. (*N. de los T.*)

9. Alusión a Arnau de Vilanova. (*N. de los T.*)

10. Cf. epigrama XXVIII. (*N. de los T.*)

11. Médico personal, como Maier, de Rodolfo II, es autor de una *Historia de las gemas y las piedras*. (*N. de los T.*)

12. Este término se explica en el último párrafo del «discurso». (*N. de los T.*)

13. Según É. Perrot, este adagio escolástico querría decir aquí que «a una situación nueva corresponde una ley apropiada». (*N. de los T.*)

14. Levino Lemnio: médico del rey de Suecia Erik XIV. La obra tuvo en su tiempo un cierto éxito. (*N. de los T.*)

15. Sobre el significado del «aumento», véase el último párrafo del discurso II. (*N. de los T.*)

16. Guillermo de Newbridge, o de Newburgh, religioso agustino, escribió una historia de Inglaterra, publicada en 1567 con el título *Commentaria rerum anglicarum*. (*N. de los T.*)

17. Alusión a una historia narrada por Guillermo de Newbridge en sus *Comentarios*. (*N. de los T.*)

18. *Foliata* en el original; De Jong y Godwin traducen por *foliated* («foliada») y Perrot –para mantener el uso establecido por otros autores franceses– por *feuillée* («cubierta de hojas»),

aunque advierte que sería más correcto *feuilletée* («hojaldrada», «laminada»). (*N. de los T.*)

19. El término «liración» no se encontrará en ningún diccionario de lengua castellana, lo mismo que el original *lyratio* no se encuentra, según Perrot, en ningún tratado de agricultura. Su presencia podría estar justificada, al parecer, por razones de concordancia fonética con el término *aratio* («labranza») que le precede. Perrot señala, en todo caso, que podría tener relación con la música evocada al final del capítulo. De Jong, en su «*summary of the discourse*», elude la dificultad hablando simplemente de *ploughing, dunging and sowing* («labranza, abonado y siembra»). (*N. de los T.*)

20. La analogía entre el trabajo del médico y el del alquimista es desarrollada por Maier en los discursos de los emblemas XIII y XXVIII. (*N. de los T.*)

21. J. Greverus es autor de un breve tratado hermético titulado *Secretum*. (*N. de los T.*)

22. Cf. emblema XXXV. (*N. de los T.*)

23. Como señala De Jong, y como explica Godwin en la «Introducción», Maier consideraba la guerra de Troya como una alegoría alquímica. (*N. de los T.*)

24. Circunstancia que reaparece en el emblema XVI con relación a los dos leones. (*N. de los T.*)

25. Filósofo pitagórico de Tarento, siglo IV a.C. (*N. de los T.*)

26. Alusión a la *Aurora consurgens*. (*N. de los T.*)

27. Alusión a la *Tabula Chimica* de Senior, pseudónimo de Muhammad ibn Umail, alquimista árabe del siglo X. (*N. de los T.*)

28. El Pseudo-Aristóteles. (*N. de los T.*)

29. Petrus Bonus, interlocutor de *La turba de los filósofos*, uno de los más famosos tratados medievales de alquimia. De fecha incierta, se le suele situar en el siglo XII. El autor se referirá en varias ocasiones a este texto simplemente como *Turba*. (*N. de los T.*)

30. Habitualmente llamada Roc. Según É. Perrot, Maier habría modificado ligeramente su nombre para aproximarlo al hebreo *ruah*, «hálito, soplo, viento». (*N. de los T.*)

31. Cf. emblema XXIII. (*N. de los T.*)

32. Dafne, perseguida por Apolo, imploró la ayuda de los dioses, que la metamorfosearon en laurel. (*N. de los T.*)

33. Cintia (la Luna) es la Artemisa griega o la Diana romana. Hija de Júpiter y hermana gemela de Apolo (el Sol), ayudó a su madre, Latona, a dar a luz a su hermano Apolo. (*N. de los T.*)

34. Recuerda É. Perrot que la ocasión era venerada como un dios entre los griegos, con el nombre de *kairós*. (*N. de los T.*)

35. Latona o Leto, hija de una pareja de titanes, fue amada por Júpiter y de su unión nacieron los gemelos Apolo y Diana. (*N. de los T.*)

36. El texto latino es ambiguo. Para Perrot es Latona la que está hecha de la luz del Sol y de la Luna, pero De Jong interpreta que son los gemelos los que proceden de la unión de la luz del Sol y de la Luna. La traducción de Godwin, menos explícita, parece sugerir también esta última interpretación. (*N. de los T.*)

37. *Correctio fatuorum* («Corrección de los insensatos») es el título de un breve tratado contenido en el *Ars aurifera*, Basilea, 1593. (*N. de los T.*)

38. «El sonido de la trompeta» (*Clangor buccinae*) es el título de otro tratado del *Ars aurífera*. (*N. de los T.*)

39. Cf. Hesíodo, *Teogonía*, vv. 453-491. (*N. de los T.*)

40. *El rosario de los filósofos*. (*N. de los T.*)

41. Cf. 2 R 5, 1-27. (*N. de los T.*)

42. Cf. emblema y epigrama XXV. Ahí aparece con nitidez que el dragón es matado por su

hermano y su hermana. No obstante, Maier dice aquí, en realidad, *cum fratre et sorore*, es decir, literalmente, «con su hermano y su hermana». (*N. de los T.*)

43. Cf. emblema XXXVII. (*N. de los T.*)

44. *Caelum aeris*. Según É. Perrot, habría aquí una alusión a la enseñanza del emblema I. (*N. de los T.*)

45. Según De Jong, Maier podría referirse a Julius Sperber, alquimista de la segunda mitad del siglo XVI, próximo a Agrippa. (*N. de los T.*)

46. Referencia a Isaac el Holandés. (*N. de los T.*)

47. Es decir, *Las doce puertas*. (*N. de los T.*)

48. También en *La turba de los filósofos*. (*N. de los T.*)

49. Igualmente en la *Turba*. (*N. de los T.*)

50. Cambar: nombre árabe del cinabrio. (*N. de los T.*)

51. Referencia a Juan Aurelio Augurelo, autor de un poema titulado *Chrysopoeia*, publicado en 1515 y que tuvo un notable éxito. (*N. de los T.*)

52. Cf. Hesíodo, *Teogonía*, 287-295. (*N. de los T.*)

53. Cf. emblema XXI. (*N. de los T.*)

54. En su *Liber de Compositione Alchemiae*. (*N. de los T.*)

55. Alusión al robo de los bueyes de Apolo por Hermes. (*N. de los T.*)

56. É. Perrot interpreta que se trata de los adeptos, que «realizan el retorno a la edad de oro». De Jong traduce como «todos los que aman el oro». (*N. de los T.*)

57. Cf. emblema XI. (*N. de los T.*)

58. Cf. emblema XXVIII. (*N. de los T.*)

59. Venus. (*N. de los T.*)

60. Cf. emblema XXXVII. (*N. de los T.*)

61. Según Perrot, esta frase sería un recurso estilístico, habitual en los filósofos herméticos cuando van a citar textos de la Escritura o de los Padres de la Iglesia. (*N. de los T.*)

62. Las líneas siguientes reproducen, más en el espíritu que en la letra, ciertos textos bíblicos de Eclesiástico, Proverbios y Sabiduría. Las referencias dadas originalmente por Maier eran simplemente erróneas y no se reproducen. (*N. de los T.*)

63. Cf. Eclo 4, 11-13. (*N. de los T.*)

64. Cf. Sab 8, 16. (*N. de los T.*)

65. Cf. Prov 3,18. (*N. de los T.*)

66. Cf. Prov 3, 35. (*N. de los T.*)

67. Cf. Eclo 1, 24 y Prov 1, 33. (*N. de los T.*)

68. Bar 3, 14. (*N. de los T.*)

69. Orestes fue enterrado en Tegea en el taller de un herrero. Herodoto, *Historias*, I, 67-68. (*N. de los T.*)

70. Alusión a Bernardo el Trevisano, al que Maier se vuelve a referir en el discurso XLVIII. (*N. de los T.*)

71. Cf. emblema XI. (*N. de los T.*)

72. Según Perrot, *pyropus* equivale a *pyros opus*, la obra del fuego. De Jong traduce por «la mezcla de oro-cobre». (*N. de los T.*)

73. Perrot aclara que la piedra bezoar, descrita por Anselmo de Bood, es una piedra de origen animal, un cálculo que se forma en el estómago de los ciervos. (*N. de los T.*)

74. Cf. emblema XXXVIII. (*N. de los T.*)

75. En la *Turba*. (*N. de los T.*)

76. Ibíd. (*N. de los T.*)

77. Cf. el himno homérico a Deméter. (*N. de los T.*)

78. Se trata del *Arcana arcanissima* de Maier, de fecha y lugar de edición dudosos. (*N. de los T.*)

79. Véase el epigrama I y el correspondiente discurso. (*N. de los T.*)

80. Según De Jong, la «nueva casa de los tesoros» se referiría a la construcción del nuevo templo de Salomón. (*N. de los T.*)

81. Referencia a Juan Aurelio Augurelo. Véase n. 51.

82. Según De Jong, el León verde es el vitriolo verde, que tiene un poderoso efecto cáustico o disolvente. (*N. de los T.*)

83. Hermes y Afrodita. (*N. de los T.*)

84. Referencia a *De transmutatione metallorum*, de Morieno. (*N. de los T.*)

85. Según Perrot, se trataría de una referencia a la paz del sueño. (*N. de los T.*)

86. J. J. Boissard (1528-1602) es autor de *Theatrum vitae humanae* y *Habitus variarum gentium*. (*N. de los T.*)

87. Venus. (*N. de los T.*)

88. Cf. *Metamorfosis*, X, 298 ss. (*N. de los T.*)

89. Viento que sopla de Oriente. (*N. de los T.*)

90. Señala Perrot que la cita es, en realidad, de Ausonio. (*N. de los T.*)

91. Cf. epigramas I y XXXIV. (*N. de los T.*)

92. En griego, piedra «de águila». (*N. de los T.*)

93. M. Maier, *Arcana arcanissima hoc est Hieroglyphica Aegiptio-Graeca*. (*N. de los T.*)

94. M. Maier, *Symbola aureae mensae duodecim nationum*. (*N. de los T.*)

95. Vulcano como herrero. (*N. de los T.*)

96. Alusión a Bernardo el Trevisano. (*N. de los T.*)

97. Referencia a la obra de B. Valentín, *Las doce claves de la filosofía*. (*N. de los T.*)

ESTA PRIMERA EDICIÓN DE *LA FUGA DE ATALANTA*, DE MICHAEL MAIER,
SE ACABÓ DE IMPRIMIR EN BARCELONA EN LA IMPRENTA *SAGRAFIC*
Y DE ENCUADERNAR EN *RELLIGATS FLAMA*
EN NOVIEMBRE DE 2007

Títulos publicados

1. *El copartícipe secreto*. Joseph Conrad
2. *Sin mañana*. Vivant Denon
3. *La historia de Genji I*. Murasaki Shikibu
4. *El fuego secreto de los filósofos*. Patrick Harpur
5. *Eros y Psique*. Apuleyo
6. *El Monte Análogo*. René Daumal
7. *La voz maligna*. Vernon Lee
8. *En los oscuros lugares del saber*. Peter Kingsley
9. *La historia de Genji II*. Murasaki Shikibu
10. *Yijing. El libro de los cambios.*
11. *Los ojos de Davidson*. H. G. Wells
12. *La Villa de los Misterios*. Linda Fierz-David
13. *El hombre que amaba las islas*. D. H. Lawrence
14. *Realidad daimónica*. Patrick Harpur
15. *La Reliquia Viviente*. Iván Turguéniev
16. *Pan y la pesadilla*. James Hillmann
17. *La diligencia inglesa*. Thomas De Quincey
18. *El gran duque de Alba*. William S. Maltby
19. *El arte de conversar*. Oscar Wilde
20. *El mundo del príncipe resplandeciente*. Ivan Morris
21. *La fuga de Atalanta*. Michael Maier